역사가 되는 오늘

역사가 되는 오늘

전우용 지음

21세기북스

책머리에

　　2021년 7월 2일, 유엔 무역개발협의회(UNCTAD, United Nations Conference on Trade and Development)는 만장일치로 우리나라를 '선진국'으로 공인했습니다. 1964년 UNCTAD 창립 이래 개발도상국을 선진국으로 승격시킨 최초의 사례였습니다. 식민지 상태에 있다가 제2차 세계대전 이후 독립한 나라들 중 선진국이 된 나라도 우리뿐입니다. 나라를 선진국으로 만들고 우리 스스로 선진국민이 되는 것은 지난 반 세기 동안 통일과 더불어 '우리의 소원'이었습니다. 2021년에 우리는 두 가지 소원 중 하나를 이뤘을 뿐 아니라 제국주의 시대에 식민지 피압박 상태에 있었던 나라와 민족들의 모범을 만들어냈습니다. 한국의 가요, 드라마, 영화 등 문화콘텐츠에 세계인의 관심이 집중된 한해였지만, 가장 뜻깊은 '한류'는 전 인류의 2/3에게 희망과 모범을 제시한 '한국의 선진국화'라고 생각합니다. 2021년은 분명 대한민국 역사에 중대한 획을 그은 해였습니다.

그러나 2021년 말 국내 언론사들 중 '한국의 선진국 진입'을 '올해의 10대 뉴스' 중 하나로 꼽은 언론사는 한 곳도 없었습니다. 코로나 팬데믹으로 전 인류가 고통받는 상황에서 우리가 이룬 '민족사적 성취'를 자축하는 게 민망해서 그랬던 것 같지는 않습니다. 그보다는 '역사적 변화'가 즉각적인 '삶의 변화'로 체감되지 않았기 때문일 겁니다. 1945년 8월 15일 한국이 일본의 식민통치로부터 해방되었을 때도, 사람들의 삶은 즉각 바뀌지 않았습니다. 삶과 자의식의 변화는, 대체로 시대의 변화보다 뒤늦게 진행되기 마련입니다.

우리의 역사가 지금 어떤 단계를 경과하고 있는지에 관해 성찰하는 일은, 어쩌면 역사학자의 임무일 수도 있습니다. 구매력 기준 1인당 GDP 일본 추월, 1인당 GDP 이탈리아 추월, 무역 규모 영국 추월, 군사력 세계 6위로 평가, '결함 있는 민주국가'에서 '완전한 민주국가'로 승격, 세계 최고의 방역 성과 등 지난 1~2년새 간헐적으로 보도됐던 '민족사적 사건'들을 지켜보면서, 저는 지난 10여 년간 늘 그랬던 것처럼 우리의 과거와 현실, 미래에 대한 '역사학자의 소견'을 SNS에 적곤 했습니다. 이 책은 그 글들에 지금도 쓸모 있을 것 같은 '오래된 글'들을 추가하여 주제별로 재분류한 것입니다.

독자들과 함께 나눌 생각거리들을 주제화하고, 날짜별로 배열됐던 글들을 주제별로 재배열하는 수고를 아끼지 않은 21세기북스 편집팀에 감사드립니다. 이 책이 '민족사적 의미'를 지닌 2021년에 관한 시민들의 집단 기억을 형성, 보존하는 데 조금이라도 보탬이 되기를 바랍니다.

2022년 1월
전 우 용

목차

1장 인격의 성숙과 명예

'근묵자흑近墨者黑'. 먹을 가까이하면 검어진다는 뜻입니다. 평생 범죄자만 상대하며 살아온 사람은 세상 모든 사람이 범죄자로 보이고 자기만 정의롭다는 착각에 빠지기 쉽습니다. 자기의 도덕적 수준이 파렴치범 수준으로 떨어져도 인식하지 못하고 남에게만 높은 도덕적 기준을 요구합니다. 자녀들이 '근묵자흑近墨者黑'이 무슨 뜻인지 모른다면 '정치 검사들의 행태'에 대해 알려주면 좋을 듯합니다.

무식은_용서해도_악은_용서할_수_없다

무식은 용서할 수 있습니다. 그러나 '악惡'을 용서해선 안 됩니다. 불공정과 몰상식에 '공정과 상식'이라는 이름을 붙인 언론인과 지식인들은 언제나 반인륜적 국가 범죄의 공범들이었습니다.

몰라도
너무 몰라

윤석열 씨가 이재명 씨더러 "20대에 금수저 오른 특권층"이라고 주장했습니다. 금수저라는 말은 옛날 귀족과 부호 자식들더러 "금수저 물고 태어났다"고 했던 데에서 유래했습니다. 금수저니 흙수저니 하는 건 '부모의 재산'에 따라 결정되는 '귀속 신분' 개념입니다. 20대에 로또복권에 당첨됐다고 해서 갑자기 '금수저'가 되는 건 아닙니다. 그의 자식은 '금수저'가 될 수 있을지언정.

이제껏 현란한 무식을 선보였던 윤석열 씨가 무식한 말 하나 추가한 게 이상한 일은 아닙니다. 그런데 그 '무식'을 지적하는 언론사가 하나도 없는 걸 보면, 우리나라 언론인들도 윤석열 씨의 '무식'에 집단으로 감염됐나 봅니다.

명예

죄가 되는지 안 되는지 법원의 판단을 구하려 했다. ─ 김재련
문제 삼으면 문제가 될 수도 있다. ─ 박원순
'죄가 되는지 안 되는지 모르는 일'로 발인날부터 고인과 유족을 거듭거듭 모욕한 사람.
'문제가 될지 안 될지 모르는 일'로 자기 목숨을 끊은 사람.
명예란 무엇이며 순수란 또 무엇인지, 생각해 볼 일입니다.

무식하면 무모하다

어떤 만화가가 "친일파는 열심히 살아서 후손도 부자고, 독립운동가는 대충 살아서 후손도 가난하다"는 글을 올렸습니다. 예전에는 나라를 팔고 동족을 팔아 사익을 얻는 데만 '열심'이었던 자들을 '모리배謀利輩'라고 불렀습니다. '자기 이익만을 도모하는 무리'라는 뜻이죠. '모리배'는 '열심히 사는 사람'보다는 '짐승만도 못한 놈'이라는 뜻에 가까워야 합니다. 그래야 '사람'이 삽니다.

무식은 용서해도
악은 용서할 수 없다

법원은 윤석열 씨가 한동훈에 대한 감찰과 수사를 방해했다는 사실을 인정하고 그에 대한 징계가 너무 가벼웠다고 판결했습니다. 고발사주의 핵심 용의자인 김웅의 녹취록에는 윤석열의 이름이 나옵니다. 윤석열 씨가 여주지청장일 때 그의 장모는 양평군의 이해할 수 없는 '행정실수'로 800억 원을 챙겼습니다. 윤석열 씨에게는 자기 부인의 주가조작 사건 수사를 막은 혐의도 있습니다.

이런데도 그가 '공정의 아이콘'이라고 주장하는 자들이 있습니다.

윤석열 씨는 지난 몇 달 새 상식이 기절할 정도의 말들을 쏟아냈습니다.

노동자들이 한 주에 120시간도 일할 수 있어야, 없는 사람은 부정식품 이하라도 사 먹을 수 있게 해야, 말기 환자에게는 임상시험을 거치지 않은 약도 쓸 수 있게 해야, 후쿠시마 원전에서 방사능 검출되지 않았다, 손발 노동은 아프리카에서나 하는 것, 출산율이 낮은 건 페미니즘 때문, 집이 없어 청약통장 안 만들었다, 인문학은 대학 4년이나 대학원까지 공부할 필요 없다 등등.

이런데도 그가 '상식의 아이콘'이라고 주장하는 자들이 있습니다.

공정과 상식이 뭔지 모를 정도로 무식한 사람들은 그럴 수 있습니다. 그러나 공정과 상식이 뭔지 알만한 언론인이나 자칭 '진보 지식인'이 이렇게 주장하는 건 자신들의 '악惡'을 드러낼 뿐입니다. 무식은 용서할 수 있습니다. 그러나 '악惡'을 용서해선 안 됩니다. 불공정과 몰상식에 '공정과 상식'이라는 이름을 붙인 언론인과 지식인들은 언제나 반인륜적 국가 범죄의 공범들이었습니다.

무식하면 무모하다?

"총을 쏠 때 안중근의 마음은 독립운동이 아니었다. 대한제국이라는 나라가 있어 독립이 필요 없었다." ─ 어떤 만화가

안중근이 이토를 처단하기 직전에 지은 '장부가' 마지막 구절은 "만세 만세여 대한독립, 만세 만세여 대한동포"였습니다. 첨부한 사진은 안중근 의사가 자기 피로 그린 '대한독립' 태극기입니다. "무식하면 용감하다"는 틀린 말입니다. 안중근 의사는 용감했으나 결코 무식하지 않았습니다. "무식하면 무모하다"라야 맞는 말입니다.

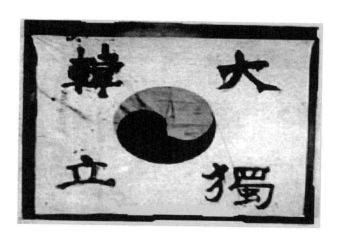

"독립운동가 대충 살지 않았을까, 막말 사과한 만화가"

거의 모든 언론사가 '만화가 윤모씨 사과'라는 제목으로 기사를 올렸습니다. 그는 "표현이 부족해서 오해를 부른 점, 그래서 저들에게 빌미가 된 점은 인정하고 사과드린다"고 했습니다. 이건 자기와 같은 부류를 향해 '저들에게 빌미가 된 점'을 사과한 거지 독립운동가와 그 후손들에게 사과한 게 아닙니다. 그는 누구에게 사과하는 건지 '분명히' 밝혔는데 한국 언론들은 마치 그가 독립운동가와 그 후손들에게 사과한 것처럼 왜곡, 보도했습니다. 한국 언론들은 독립운동가와 그 후손들은 물론 독자들까지 기만한 데 대해 당장 사과해야 할 겁니다.

지나친
상상력

'국민의힘'이 유튜브 구독자를 늘리기 위한 TBS 캠페인 '#1합시다'가 1번 찍으라는 사전 선거운동이라며 김어준, 주진우, 김규리 등을 고발했고, TBS는 해당 캠페인을 중단했습니다. TV조선의 '미스트롯2'는 어쩌라고⋯⋯. '지나친 상상력'은 '정신적 미숙'의 증거일 수 있습니다.

기도하면 죄를 용서받는다고
가르친 자들

정인이의 안타까운 죽음을 막지 못한 일로 총리와 경찰청장이 사과했습니다. 정인이 양부모는 사과할 필요 없습니다. 그들의 죄는 어떤 말로도 감경될 수 없습니다. 하지만 저들에게 진심으로 '기도'만 하면 죄를 용서받는다고 가르친 자들은 사과해야 하지 않을까요? '부검결과 잘 나오게 해 달라'는 진심 어린 '기도'를 받은 하나님 마음이 어땠겠습니까?

무지를
방치하면

"어떤 자가 친일 모리배를 '열심히 산 사람'이라고 평했다"는 말을, "어떤 자는 모리배다"로 알아듣는 처참한 무지를 치료할 방법은 없습니다. 가르쳐도 알아듣지 못하는 자를 위해 할 수 있는 일은 '가르치지 않는 것'뿐입니다. 무지를 방치하면 패륜이 된다는 게 안타깝긴 하지만.

무식과
이념

"맹모삼천은 맹자 엄마가 삼천 번 이사했다는 뜻"
"친일파는 열심히 산 사람이고 독립운동가는 대충 산 사람"

다른 말 같지만 실제로는 같은 말입니다. 이 두 말이 한결같이 표현하는 건 '무식'입니다. '무식'은 해석 대상이 아닙니다. '무식'은 결코 '사상'이나 '이념'이 될 수 없습니다. '무식'이 '사상'이나 '이념'인 줄 아는 것도 '무식'입니다.

하산하려면 아직 멀었다

"박원순, 위계에 의한 성폭력 진상 파악해야" — 장혜영

"황망한 프레임에 갇힌 며칠 동안" — 류호정

'위계僞計'가 '위계位階'인 줄 아는 거나 '황당荒唐'과 '황망慌忙'을 분간 못하는 건 아직 덜 배웠기 때문입니다. 제대로 가르치지 않고 '하산'시킨 것도 정의당이 지금 곤경에 처한 이유 중 하나일 겁니다.

도토리 키재기

"백신의 안전을 믿을 수 없으니 대통령이 먼저 맞아라." — 유승민

"백신에 대한 국민의 불안감을 해소하기 위해 내가 먼저 맞겠다."
— 안철수

대통령의 안전은 안보 문제입니다. 유승민 씨는 안보 관념이 없는 사람입니다. 지자체장 예비후보는 그냥 개인입니다. 안철수 씨는 자기가 누군지 모르는 사람입니다.

대도무문과 민주주의

　　안철수 씨가 김영삼 도서관 방명록에 "**대도무문 정신 이어받아 무너진 민주주의를 다시 세우겠습니다**"라고 썼습니다. 기자 여러분, 대도무문 정신과 민주주의가 도대체 무슨 관계인지 안철수 씨에게 한 번 물어봐 주세요. '대권 도전에는 무식해도 문제없다'는 뜻인가요?

왕이 되려면

　　어떤 하찮은 언론사가 "**누가 왕이 될 상인가?**"라는 기사를 냈습니다. '왕이 될 상'으로 뽑힌 사람은 속히 '왕국'으로 귀화해야 관상 덕을 볼 수 있을 겁니다. 아시아에는 태국, 브루나이, 사우디아라비아, 요르단, 일본 등이 있습니다.

금낭묘계

　　금낭묘계錦囊妙計. '비단 주머니 속의 신묘한 계책'이라는 뜻으로 '삼국지연의'에 제갈량의 선견지명과 관련하여 여러 차례 나오는 사자성어입니다. 국민의힘 이준석 씨가 "**윤석열 씨의 처와 장모가 공격받을 경우 되받아칠 묘책이 있다**"며, 그가 국민의힘에 입당하면

'비단 주머니' 세 개를 주겠다고 호언장담했습니다.

자기가 제갈량이라고 생각하는 거죠. 제갈량은 유비가 삼고초려
三顧草廬한 뒤에야 그를 돕기로 했습니다. 하지만 이준석은 박근혜의
어버버 몇 마디에 바로 설복說伏되었습니다. 자기가 '박근혜의 제갈
량'이라고 생각하는 건 이준석 씨 맘입니다. 윤석열 씨가 이준석을
제갈량처럼 여기고 그의 '금낭묘계'에 의지하는 일이 실제로 벌어
진다면 올해의 사자성어는 '덤앤더머'가 될 겁니다.

극단주의와 단순 무식

추미애 씨가 '기회 공정을 넘어 특혜를 요구하는 페미니즘'에 반
대한다고 하자, 이걸 '페미니즘 반대'로 해석한 정의당원 일부가 무
슨 뜻인지 이해하기 어려운 말로 반박하며 공격했습니다. 페미니즘
은 반전 평화주의, 포용주의, 생태주의 등과 결합할 수도 있고, 남성
일반을 적대, 혐오하면서 여성 우월주의를 주창할 수도 있습니다.
어떤 이념에서건 '극단주의'는 자기가 이해하지 못하는 부분을 제
거하여 단순화하는 '반지성적' 태도의 산물입니다. 이름은 비록 '주
의'이지만 '극단주의'는 본디 '단순 무식'과 같은 뜻입니다.

인산인해

"대통령 꽃길 만들겠다"…尹 출마날 지지자 수백 명 '인산인해'
— 뉴스1

인산인해人山人海. 사람들이 산이나 바다로 보일 만큼 많이 모였다는 뜻입니다. 사람 수백 명이 산이나 바다처럼 보이는 건 '사람의 눈'이 아니라 '미물의 눈'을 가졌기 때문입니다.

근묵자흑

'근묵자흑近墨者黑'. 먹을 가까이하면 검어진다는 뜻입니다. 평생 범죄자만 상대하며 살아온 사람은 세상 모든 사람이 범죄자로 보이고 자기만 정의롭다는 착각에 빠지기 쉽습니다. 그런 착각에 빠진 사람은 자기의 도덕적 수준이 파렴치범 수준으로 떨어져도 인식하지 못하고 남에게만 높은 도덕적 기준을 요구합니다. '근묵자흑近墨者黑'이 무슨 뜻인지 모르는 자녀들에게는 '정치 검사들의 행태'에 대해 알려주면 좋을 듯합니다.

윤봉길 의사 재기소

"한일관계, 죽창가 부르다 망가졌다." — 윤석열 윤봉길 의사가 폭탄을 던졌기 때문에 조선인의 형편이 더 나빠졌다고 했던 90년 전 일본군 검찰관의 주장과 다른 게 하나도 없네요. 검사 출신 윤석열 씨가 윤봉길의사기념관에서 윤봉길 의사를 다시 기소했군요.

나치즘

'나치즘'이 뭔지도 모르는 사람이 '문재인 정권은 나치즘과 거의 흡사'하다고 주장하자, 기자들이 그대로 받아 씁니다. '시발노 무색기'가 '고사성어'인 줄 아는 자나, '문 정권은 나치즘'이 일리 있는 말인 줄 아는 자나. 우리 사회가 풀어야 할 핵심 문제는 '이념'이 아닙니다. '무식과 몰상식'입니다.

#감출_수_없는_것

'낭중지추囊中之錐'라는 사자성어가 있습니다. 주머니 안에 송곳을 감추어도 표가 나는 것처럼, 특출한 재주는 감추려 해도 감출 수 없다는 뜻으로 씁니다. 하지만 '특출한 재주'를 '특출한 무식'으로 바꾸어도 말이 됩니다.

**정치와
국어**

　국민의힘 이준석 대표가 '미군이 점령군이었으면, 5.18도 광주반란이라고 할 수 있다'며 '주둔군'이 중립적 표현이라고 주장했습니다. '주둔'이란, 군대가 군사 임무 수행을 위해 특정 지역에 일시적으로 머무는 것을 말합니다. 지금의 주한미군이 '한국 주둔 미군'이죠. 주둔군에게는 '군정軍政'을 실시할 권한이 없습니다. 군정은 점령군만 실시할 수 있습니다. 이준석 씨는 정치보다 '국어 공부'를 더 열심히 해야 할 겁니다.

무지와 이념

- 미군정 시기 미군은 점령군이 아니었다.
- 이승만은 독재자가 아니었다.
- 5.16은 쿠데타가 아니었다.
- 5.18은 반란이었다.

군사독재 추종 세력의 일관된 주장입니다. 이준석 씨가 '점령군' 논란과 관련해 뜬금없이 '광주반란'이라는 말을 쓴 것도 이들에게 배웠기 때문일 겁니다. '나치즘'과 거의 흡사한 건, 이렇게 단어의 개념조차 모르는 자들이 정립한 '이념'입니다.

VIP와 Version

오세훈 씨가 '북한원전건설 추진방안_v1.1.hwp'와 'v1.2.hwp'라는 문건의 'v'가 대통령을 의미하는 vip의 약자라고 자기 SNS에 '당당하게' 밝혔습니다. v1.1, v1.2 등에서 v는 책일 경우 volume, 컴퓨터 파일일 경우 version이라는 건 '삼척동자'도 압니다. 우리 사회가 저 정도의 사람을 국회의원과 시장으로 만든 적이 있다는 건 참 부끄러운 일입니다. 저런 '말도 안 되는 말'에 동조하는 사람이 아직 있다는 것도, 참 부끄러운 일입니다.

바보 되는 법

　정치권에 'v 논란'이 시작됐다, 오세훈 전 서울시장과 더불어민주당 박주민 의원이 'v 논쟁'을 벌였다…….

　언론사들이 문서파일의 v가 vip의 약자냐 version의 약자냐를 '논쟁거리'로 만들었습니다.

　황당무계와 사실 사이에서 '중립'을 취하면 스스로 바보가 된다는 걸 잘 보여주는 사례입니다.

부끄러움과 안타까움

　"버전으로 보는 게 맞는다는 의견들을 많이 받았습니다. 그 부분은 유감으로 생각합니다. 저의 입장에 혼란을 초래한 결과가 되어 안타깝습니다."

　오세훈 씨의 '입장문'입니다.

　v가 뭔지 모르는 건 작은 문제입니다. 부끄러움과 안타까움을 분간 못하는 게 진짜 큰 문제입니다.

인간의 '필수품'

윤석열 씨가 "집도 생필품인데 보유세 물리는 건 비정상"이라고 말했습니다. '오래돼서 안전하지 않은 식품'과 '오래돼서 안전하지 않은 아파트'가 왜 다른지 모르는 게 진짜 '비정상'입니다. 이런 사람을 공정, 정의, 상식의 아이콘으로 추종하는 분들, '인간의 뇌'야말로 인간의 '필수품'입니다.

역사의 용도

부마항쟁과 6월항쟁을 분간 못 했던 윤석열 씨가 이번엔 안중근 의사와 윤봉길 의사를 분간 못 한다는 사실을 자랑삼아 공개했습니다. 친일 모리배를 비난하는 건 대한민국의 정통성을 부인하는 행위라고 주장하는 사람이 많은 이유가 다른 데 있는 게 아닙니다. 우리 역사에 무식한 사람이 많기 때문입니다.

낭중지추

'**낭중지추**囊中之錐'라는 사자성어가 있습니다. 주머니 안에 송곳을 감추어도 표가 나는 것처럼 특출한 재주는 감추려 해도 감출 수 없다는 뜻으로 씁니다. 하지만 '특출한 재주'를 '특출한 무식'으로 바꾸어도 말이 됩니다. 국민의힘 전신인 미래통합당 간부였던 사람이 "윤석열은 ×신 수준, 말만 하면 무식한 티나"라고 했습니다. 조선일보는 이 사실을 보도했다가 곧 기사를 삭제했습니다. 이준석 국민의힘 대표가 윤석열 씨에게 입당 선물로 주겠다고 했던 '비단 주머니 세 개'가 '무식한 티' 나게 만드는 주머니였나 봅니다.

인도사과

윤석열 씨가 대국민 유감 표명을 한 직후 윤석열 씨 개 '명의'의 인스타그램에 '사과 받는 개' 사진이 올라왔습니다. 사과가 하필 '인도사과'랍니다. '人渡사과'와 '개'를 합치면 '사람이 개에게 사과를 건네다'라는 뜻이 되는군요. 개 취급 받으면서도 충성하는 건, 개뿐입니다. 윤석열 씨는 자기 지지자들을 '개'로 만들었네요.

유유상종

윤석열 씨를 공정과 상식, 정의의 화신인 양 추켜세웠던 언론인과 지식인들이 '국민 개 취급' 사진이 공개된 뒤 실망감을 표현하고 있습니다. 훌륭한 대통령감이라며 윤석열 씨를 국민에게 권한 것도, 국민을 개 취급한 행위와 다를 바 없습니다. 국민을 개 취급하는 자 주변에는 국민을 개 취급하는 자들이 모이는 법입니다.

개에게
사과 준 손

윤석열 측이 '개에게 사과주는 사진을 올린 건 실무자 실수'라고 주장했습니다. 개 코앞에 사과를 들이민 손이 누구의 손이며 그 사진을 찍은 '실무자'가 누군지만 밝혀도 윤석열 씨가 '국민 개취급 사진'의 감독 겸 주연인지 '실무자'가 시키는 대로만 하는 대역인지 알 수 있을 겁니다.

무지막지
잔인무도

"사드 추가 배치는 우리 주권" ─ 윤석열

우리나라에 배치된 사드는 주한 미군 기지에서 주한 미군이 운용하는 무기 체계입니다. 윤석열 씨는 '주한 미군 배치와 운용은 우리 주권'이라고 주장한 셈입니다. 무식하기 짝이 없을뿐더러 외교적으로 용납되기 어려운 발언입니다. 그런데도 한국 언론들은 아무런 비판 없이 그의 말을 '옳은 말'이거나 '상식적인 주장'인 것처럼 보도합니다. 언론인들이 윤석열 씨만큼 무식하지는 않을 겁니다. 양심이 없으니 덮어준 거겠죠. 비양심과 무식이 합작하면 '무지막지'와 '잔인무도'가 됩니다.

한국인 탓

"문정부의 대일 정책이 제대로 잘 굴러왔다면 일본이 우경화하지 않았을 것" —윤석열

"일본 자민당 정권의 대한정책이 제대로 잘 굴러왔다면 한국에서 무식하기 짝이 없는 인물이 대선 후보가 되는 일은 없었을 것"도 말이 되겠군요. 일본인의 '우경화'가 문정부 탓이면 한국인의 '무식화'는 자민당 정부 탓일 테니. 일본이 무슨 짓을 해도 모두 '한국인 탓'이라고 주장하는 건 일진회 이래 친일파 토왜들의 한결같은 태도였습니다.

적반하장

방역을 가장 심하게 방해한 집단이 방역 못 한다고 정부 욕하는 꼴을 자주 봅니다. 백신에 대한 불안감을 가장 심하게 조장한 언론이 백신 접종이 늦는다고 정부 욕하는 꼴도 자주 봅니다. 음주 측정을 거부하며 "음주운전 사고가 얼마나 많은 데 단속을 이따위로밖에 못하냐?"고 큰소리치는 주정뱅이가 이들보다 차라리 사람답습니다. 주정뱅이는 술 탓이라도 할 수 있죠.

필요한
관심

"북한에 원전 건설을 검토하는 건 이적행위다" ─ 국민의힘

북한에서 '한국형 원전' 착공식이 거행된 건 1997년 8월, 김영삼 정권 때 일입니다. 자기가 한 일도 모르는 사람들에게 필요한 건 '언론의 관심'이 아니라 '의료적 관심'입니다.

MB파의
정신

"소방공무원 국가직 전환에 최선 다했다." ─ 나경원

"나는 복지에 미친 복지시장이었다." ─ 오세훈

"우리집 가훈은 정직이다." ─ 이명박

시간이 흘러도 'MB파'의 '정신'은 불변입니다. "누굴 바보로 아나?" 싶게 만드는 '정신'.

정신이 좀 이상해야
가능한 일

국민의힘 김종인 씨가 국민의당 안철수 씨더러 "그 사람 내가 볼 때 정신이 좀 이상한 듯하다"고 했습니다. '정신이 좀 이상한 듯한 사람'이라면서 그와 '후보 단일화'를 추진하는 것도 '정신이 좀 이상'해야 가능한 일입니다.

"국민의 삶을 국민이 책임져야지 왜 정부가 책임집니까?" — 최재형

국민 각자의 생명과 재산, 인권을 지키는 게 정부의 책임이라는 건 현대 인류의 보편 상식입니다. 하지만 요즘 판사들이 판결하는 걸 보니 최재형 씨가 판사 출신 중에서는 그나마 '인간의 상식'에 근접한 사람일 지도 모른다는 생각이 듭니다.

"역대 대통령 중 헌법가치를 가장 잘 지킨 대통령은 이승만"
— 최재형

우리 헌법 전문은 '불의에 항거한 4.19 민주이념을 계승'한다고 명시했습니다. 헌법에 따르면 이승만 정권은 '불의'입니다. '헌법가치'와 정반대의 가치관을 가진 사람이 판사와 감사원장을 지내고 대통령 자리까지 넘본다는 건 우리 사회가 정말 깊이 반성해야 할 문제입니다.

불량후보

'잘 모른다' 반복한 최재형… "준비 안됐는데 출마 선언했나" 지적받아 —세계일보

제대로 익히지 않은 음식이 '불량식품'이고, 준비 안 된 후보가 '불량후보'입니다. 최재형 씨가 국민의힘에 입당한 건 그 정당이 이명박 박근혜를 팔았던 '불량후보' 전문 셀러라는 걸 잘 알기 때문일 겁니다.

가족모임과 국민의례

가족 모임에서 국민의례를 하는 최재형씨 일가 사진이 화제입니다. 이 사진을 통해 확실히 알 수 있는 건 그가 '공사구분公私區分'을 못 한다는 사실입니다. 가정은 사생활 공간이고, 가족은 사적 공동체입니다. 파시즘의 주요 속성 중 하나는 가족 단위의 사생활을 공적으로 통제하려 든다는 점입니다. 예전 극장에서 영화 시작하기 전에 '국민의례'를 했던 것도 사람들의 사생활을 공적으로 통제하려 했던 파시스트들 때문이었습니다. '문 정부는 파시즘'이라고 주장하던 자들이 진짜 파시스트를 보고는 침묵하는 것이야말로 우리 사회의 위기 징후입니다.

탈레반

최재형 후보 측이 "문재인 정권은 탈레반이 됐다"고 주장했습니다. 탈레반의 본질은 '신의 뜻에 따라 정치를 해야 한다'고 믿는 데에 있습니다. '원자력은 하나님의 확신'이라며 노후 원전 조기 폐쇄 정책을 공격한 게 바로 탈레반식 행위입니다.

무너지는 나라

"무너지는 나라 지켜만 볼 수 없었다." ― 최재형

신의 계시에 따라 정책을 결정하는 나라는 고대 국가입니다.

가족모임에 '국민의례'를 요구하는 나라는 전체주의 독재국가입니다.

고대 국가와 전체주의 독재국가가 무너져야 현대 민주국가가 삽니다.

2장

#정치 #개혁

성찰이 필요해

대한민국의 일반 시민이 선거로 통제할 수 있는 권력은 대통령, 국회의원, 지자체장, 지자체 의원뿐입니다. '선거로 위임받은 권력'보다 '시험 봐서 얻은 권력'이 훨씬 안정적이고 지속적이며 때로는 강력합니다. 민주주의의 실질을 확장하려면 '견제받지 않는 엘리트 권력'에 대한 견제 장치를 늘려나가야 합니다.

#눌린_돼지머리의_품격

안철수 씨가 "내가 MB 아바타입니까?"와 "그만 좀 괴롭히십시오"에 이어 "눌린 돼지머리가 웃을 일"이라는 말을 자기 어록에 추가했습니다. 그의 어록이 그의 품격입니다.

대통령의
안전

　한국전쟁 중 정부 고위층 사이에서는 "이 박사에게 아들이 없어서 다행"이라는 말이 떠돌았습니다. 유엔군 사령관 밴 플리트의 외아들과 중국 국가주석 마오쩌둥의 장남이 전사했지만 한국 대통령에게는 전사할 아들이 없었습니다. 그런데 기실 이 말의 속뜻은 "이 박사에게 아들이 있어서 군대에 갔으면 고위층 자식들도 따라서 군대에 가야 했을 텐데 그럴 필요가 없어서 다행"이었습니다.

　실제로 미국과 중국의 고위층 아들 여러 명이 전사했지만 한국 고위층 아들 중에 전사한 사람은 없었습니다. 그러던 차에 미국 새 대통령 아이젠하워의 아들이 입대했습니다. 그는 한국전 참전을 지원했지만 미군은 승인하지 않았습니다. 미국인 일부가 "남의 아들을 전쟁에 내보내려면 대통령 아들부터 솔선수범해야 하는 거 아니냐?"며 반발했습니다. 미군 지휘부는 이렇게 답했습니다. "만약 대통령 아들이 포로로 잡힌다면, 전쟁의 향방에 중대한 문제가 생긴다. 적에게 기회를 줄 생각은 없다."

오늘 대통령 기자회견에서 어떤 기자가 "가장 먼저 백신을 맞을 생각은 없느냐?"고 물었습니다. 백신의 안전성을 확신하기까지에는 시간이 꽤 걸릴 겁니다. 먼저 맞는 게 나을지 나중에 맞는 게 나을지 사람마다 판단이 다를 겁니다. 하지만 일국의 대통령은 대 코로나 전쟁을 지휘하는 최고 사령관입니다.

대통령에게 '남보다 먼저 백신을 맞으라'고 요구한 기자에게 아이젠하워 아들과 관련한 일화를 알려주고 싶습니다. '생각이 짧다'와 비슷한 말이 어떤 것들인지 스스로 '생각'해 보기 바랍니다. 대통령의 안전 여부는 '개인의 문제'가 아니라 '국가의 문제'입니다.

피해자가 나서야

인턴비서 성폭행을 의심받는 국민의힘 김병욱 의원이 탈당했는데 "어떤 탈당은 가해"라고 보도하는 여성 앵커도 "침묵도 2차 가해"라고 소리 높이는 여성 정치인도 없습니다. 심지어 국민의힘 소속 이수정 씨는 "피해자가 직접 나서야 한다"고 주문합니다. 국민의힘은 정말 대단합니다.

귀족주의

옛날 군주제 국가에서는 왕족이나 귀족이 죄를 지으면 그 '아랫것'들을 대신 처벌하는 일이 흔했습니다. 영국에는 왕자 대신 매 맞는 게 일인 'whipping boy'도 있었습니다. 나경원 씨 총선 홍보물에 '허위사실'을 기재한 죄로 나경원 씨가 아니라 그의 전 보좌관이 벌금형을 선고받았습니다. 검찰이 나경원 씨 대신 그의 보좌관을 기소했기 때문이겠죠. 21세기지만 '귀족의 특권'을 누리는 사람들이 있고, 그 특권을 보장해 주는 집단도 있습니다. 민주사회의 대표적인 적폐가 '귀족주의'입니다.

눌린 돼지머리의 품격

정치인들은 흔히 '어록語錄'으로 기억됩니다. 우리나라 정치인 중에도 기억할 만한 '말'을 남긴 사람이 적지 않습니다.

"닭의 목을 비틀어도 새벽은 온다" ―김영삼

"행동하지 않는 양심은 악의 편" ―김대중

"민주주의 최후의 보루는 깨어있는 시민의 조직된 힘" ―노무현

안철수 씨가 "내가 MB 아바타입니까?"와 "그만 좀 괴롭히십시

오”에 이어 “눌린 돼지머리가 웃을 일”이라는 말을 자기 어록에 추가했습니다. 그의 어록이 그의 품격입니다. 안철수 씨는 앞으로 자기가 ‘눌린 돼지머리’로 기억된다고 해도 남을 탓하기 어려울 겁니다.

2차 가해의 책임

정의당 김종철 대표가 자기 당 소속 국회의원에 대한 성추행을 인정하고 사퇴했습니다. 언급하고 싶지 않으나 정의당이 ‘2차 가해’에 엄격히 책임을 묻겠다고 한 데다가 ‘침묵도 2차 가해’라기에 굳이 한마디 합니다. 정의당은 차기 당 대표 후보를 내지 말아야 합니다. 그렇다고 당 대표 자리를 비워둘 순 없으니 당을 해산하고 새 이름으로 다시 창당해야 할 겁니다. 그래야 자기들 주장에 모순되지 않습니다.

공부는 셀프 1

정의당의 가치와 비전을 이해하고 지지하는 국민이 왜 많지 않은가? 정의당의 한 간부가 답을 주었습니다. “정의당에 물어보고 배우려는 국민이 많지 않아서.” 대중에게 “공부는 셀프다”라고 말하는 정당은 정당으로 남기 어렵습니다.

공부는 셀프 2

세 아이 엄마를 해고한 류호정 의원이 "면직 사유는 업무상 성향 차이"라고 했습니다. '성향 차이'를 일상 용어로 바꾸면 '마음에 안 들어서'겠죠. 정의당 의원이라면 정치 언어보다 '여성 노동자의 모성 보호'를 배우는 게 먼저여야 할 겁니다. 물론 국회의원의 '공부는 셀프'입니다.

해고 2차 가해

류호정 의원실이 레디앙이라는 매체를 통해 세 아이 엄마의 해고 사유를 '구체적이고 상세하게' 밝혔습니다. 불성실하고 준법의식이 없으며 공사 구분도 못 해서 해고했다는 게 '해명의 요지'입니다. 기사를 쓴 기자를 비롯해 '해고할 만했다'는 사람이 많지만 이건 해고자의 재취업까지 막는 '2차 가해'라고 봐야 할 겁니다. '구체적 사유를 알려고 하는 것도 2차 가해'라던 정당이 이래도 되는 건지요? 국민의힘조차 "못된 것만 배웠다"며 비난했지만 '못된 짓이 뭔지도 배우지 못했다'가 맞는 것 같습니다.

성찰이
필요해

"부당해고 공방은 비겁한 정치공작" — 류호정

정의당이 류호정 씨를 비례대표 1번으로 내세운 건 '20대 여성 해고노동자'라는 이유에서였습니다. 해고를 정치적으로 이용한 건 정의당과 류호정 씨입니다. 정의당과 류호정 씨에게 지금 절실히 필요한 게 '성찰'입니다.

2차 가해

여가부 장관이 우상호 의원의 '박원순 롤모델' 발언은 2차 가해라고 주장했습니다. '박정희 숭배'나 '김학의 비호'는 뭐라고 해야 하나요? 장자연의 유서와 자기 부인의 메시지에 모두 이름이 나온 방용훈 빈소에 조문하는 건 또 뭐라고 해야 하나요?

'배려'와
인격

박원순 전 서울시장은 취임하자마자 한양도성과 청계천 등 서울의 자연유산과 역사, 문화 유산들을 직접 답사했습니다. 그러자 언론매체들은 "박원순, 이명박의 청계천 확 바꾼다"는 기사들을 쏟아냈습니다. 사실 이명박의 청계천은 워낙 반反생태적이고 반反역사적이었기에, 관련 전문가 대다수는 반드시 바꿔야 한다고 생각했습니다.

박원순은 청계천시민위원회를 구성하여 대안을 모색하도록 했습니다. 위원회는 수년간 활동하면서 여러 가지 제안을 했지만 청계천을 대표하는 문화재인 수표교조차 제자리로 돌아오지 못했습니다. 언론매체들의 예상과는 달리 '이명박의 청계천'은 하나도 바뀌지 않았습니다.

2019년은 3.1운동과 대한민국임시정부 수립 100주년이었습니다. 서울은 3.1운동의 발상지이자 '한성정부'가 선포된 곳입니다. 러시아령 대한국민의회와 상하이 임시정부가 통합하면서 '한성정부'를 법통으로 인정한 만큼, '한성정부'가 대한민국의 유일 법통인 셈입니다.

100주년을 앞두고 많은 사람이 여러 경로로 박 시장에게 '한성정부 선포 터'에 임시정부 100주년 기념비를 세우자고 제안했습니다. 그러려면 이명박 시장이 청계천 시작점에 세운 다슬기 모양의 조형물을 다른 곳으로 옮겨야 했습니다. 그런데 박 시장은 취지에는 공감한다면서도 "전임 시장이 만든 것을 옮겨버리면 내 후임 시장도 내가 만든 것을 없애지 않겠느냐"며 거부했습니다.

토목 건설 공사, 공공 조형물 설치 등 이명박 오세훈 시장 시절 서울시의 예산 집행에 모종의 '흑막'이 있었다고 고발하는 사람이 적지 않았으나, 박 시장은 전임 시장들의 '문제점'들을 들추려 하지 않았습니다. 그는 오히려 전임 시장들이 잘못 만들어놓은 것들조차도 어떻게든 살려 보려고 했습니다.

동대문디자인플라자, 세빛둥둥섬, 뚝섬 자벌레 등 오세훈 시장이 막대한 돈을 쏟아 부어 만든 '애물단지'들에 '쓸모'를 담기 위해 무진 애를 썼습니다. 박원순이 바꾸기로 결정한 건 '광화문광장' 하나뿐인데, 도로에 둘러싸인 '육지 섬'을 '광장'이라고 부르는 세계 유일의 '비정상성'을 시정하는 일에도 5~6년간 수만 명의 이야기를 듣는 과정을 거쳤습니다.

오세훈 후보는 자기가 당선되면 즉각 박원순 정책의 76%를 폐기하거나 보류하겠다고 공언했습니다. "전임자들이 잘못한 게 있어도 끌어안고 가야 한다"던 박 시장이 저승에서 무슨 생각을 할지 궁금합니다. 배려한다고 해서 배려받는 것은 아니라는 사실을 이제 깨달았을까요? '배려'는, 이념이나 노선의 문제가 아니라 '인격'의 문제입니다.

습성

야당 서울시장 후보들 상당수가 'TBS 뉴스공장 폐지'를 '공약'으로 내걸었습니다. 예전 군사독재정권에서 시장 후보들이 독재자에게 제출하던 '업무 추진 계획서'에나 들어갈 내용입니다. '독재자의 하수인' 습성을 못 버린 자들이 서울시민의 '대표'가 되겠다고 나서는 건 서울시민을 모욕하는 짓입니다.

민주주의와 엘리트 권력

민주주의 체제라고는 하지만 일반 시민이 선거로 통제할 수 있는 권력은 대통령, 국회의원, 지자체장, 지자체 의원뿐입니다. '선거로 위임받은 권력'보다 '시험 봐서 얻은 권력'이 훨씬 안정적이고 지속적이며, 때로는 강력합니다. 민주주의의 실질을 확장한다는 건 '견제받지 않는 엘리트 권력'에 대한 견제 장치를 늘려나간다는 의미이기도 합니다. '헌정사상 초유의 법관 탄핵'은 한국 민주주의가 한 걸음 더 나아갔다는 의미로 봐야 할 겁니다. 마침 영국의 한 조사기관은 한국이 5년 만에 '결함 있는 민주국가'에서 '완전한 민주국가'로 재진입했다고 발표했습니다.

독립운동가와 검사

2012년 7월 11일, 새누리당의 김태호 씨는 남산 안중근의사기념관에서 대통령 출마를 선언했습니다. 독립운동가 기념관에서 출마 선언을 한 첫 사례였죠. 안중근 순국 100주년 이후 숭모 열기가 뜨거웠던 시점이어서, 그의 이미지를 이용하려는 시도였습니다. 하지만 김태호 씨와 안중근 의사의 이미지가 전혀 어울리지 않아 소득은 없었습니다. 윤석열 씨가 윤봉길의사기념관에서 출마를 선언한답니다. 같은 윤 씨라서 이미지가 어울린다고 생각한 모양인데 윤봉길 의사가 붙잡힌 후 사형당하는 순간까지 그를 가장 심하게 괴롭힌 자는 바로 '검찰관'이었습니다. 검사와 독립운동가의 이미지는 전혀 어울리지 않습니다.

검증된 능력

서울에서 아이 낳으면 1억 1,700만 원 주겠다, 서울시민 1인당 GDP 6만 달러 시대 열겠다. ―나경원

선거공약으론 이미 '확실히 검증된' 능력을 앞세우는 게 훨씬 나을 겁니다. '서울시민은 아무리 고발당해도 무혐의 처리되게 해 주겠다'나 '서울의 대학생들은 모두 A+ 받게 해 주겠다' 등.

'북풍'을 이용하다 생긴 '질병'

"한일 해저터널은 5천만 시장을 1억 5천만 시장으로 확대하는 계기 될 것" ―이언주

이런 식이라면, 남북철도 연결은 훨씬 적은 돈으로 5천만 시장을 30억 시장으로 확대하는 계기가 될 겁니다. 하지만 저들은 남북철도 연결이나 남북관계 개선에는 기를 쓰고 반대합니다. 우리나라를 섬나라와 묶으려는 생각만 하고 대륙과 이을 생각은 못 하는 것도, 선거 때마다 '북풍'을 이용하다 생긴 '질병'입니다.

편리한 기억법

　자기가 한 말이 세상에 다 알려졌는데도 국민의힘 김웅 씨는 "그런 말 한 기억이 없다"고 주장합니다. 세상 사람이 다 아는 별장 성폭행범의 얼굴 사진을 보고도 "누군지 모른다"던 사람들이니 그 '선택적 기억력'이 이해는 됩니다. 하지만 편한대로 기억하고 편한대로 잊어버리는 사람들이 국민의 운명을 좌지우지하는 시대가 계속된다는 건 생각만 해도 끔찍합니다.

#민주주의의_등불

'독재 친화적 엘리트주의'는 '군사독재'와 함께 끝나지 않습니다. '독재 친화적 엘리트주의'가 사회를 지배하는 한, '군사독재의 망령'은 언제고 되살아날 수 있습니다. 미얀마 시민들에게 실질적 도움을 주지 못하는 게 안타깝습니다. 하지만 우리가 군사독재 시절에 만들어져 여태 강력한 힘을 갖고 있는 '적폐'들을 하나하나 청산하는 데 성공한다면 미얀마 시민들에게 희망을 줄 수는 있을 겁니다.

직업병

당협위원장 협박, 박사모 명의도용, 성균관 명의도용, 조계종 명의도용……. 국민의힘 예비후보 중에서도 윤석열 씨의 불법행위가 특히 심합니다. 법을 사유화하여 맘대로 휘두르다 보니 법을 우습게 아는 '직업병'에 걸린 듯합니다. 법을 우습게 아는 정치검찰은 칼을 우습게 아는 망나니와 다르지 않습니다. 그들은 사람의 목숨과 고통도 가볍게 여깁니다. 그런 사람들에게 '공정'과 '상식'을 바라는 건 망나니에게 '인정'을 바라는 것과 같습니다.

재량권

검찰이 나경원 딸 성적 대폭 정정은 '강사 재량'이라며 기소 사유가 아니라고 했습니다. 인턴증명서 발급은 누구 '재량'인가요? 성적증명서와 인턴증명서 중 어느 게 더 중요한 서류인가요? D를 A+로 바꿔준 강사나, 나경원을 무혐의 처리한 검사나, 최강욱에게 징역형을 선고한 판사나. '법'이 너무 노골적으로 "나경원처럼 살라"고 요구하는 것 같습니다.

정자정야

"사실이 아니면 해명하면 되지 법적 조치라니 이게 정치냐?"
— 국민의힘

'정자정야政者正也' 즉 정치란 '바로잡는 일'입니다. 자기 이익을 위해 거짓말을 만들어 퍼뜨리고 거짓말이라는 게 밝혀졌는데도 사과조차 않는 건 정치가 아니라 사기입니다. 사기를 법으로 다스리는 게 정치입니다. 요즘엔 사기가 정치인 줄 아는 '정치인'과 사기가 언론인 줄 아는 '언론인'이 너무 많습니다. 사기꾼을 사기꾼이라고 부를 수 있도록 하는 게 정치입니다.

정치적 식견수정

청년정의당 대표가 "쥴리라는 이름을 들어봤나?"라는 YTN 라디오 진행자의 질문에 "들어봤다"라고 대답했다는 이유로 추미애 씨를 맹비난했습니다. "못 들어봤다"라고 거짓말하는 게 올바른 태도였다는 걸까요? 그는 다음날 자기라면 "그런 질문 자체가 적절치 않다"고 답했을 거라고 주장했습니다. 지금 '쥴리'라는 이름이 표상하는 건 어떤 여성의 과거 직업에 관한 의혹에 국한되지 않습니다. 이 이름은 돈과 검찰권력이 연결되는 경로, 검찰권력이 불공정하게 작동하는 방식, 검찰의 특이한 조직 문화, 성의 물건화 등 우리 사회와 정치가 풀어야 할 중요 문제들과 관련되어 있습니다.

여러 문제를 압축적으로 표상하는 이름을 지우려는 건 그 문제에 대한 관심을 지우려 드는 것과 같습니다. 하나의 이름이 하나의 문제만을 표상하는 줄 아는 걸 정치력 식견 탓이라고 하기도 민망합니다.

일꾼 선발

민주당 대선 후보 면접관 선정을 둘러싸고 논란이 거셉니다. 아는 건 없으면서 목소리만 큰 사람들의 영향력도 무시할 수 없습니다. 그런 사람들을 상대하는 능력도 검증할 필요가 있습니다. 일꾼을 뽑을 땐 쓰레기 치우는 솜씨도 봐야 합니다.

우리나라 적폐 청산의
세계사적 의미

맨손의 자국민을 총으로 쏴 죽이는 미얀마 군인들을 보면서 80년 광주에서 시민들에게 총을 쏘았던 군인들을 생각했습니다. 당시 직접 학살을 자행한 군인 중에 처벌받은 사람은 없습니다. '양심 고백' 한 사람도 한 명뿐입니다.

'군사독재 시대'는 끝났지만 '군사독재 청산'이 철저했던 건 아닙니다. 오히려 당시 군인들의 학살이 정당했다고 주장하는 사람이 늘어나고 있습니다.

제2차 세계대전 이후 아시아, 아프리카, 남아메리카 곳곳에서 쿠데타로 집권한 군사 정권이 반인도적 만행을 저질렀지만 그 범죄자들이 합당한 처벌을 받은 사례는 거의 없습니다. '군사독재자'의 자식을 국가원수로 '선출'하는 기이한 현상이 우리나라에서만 일어난 것도 아닙니다. 군사독재를 경험한 나라들에서 '엘리트주의'는 흔히 독재에 대한 향수와 짝을 이룹니다. 군사정권의 일원이었거나 군사정권과 결탁하여 특혜를 누린 사람들이 사회의 '기득권 엘리트층'을 형성했기 때문이죠.

'독재 친화적 엘리트주의'는 '군사독재'와 함께 끝나지 않습니다. **'독재 친화적 엘리트주의'가 사회를 지배하는 한, '군사독재의 망령'은 언제고 되살아날 수 있습니다.** 미얀마 시민들에게 실질적 도움을 주지 못하는 게 안타깝습니다. 하지만 우리가 군사독재 시절에 만들어져 여태 강력한 힘을 갖고 있는 '적폐'들을 하나하나 청산하는 데 성공한다면 미얀마 시민들에게 희망을 줄 수는 있을 겁니다.

　　오세훈 씨가 전남도청 공무원들의 문 대통령 환영에 대해 "독재
국가에서나 볼 수 있을 법한 낯 뜨거워지는 찬양"이라고 비판했습
니다. 20분짜리 식목 행사에 참석하는 시장을 위해 2,500만 원 들여
계단을 설치하는 정도는 돼야 '독재국가에서나 있을 법한 낯 뜨거운
일'이라고 할 수 있겠죠. 아이들 밥값에 쓸 돈은 없어도 '의전'에 쓸
돈은 많은 게 '독재'의 특징입니다. 참고로 지금 저 계단은 왜 놓았
는지 아는 사람이 거의 없는 '미스터리의 시설물'이 되어있습니다.

▲　2011년 4월 1일 서울시가 임시로 올린 철제계단. 오세훈 서울시장이 참여한
　　나무심기 행사 불과 3일 전에 설치해 행사용 계단이 아니냐는 지적이 일었다.
　　(아시아투데이 2011. 4. 20.)

무식의
과잉 대표

'당신'은 본래 '그분' 또는 '그 어른'에 상당하는 3인칭 존칭이었습니다. 1921년 계명구락부는 우리말 2인칭 대명사가 '너' 밖에 없어 평등한 언어생활이 이루어지지 않는다며 '당신'을 2인칭 평어平語로 사용하자는 캠페인을 벌였습니다. 그러나 '당신'은 부부 사이에서만 평어로 정착했을 뿐 배우자가 아닌 사람에게 쓰면 '너'와 다르지 않은 말이 되었습니다.

'당신'이라는 말이 화자話者 사이의 관계와 대화의 맥락에 따라 여러 뉘앙스로 쓰인다는 사실을 모르는 정의당 비례대표 1번 국회의원이 이 단어에 발끈하여 국회에서 작은 소동이 벌어졌습니다. 역시 말의 맥락은 이해할 줄 모르고 '혐오단어' 찾기 놀이에만 열중하던 같은 당 비례대표 2번 국회의원도 1번을 두둔하고 나섰습니다.

공자는 '정치란 바로잡는 것'이며, 첫 번째로 바로잡아야 할 것이 '말'이라고 했습니다. 남의 말도 이해하지 못하는 사람이 말을 바로잡을 수는 없습니다. 정의당은 국민 평균 지적 수준에 한참 못 미치는 사람들을 비례대표 1, 2번으로 선정하여 국회에 보냄으로써 국민의 언어생활 문화에 아무 쓸데 없는 혼란을 야기하고 무식이 과잉 대표되도록 한 데 대해 국민에게 사과해야 합니다.

언론의 검증

"내 장모, 누구한테 10원 한 장 피해준 적 없다." —윤석열

"장모가 내 도덕성과 무슨 상관이냐?"는 검증이 필요 없다는 말이었습니다. 하지만 이 말이 사실인가의 여부는 검증이 필요합니다. 이제 윤석열 씨의 도덕성과 정직성을 검증할 '언론의 시간'이 와야겠지만 검사의 말은 무조건 '진실'이라고 믿는 한국 언론이 그럴 일은 없겠죠.

부당한 현실

"없는 사람들은 부정식품 이하라도 사 먹을 수 있게 해야"라고 했던 윤석열 씨가 이번엔 "최저임금보다 낮은 조건으로 일할 사람 많다"고 했습니다. 지금은 '유전무죄 무전유죄'가 '부당한 현실'이지만 앞으로는 '정당한 현실'이 될 수도 있습니다. 이제까지 검찰에게는 '유전무죄 무전유죄'가 '정당한 현실'이었습니다.

휴머니즘의 출발점

얼마 전 줄리에 관해 언급해선 안 된다고 주장했던 청년정의당 대변인이 이번엔 박원순 전 시장 유족에게 '사자 명예훼손' 소송을 추

진하지 말라고 요구했습니다. 그가 주장하는 내용을 읽다가 '사랑하는 사람을 잃은 유족의 슬픔을 이해하지 못할 바는 아니지만'이라는 대목에서 숨이 막혔습니다. 평생을 인권운동에 헌신하느라 가족 돌보는 일조차 등한시했던 남편과 아버지가 '성폭력 범죄자'라는 오명으로 역사에 묻히도록 놔둘 수 없다는 절박함을 조금도 이해하지 못하는 '인간관'에서 '휴머니즘의 완전한 실종'을 봤습니다. 나에 관해서는 남에 관해서든, '일생의 무게' 전체를 이해하려 노력하는 것이 휴머니즘의 출발점입니다.

성차별

'그가 여자이기 때문에 과거 행적을 문제 삼는 것'이라고 주장하는 사람이 많습니다. 이거야말로 성차별적 주장입니다. 문제의 핵심은 그가 검찰 권력을 사적으로 이용했느냐의 여부이지 성별이 아닙니다. 불의와 불공정은 성 차별을 하지 않습니다.

개돼지

옛날에는 사람이 먹을 수 없는 '식품'을 개돼지에게 줬습니다. 한국인들에게 '개돼지'를 하나로 묶는 언어 습관이 생긴 건 이 때문입니다. 윤석열 씨가 "없는 사람들은 부정식품 이하라도 싸게 사 먹을 수 있게 해줘야"한다고 주장했습니다. '없는 사람은 개돼지'라는 자기 생각을 이보다 간단명료하게 표현하기도 어려울 겁니다.

위로와 사죄

"경선이 끝나면 광주에 달려가서 더 따뜻하게 위로하고 보듬겠다" —윤석열

사고, 질병, 폭행 등의 피해자에게 제3자가 동정과 연대의 마음을 전하는 게 '위로'입니다. 가해자에게는 '사죄'할 의무가 있을 뿐, '위로'할 자격은 없습니다. 무식과 오만을 겸비하기란 정말 어려운데 그걸 해내는 인간이 진짜 있군요. 윤석열의 발언으로 마음 상하신 호남민들께 위로의 마음을 전합니다.

사령관과 돌격대장

그가 검찰총장이나 특검의 지휘를 받아 수사할 때는 '열심히 하는 검사'였습니다. 하지만 남의 지휘에 잘 따르는 사람이 남을 잘 지휘하라는 법은 없습니다. 그의 지휘를 받은 검찰의 행태는 무턱대고 사람의 무덤을 파헤치는 멧돼지의 행태와 그리 다르지 않았습니다.

그는 나라의 근간을 뒤흔든 권력형 범죄 혐의라도 잡은 것처럼 수십 명의 검사를 동원하여 청와대를 포함해한 100여 군데를 압수 수

색했지만 '혐의의 증거'라고 찾아낸 것은 고작 표창장과 인턴 증명서 정도였습니다. 그가 지휘한 검찰 수사 결과 우리 사회에 일어난 '긍정적 변화'가 무엇인지에 대해서는 그 자신도 대답할 수 없을 겁니다.

이라크에 대량의 살상무기가 있다고 판단하여 전쟁을 일으킨 부시도 그보다는 훨씬 나은 지휘관이었습니다. 군인에 비유하면 그는 돌격대장으로서는 유능하나 지휘관으로는 아주 무능한 사람입니다. 윤석열 씨가 '큰 정치'를 하겠다고 선언했습니다. 돌격대장 자격밖에 없으면서 최고 사령관 자리를 꿈꾸는 것만으로도 이미 '큰 정치'를 한 셈입니다. 무모한 주제에 '훈장'에만 욕심내는 지휘관은 병사들을 죽음으로 이끌 뿐입니다.

현역 군인의 정치 개입

현역군인 400여 명이 윤석열 캠프에 참여해 선거운동을 도왔답니다. 현역군인 400여 명을 군법으로 처벌하는 것과는 별도로 그들을 선거에 동원한 '수괴'에게도 법적 책임을 물어야 할 겁니다. '법과 원칙'만 따른 윤석열 씨가 검찰총장이라면 '수괴'는 무기징역감입니다.

경거망동

'국민의힘에 입당하는 게 당연하다'고 했던 윤석열 씨가 몇 시간 뒤 '경거망동 안 한다'고 말을 바꿨습니다. 이게 바로 '경거망동'입니다. 그가 조국 씨에게 권력형 범죄 혐의를 씌우고 마구잡이로 수사한 것도 '경거망동'입니다. 윤석열씨 별명이 더 생기겠네요. '윤경거'나 '윤망동'.

이익단체

'합리적 보수'와 '반페미니즘'을 표방하는 당 대표가 '세월호는 북괴 지령'이라고 주장한 '극우' 인사를 사무총장에, 자타칭 페미니스트를 대변인에 임명했습니다. '가치'를 공유하는 집단에서는 이런 일이 거의 불가능합니다. 이런 일은 '이익'을 위해 뭉친 집단에서만 가능합니다.

기업형 국가

"사장 뽑듯 대통령 뽑자. 국가 경영능력 봐야." —이준석

한국의 이명박 시대와 미국의 트럼프 시대를 만든 건, 기업과 국가의 차이도 모르는 '이준석들'이었습니다. 국가가 기업처럼 되면

주권자는 종업원으로 전락합니다.

양심 대 비양심

"아내에게 미안… 내가 정치 안 했으면 안 겪어도 되는 일"
— 윤석열

양심에 거리끼는 말은 차마 하지 못하는 게 사람입니다. 한국 정치 세력을 '양심세력'과 '비양심세력'으로 나눈 김대중 전 대통령의 구분법은 아직도 유효합니다. 일인 종신 독재체제를 '한국적 민주주의'라고 우겼던 '비양심세력'이 여전하기 때문입니다.

사위는 백년손님

윤석열 씨 장모에게 실형이 선고되자 이제껏 '부부는 경제공동체'라던 자들이 '사위는 백년손님'이라며 윤석열 씨를 두둔하고 나섰습니다. 애초부터 '논리적 일관성'이 뭔지 모르던 자들이 이러는 건 예상한 바입니다. 그러나 사위와 며느리를 차별하는 '성차별 발언'에 정의당과 여성단체들이 침묵하는 건 다소 의외입니다.

**세금
상식**

"세금 걷었다가 나눠주느니 안 걷는 게 가장 좋다" —윤석열

제 맘대로 법을 휘두르는 게 습관이 되다 보니 세금 징수도 그럴 수 있는 것으로 아는군요. 대학 진학률 OECD 1위인 나라에서 저렇게 무식한 사람의 지지율이 30%에 달한다는 건 정말 미스터리입니다.

생활습관병

"일주일에 120시간 바짝 일하고 이후 마음껏 쉴 수 있어야 한다."
—윤석열

노동자들이 1주일에 112시간 일하고 (병 걸려 해고되면) 마음껏 쉴 수 있던 시절에 전태일이 분신했습니다. 윤석열 씨 지지자들조차 '주당 120시간 노동' 발언은 '실수'라고들 합니다. 실수라기보다는 '병'이라고 봐야 할 겁니다. 기업주들에게 접대받는 생활을 오래 하다 생긴 '생활습관병'

**국민 약탈
세력**

① 박근혜 정부가 KTX 알짜 노선을 민영화, SR 설립

② 코레일 적자 누적으로 일부 노선 폐쇄

③ 문재인 정부, 민영화 취소 공약

④ 국토부, 민영화 취소 타당성 검토 연구 용역 발주

⑤ 용역팀, 민영화로 인한 연간 비효율이 559억 원에 달한다고 중간보고

⑥ 국토부, 돌연 연구 용역 중단 지시

철도노조 선전국장의 평 ; "국토부 내에 예전에 민영화를 추진했던 세력들이 존재하고 있고, 민영화에 우호적인 정권이 들어서기를 기다리기 위한 시간 끌기라고 봐요."

퇴직 후 SR로 간 국토부 고위 공무원이 있는지 전수조사해야 할 듯합니다. 이런 행위가 바로 '국민 약탈'입니다. 문재인 정부의 개혁과 공약 이행을 방해하고 '민영화에 우호적인 정권'이 들어서길 바라는 세력이 '국민 약탈 세력'입니다. '국민 약탈 세력'의 대표가 고위 관료로 있다가 대선에 출마하겠다는 사람들입니다.

특권적 엘리트주의의 사슬

검사 출신 국회의원들은 대체로 '검찰개혁'에 반대하거나 불가피하면 '무늬만 개혁'에 찬성합니다. 기자 출신 국회의원들은 대체로 '언론개혁'에 반대하거나 불가피하면 '무늬만 개혁'에 찬성합니다. '인정상' 불가피한 현상일 수 있습니다. 그런 사람들의 '개혁안'을 믿지 않아야 특권적 엘리트주의의 사슬에서 벗어날 수 있습니다.

살아 있는
권력

"박범계 출자 법무법인 급성장 논란 수사, 대전지검에 배당"

법무장관이 검찰총장의 요구를 거절하자마자 법무장관이 출자했던 법무법인에 대한 검찰 수사가 시작됐습니다. 자기 속셈을 투명하게 드러내면서도 함부로 행사할 수 있는 권력이 진짜 '살아 있는 권력'입니다.

권력과 야합한
언론

전두환의 잔인성, 이명박의 간교함, 박근혜의 무식을 두루 갖춘 사람이 유력 대통령 후보가 되는 날이 오리라고는 꿈에도 생각하지 못했습니다. 저 세 가지 속성에 두루 야합하면서 한 번도 반성하지 않았던 언론의 역사가 지금의 끔찍한 현실을 만든 주범일 겁니다.

이준석의
정체성

"'공정과 능력의 아이콘'이라고 생각해서 밀었는데 알고 보니 '불공정과 아빠 능력의 아이콘'이더라"라며 이준석 씨가 당대표를 그만두어야 한다는 젊은이가 꽤 있습니다. 하지만 요즘 젊은이 중에서 이준석 씨만큼 국민의힘의 '역사적 정체성'에 잘 어울리는 사람은 찾기 어려울 겁니다. 권익위에 소속 의원 부동산 전수조사를 의뢰하면서 가족 개인정보동의서를 제출하지 않는 '정체성'은 아무나 가질 수 있는 게 아닙니다.

민주주의_시대_시민의_자질

군주제 시대에는 '군주'의 성향과 자질이 시대의 성격을 규정했습니다. 세종이 세종 시대를 만들었고, 연산군이 연산군 시대를 만들었습니다. 민주제 시대에는 '시민 평균'의 성향과 자질이 시대의 성격을 규정합니다.

**뇌물 받는
기법**

국민의힘이 정당 사상 최초로 자격시험을 도입하기로 했답니다. 이제까지의 뇌물 수수 관행을 참고하여 예상 문제를 하나 내 봅니다. 다음 중 **정치자금법에 안 걸리도록 뇌물 받는 방법은?** (복수 선택 가능)

① 피감기관으로 하여금 인척이 경영하는 회사에 일거리를 주게 한다.

② 자기 영향력 아래 있는 회사에 아들을 취업시킨 뒤 성과급을 받게 한다.

③ 토지 개발 정보를 친인척에게 미리 알려준다.

④ 친지들에게 국책 사업 정보를 알려준 뒤, 그들에게 '합법적인' 정치자금을 받는다.

⑤ 자기 친인척이 소유한 땅이 개발제한 구역에서 해제되도록 한다.

⑥ 주무 기관에 청탁하거나 압력을 가해 자기 땅 주변을 지나는 도로가 휘어지도록 한다.

⑦ 우연히 만난 사람 소개로 초호화 아파트를 싸게 산다.

⑧ 자동차 주유비를 연간 수천만 원씩 쓴다.

⑨ 검찰이 '사주'하는 대로 움직이면서 눈치껏 받는다.

정치와 법, 그리고 염치

국민의힘 비례대표 5번으로 전격 발탁돼서 재산 11억 허위신고하고도 국회의원 된 사람이 지역구민의 선택으로 당선된 사람더러 '조선시대 아들 낳은 후궁'이랍니다. 법원이 '인턴 증명서'를 과장 발급했다며 최강욱 의원에게 징역 8개월 집행유예 2년을 선고했습니다. 판검사 자녀들의 입시 비리 전수조사를 해 달라는 국민청원 참여 인원이 22만 명을 넘겼습니다. 정치와 법이 염치를 무너뜨리면 세상이 무너집니다.

주권자의 자질과 시대의 성격

군주제 시대에는 '군주'의 성향과 자질이 시대의 성격을 규정했습니다. 세종이 세종 시대를 만들었고, 연산군이 연산군 시대를 만들었습니다. 민주제 시대에는 '시민 평균'의 성향과 자질이 시대의 성격을 규정합니다. 시민의 평균 수준이 세종에 가까우면 세종 시대와 가까운 시대가 될 것이고, 시민의 평균 수준이 연산군에 가까우면 연산군 시대와 가까운 시대가 될 겁니다. 탐욕에 충실하고 방탕을 즐기는 사람이 더 많은 사회에서는 연산군처럼 방탕하고 탐욕스러우며 포악무도한 대표자가 나오기 마련입니다.

개인의 일탈과 조직의 책임

국민의힘 대선 예비후보 산하 모 청년단체 대표가 술잔에 수면제 성분의 약을 넣어 여성 4명에게 성폭력을 자행했다는 보도가 나왔습니다. 그런데 뉴스 제목에는 '청년단체 대표'라고 나올 뿐, 국민의힘이라는 글자가 없습니다. 뉴스 기사에도 대선 예비후보 이름이 안 나옵니다.

김두관 씨는 사퇴한 부산시장 '오거돈 개인의 일탈'이라고 했다는 이유로 2차 가해범으로 몰려 고생하고 있습니다. 이런 논리라면 저런 사람을 휘하 청년단체 대표로 임명한 국민의힘 대선 예비후보의 이름 정도는 공개해야 하는 것 아닌가요? 보복을 우려하는 피해자들을 생각하면 '그'의 이름을 공개하지 않는 것이야말로 '2차 가해'라고 해야 할 겁니다.

수족과 개돼지

"제가 가면 '윤석열이 시켜서 고발한 것이다'가 나오게 되는 거예요." — 김웅

김웅의 발언 내용이 복원, 공개됨으로써 윤석열 씨가 '고발사주'에 관여했을 개연성이 드러났지만 "고발사주가 무슨 대수냐?"는 사람이 많습니다. 전두환 정권 때도 "간첩조작, 성고문, 고문살인이 무슨 대수냐?"는 사람 많았습니다. 전두환이 보기에 그들 일부는 '수족'이었겠으나 절대다수는 '개돼지'였을 겁니다.

'잘했다'는 말

자식이나 제자, 하급자에게 하는 상투적 칭찬이 아닌 한 '잘했다'는 말은 '본받고 싶다'와 대략 같은 뜻입니다. "전두환이 정치를 잘했다"는 윤석열 씨의 말은, 그의 역사의식만을 드러내는 게 아닙니다. 역사의식이 곧 미래 구상입니다. 윤석열 씨의 말은 전두환처럼 잔인하고 폭압적인 정치를 하겠다는 선언과 다를 바 없습니다.

뉴스 검색하다가 "이재명의 국감에서 공개된 전직 조폭원의 SNS 사진 두고 진실공방"이라는 제목에 눈길이 갔습니다. 자기들도 진실이 뭔지 알면서 '진실공방'이라는 제목을 달았습니다. 모기가 사람을 물고 사람이 살충제를 뿌린다고 해서 사람과 모기의 '공방'이라고 하지는 않습니다. 진실과 거짓 사이에서 '중립'을 취하면 해충 같은 것들이 사람 행세하게 됩니다.

시나리오 창작

국민의힘 김용판 의원이 이재명 후보가 조폭에게 받은 돈다발이라며 공개한 사진의 돈 임자가 국민의힘 수정구 청년협의회 당협위원장의 아들이랍니다. 네티즌들이 그 사진의 정체를 밝히지 못했더라면 오늘자 포탈 뉴스는 다음과 같은 기사들로 덮였을 겁니다.

"조폭의 양심선언에 헛웃음으로 모면하려 한 이재명"

"조폭 돈받은 여당 대선후보라니 선진국 타령했던 나라가 부끄럽다"

"이재명이 받은 돈다발 사진 공개, 소환 조사 초읽기"

"후보가 부끄럽다. 민주당원 탈당 러시"

제보자가 자기 당 간부의 아들이고 사진이 가짜로 밝혀졌는데도 국민의힘 김기현 원내대표는 "사진 상관없이 진술은 진실"이라고 주장했습니다. "돈 줬다고만 해라. 그 뒤로는 우리가 알아서 한다"는 시나리오는 흥행에 성공하든 실패하든 계속 창작될 겁니다. 우리나라에서 브라질식 연성쿠데타가 진행 중이라는 의심을 거두기 어렵습니다. 주권자들이 혜안慧眼만이 반복적으로 창작되는 저질 시나리오의 성공을 막을 수 있을 겁니다.

소신과 사과

윤석열 씨가 "5.18과 쿠데타 빼면 호남 사람들도 전두환이 정치 잘했다고 한다"고 발언한 데 대해 "어설픈 변명하지 말고 사과하라"는 사람들이 있습니다. 본인의 소신을 말한 게 사과할 이유는 아닙니다. 머리 숙여 사과해야 할 사람들은 윤석열 씨의 소신이 뭔지 알면서도 그가 민주주의의 수호자이자 공정과 상식의 아이콘인 것처럼 추켜세웠던 그 주변의 저질 기회주의 정치인과 지식인들입니다.

기억과 몰상식

"나는 박지원 원장과 공적으로든 사적으로든 술을 마신 기억이 없다." ─윤석열

노동자들이 주 120시간도 일할 수 있어야 한다. 가난한 사람들은 부정식품도 사 먹을 수 있게 해야 한다. 후쿠시마에서 방사능 유

출되지 않았다. 메이저언론을 통해서만 문제 제기해라. 정규직이
나 비정규직이나 큰 차이 없다. 손발 노동은 아프리카나 하는 것이
다…….

　'상식'이 없는 사람에겐, '기억'도 무의미합니다. 시공간에 대해 왜
곡되고 날조된 기억들이 '몰상식'이기 때문입니다.

권력의 사유화

　"울 아빠 건드리지 마라. 계란이랑 칼 들고 복수하러 간다"던 딸.
정신과 의사면서 진료도 하지 않고 남의 병명을 제 맘대로 진단하여
공개한 부인. 의료법과 의료윤리를 위반한 자기 부인을 두둔하다가
생방송 중에 이성을 상실하는 국민의힘 대선 예비후보.

　자기 부인의 잘못이 명백한 사안에서도 저 지경인데, 만약 저 사
람이 대통령이 된 뒤 자기 부인에 대해 헛소문이 유포된다면 어떤
반응을 보일까요? 권력을 자기 일족을 위해 쓰는 게 '권력의 사유
화'입니다. 윤석열 씨가 자기 부인과 장모를 위해 한 일과 원희룡 씨
가 자기 부인을 위해 한 일은 근본에서 다르지 않습니다.

사람이 편드는 방식

　"평생 어떤 경우에도 아내 편에 서기로 서약했다." — 원희룡

부인이 직업윤리를 심각하게 위반하여 남을 비방했을 때, 또는 딸이 공개적으로 쌍소리를 늘어놓았을 때 "가족을 대신해 사과합니다"라고 하는 게 '사람'이 편드는 방식입니다. 같은 집 개가 짖는다고 따라 짖는 건 개가 편드는 방식입니다.

패밀리비즈니스의 고객

"원래 선거는 시쳇말로 패밀리 비즈니스" ─ 윤석열

윤석열의 패밀리가 '검찰(출신) 패밀리'인지 "윤석열 김건희 패밀리'인지는 알 수 없으나 자기 가족의 사익을 위해 출마했다는 건 솔직히 밝혔네요. 윤석열 패밀리도 아니면서 지지하는 사람들은 뭔가요? 개를 자식처럼 생각한다는 말에 감동했나?

거지 쫓는 법

옛날에는 남의 집 대문 앞에 서서 밥 달라고 소리치는 거지들이 있었습니다. 아무리 소리쳐도 못 들은 척하는 게 거지를 쫓는 방법이었습니다. 굳이 욕을 먹겠다고 찾아오는 자를 쫓을 때도 같은 방법을 써야 합니다. 욕을 먹겠다는 자에게는 욕을 안 해주는 게 욕보이는 방법입니다.

해명

윤석열 씨 측근들이 횡설수설하기는 하지만, 그들의 서로 엇갈리는 말들을 조합해 추론하면 다음과 같은 일이 순차로 벌어졌다는 주장으로 보입니다.

① 윤석열 후보가 사과한 날 자정 넘은 시각에 캠프 관계자가 후보 부인에게 연락해서 "후보가 자식처럼 생각하는 개가 사과 받는 사진을 찍어 인스타그램에 올리면 후보의 장점을 국민들에게 알릴 수 있을 겁니다. 빨리 개를 데리고 오십시오."라는 취지로 말했다.

② 후보 부인은 괜찮은 생각이라고 판단해서, 또는 아무 생각 없이 캠프 관계자의 말에 따라 개를 데리고 오라는 곳으로 갔다.

③ 캠프 관계자는 미리 준비한 사과를 개 코앞에 놓고 사진을 찍은 뒤 "아빠 오늘 또 인도사과 있어요. 오우오우워" 같은 수준 낮은 글을 써서 인스타그램에 올렸다.

④ 예상과 정반대의 반응이 나오자 새벽 1시 반쯤 캠프 관계자가 임의로 게시물을 내렸고, 이어 계정을 폐쇄했다.

이해하기 어려운 부분을 밝혀 설명하는 게 해명입니다. '사람 수준'의 상식으로 이해할 수 있어야 '해명'이 됩니다. 사진도 사진이지만 이런 어이없는 '해명'이야말로 국민을 '개 취급'하는 겁니다.

지지자의 수준이
후보의 수준

　　대선 때만 되면 모든 관심이 후보 '개인'에게만 집중됩니다. 후보 개인의 신상을 터는 일을 '검증'이라고 하죠. 그리고 그것만 가지고 여론이 이리 갔다 저리 갔다 합니다. 하지만 그보다 더 중요한 건 후보의 '세력' 또는 '인재풀'입니다. 이 영역에 대해서도 '검증'이 필요하지만 사실은 역부족이죠. 하지만 그래도 유심히 살펴야 합니다. 어떤 사람들이 누구를 지지하는지를. '지지자의 수준이 후보의 수준이며, 지지자의 가치관이 후보의 가치관'이라는 말은 진실에 가깝습니다. 이명박과 박근혜를 지지했던 '지식인'들이 지금 지지하는 사람이라면 이명박과 박근혜를 계승할 거라고 봐도 크게 틀리지 않을 겁니다.

연성독재와
연성쿠테타

　　"文 정권, 칼과 총만 안 들었을 뿐 연성 독재 시도"

　　— 윤석열의 신동아 인터뷰

　　검찰개혁하라고 총장시켰더니 검찰개혁을 막기 위해 대통령의 인사권을 무력화하고, 터무니없는 혐의로 청와대를 압수수색하며 총장을 그만둔 뒤 바로 야당 후보로 대선에 출마하는 게 '칼과 총만 안 든 연성쿠테타 시도'입니다.

리더십과 팔로워십

앞에서 이끄는 사람이 '리더', 리더를 쫓아다니는 사람이 '팔로워'입니다. 윤석열 씨가 이준석 씨를 '쫓아가' 만난 걸 두고 어떤 언론사가 "윤석열, 한 번의 담판으로 갈등 봉합, 리더십 확인"이라는 제목의 기사를 냈습니다. 이 일로 윤석열 씨가 보여준 건 '팔로워십'이지 '리더십'이 아닙니다. 무식한 정치인을 추종하면, 무식해지나 봅니다.

3장 개가 달을 보고 짖는 이유

갈릴레이에 대한 종교재판이 열린 지 400년이 지났지만, 우리는 아직 '종교재판의 시대'에 살고 있는 듯합니다. 우리 사회 최고 엘리트들은 "우리가 진실이라고 하면 진실이니 그대로 받아들여라"고 주문합니다. 하지만 그들이 '증거들'을 취사선택하는 방식과 그들의 판단에 작용하는 '사적 이익에 대한 욕망'을 이해하려는 노력을 멈춰서는 안 될 겁니다. '사람들로 하여금 진실이라고 믿게 만들려는 권력의 의지'를 이해해야, 진짜 '진실'에 다가갈 수 있습니다. "그래도 지구는 돈다"는 말은, 지금도 유효합니다.

진짜_살아있는_권력,_검찰

법치가 무너지는 이유는 사람들이 법을 안 지켜서가 아닙니다. 법을 안 지키는 사람은 처벌하면 됩니다. 법 집행의 공정성에 대한 신뢰가 무너지는 것이 법치 붕괴의 근본 원인입니다. 스포츠 경기장에서조차 심판의 편파성이 두드러지면 폭동이 일어나곤 합니다.

**공동체를
지키는 길**

갈등 없는 사회는 없습니다. 박근혜가 '100% 국민통합'을 내세웠던 건 자기가 전체주의자라고 고백한 것과 같습니다. 사회 갈등을 완전하게 해소한 것처럼 보이는 정치는 갈등의 표출을 폭력으로 억압하는 정치 밖에 없습니다. 민주정치는 서로 대립/갈등하는 사회 세력들 사이의 이해를 조정하고 타협을 유도할 수 있을 뿐입니다. 정치의 주요 목적은 갈등이 공동체를 파괴할 정도의 임계점에 달하지 않도록 하는 것입니다.

분단으로 인해 이념 대립이 기형화하고 증폭되기는 했으나 계급/

계층 사이의 갈등을 토대로 하는 이념 대립은 어느 사회에서나 상수常數입니다. 1970년대부터 반세기 넘게 망국적이라는 평을 받아온 '지역감정' 또는 '지역차별의식'도 대개 이념을 표방하며 작동합니다. 여기에 박근혜가 당선된 대선 때에는 '세대 간 갈등'이 추가됐고, 이번 대선에서는 '젠더갈등'이 주요한 문제로 추가될 겁니다.

대립과 갈등의 요소들이 늘어나면 개개인의 일상적 네트워크와 정체성도 흔들립니다. 스스럼없는 사이가 아닌 관계에서는 공유할 수 있는 화젯거리가 갈수록 줄어들고 있습니다. 좌빨, 수구, 적폐, 꼰대, 마초, 꼴페미 등 사회적이면서 사적인 낙인들이 사람들을 움츠러들게 합니다. 인터넷 뉴스 댓글 창에 달리는 글들에서 '인간성'이 소멸한 것도 현실 세계에서 할 수 없는 말이 너무 많아졌기 때문인지도 모릅니다.

공동체는 공감대를 기반으로 유지됩니다. 사회 구성원 사이의 대립과 갈등을 완화하고 공감의 영역을 넓히는 것이 정치의 책무입니다. 서로 대립하는 주장들의 '중간'을 취한다고 해서 갈등을 완화할 수 있는 건 아닙니다. '주장'이 아니라 '현실'에서 옳고 그름의 기준을 제대로 세우지 못하면 절충이나 '중도'는 오히려 갈등을 증폭할 뿐입니다. 우리 정치사에서 '중도'를 표방했던 정치세력이 대개 기회주의적 면모만 보였던 것도 이 때문입니다.

'공정公正'이란 본디 하늘의 뜻에 따라 지상을 바로 잡다는 뜻으로, 정치와 다른 말이 아닙니다. 공자가 '정政은 곧 정正'이라고 한 것도 이 때문이었습니다. 현대적 개념으로는 사회 구성원 대다수가 공감하는 원칙과 기준에 따라 갈등을 해소하는 일이라고 할 수 있습니다. 공정을 구현하는 것이 법으로서 천도天道나 순리順理와 비슷한 뜻입니다. 중세 유럽에서도 '신의 뜻'이 곧 율법이었습니다.

세상의 혼란을 막고 갈등을 줄이기 위해서는 무엇보다도 **법 집행이 공정에서 벗어나지 않아야 합니다.** 그런데 지금 우리 사회에는 '유전무죄 무전유죄' 관행에 더해 '검사 가족 무죄, 검찰개혁론자 유죄'라는 관행이 공공연하게 만들어지고 있습니다. 언론은 갈등 완화를 도모하기보다는 가짜 뉴스까지 만들어 '갈등의 극단화'를 유도하고 있습니다. '빙산의 일각'이지만 검사와 언론인이 사기꾼을 매개로 결탁한 사실도 드러났습니다.

법치가 무너지는 이유는 사람들이 법을 안 지켜서가 아닙니다. 법을 안 지키는 사람은 처벌하면 됩니다. 법 집행의 공정성에 대한 신뢰가 무너지는 것이 법치 붕괴의 근본 원인입니다. 스포츠 경기장에서조차 심판의 편파성이 두드러지면 폭동이 일어나곤 합니다.

인구 감소, 기후 변동, 자동 기계화 등으로 인해 향후 우리 사회에는 미처 대비하지 못한 변화들이 태풍처럼 불어닥칠 겁니다. 갈등 요인들은 계속 늘어날 테고, 그만큼 법의 판단에 의지해야 할 일도 많아질 겁니다. '법 적용의 공정성'에 대한 신뢰가 없다면, 갈등은 임계점을 향해 치달을 수밖에 없습니다. 법을 담당하는 일부 권력기관이 법을 사유화하여 마음대로 휘둘러온 관행을 그대로 두고서는, 우리 공동체 앞에 닥친 위기를 극복할 수 없을 겁니다. **검찰개혁과 사법개혁은, 국가 공동체의 지속을 위한 선결 과제입니다.**

검찰식 자백

윤석열 총장이 '한명숙 모해 위증 사건'에서 임은정 검사를 직무 배제했답니다. 일반인은 꿈도 꾸지 못하는 방식으로 '자백'하는 것도 검찰의 '특권'입니다. 휴대전화 비밀번호 안 알려주는 것도, 진실을 파헤칠 것 같은 사람을 직무에서 배제하는 것도, 검찰식 '자백'이라고 봐야 할 겁니다.

수사대상

포항 MBC가 월성원전 주변 지하수 방사능 오염이 심각하다고 보도했는데 이른바 '메이저언론'들은 서로 짜기나 한 듯이 침묵합니다. 언론이야 그렇다 쳐도, 월성원전 안전하다고 호언한 감사원장과 노후 원전 조기 폐쇄 정책을 수사하겠다는 검찰총장은 '대국민 사과'라도 해야 하는 것 아닌가요? 지금 검찰이 수사할 대상은 '노후 원전 조기 폐쇄 정책'이 아니라 감사원장 주변의 '특이 동향'입니다.

전제검주국

검찰이 김학의 전 차관 출국금지에 '법적 하자'가 있다는 이유로 법무부를 압수 수색했습니다. 출국금지가 압수수색 대상이면 동영상 속 얼굴이 누군지 알 수 없다며 '무혐의 처분'한 검사는 구속, 기소해야 마땅하지 않나요? 법 위에 왕이 있는 나라는 '전제군주국'이고, 법 위에 검사가 있는 나라는 '전제검주국'입니다.

사법부의 날씨

"피해자의 사망과 질병이 가습기 때문이라고 인정할 수 없다."
— 어제의 사법부
"피해자가 성추행으로 고통받은 건 틀림없는 사실이다."
— 오늘의 사법부
사법부가 돈 앞에서는 '신중'하고, 죽어서 항변하지 못하는 사람에겐 '단호'한 게 어제오늘만의 일은 아닙니다.

사적 관계와 공적 관계

김건희 동거설 전직 검사 "어떤 사적 관계도 없었다." — 연합뉴스
이 기사를 보고 두 가지가 궁금해졌습니다. 두 사람이 어떤 '공적

관계'를 맺었는지가 하나고, 검사들은 어떤 관계를 '공적 관계'로 취급하는지가 다른 하나입니다.

헌법 가치가 부정되는 위기 상황

국회가 중대범죄수사청 설치 입법을 추진하는 데 대해 윤석열 총장이 '헌법가치가 부정되는 위기 상황'이라고 주장했습니다. 국회는 헌법상의 입법부입니다. 행정부 소속인 검사가 국회의 입법을 공공연히 비난하는 상황이 '헌법가치가 부정되는 위기 상황'입니다.

검사와 망나니

윤중천 별장에서 성착취한 검사는 '안면불상'이라 '무혐의'라더니 엘시티 특혜분양 받은 검사는 '성명불상'이라 '무혐의'라는군요. 사람의 얼굴도 이름도 알아보지 못하고 마구잡이로 칼을 휘두르는 '칼잡이'는 '검사'가 아니라 '망나니'입니다.

'봐준다'의 뜻

압수한 하드디스크에 '엘시티 특혜 분양 명단'이 있었지만 연루자 대다수를 무혐의 처리한 검찰은 그 명단을 '본 적 없다'고 주장한답니다. '봐준다'는 말은, 본래 '보고도 못 본 척한다'는 뜻입니다. 검찰이 김학의 얼굴을 '알아볼 수 없다'고 한 거나, 엘시티 특혜분양 명단을 '본 적 없다'고 하는 거나, '일부러 봐줬다'는 뜻이라고 봐도 틀리지 않을 겁니다.

세계 사법 사상 초유의 일

대검이 '검찰총장 장모의 변호 문건'을 작성한 건, 전 세계 사법 역사상 초유의 일일 겁니다. 당당한 국가 공무원들이 총장 개인의 하수인 노릇을 거부하지 않은 이유가 궁금합니다.

그 이유는 아마도 화천대유 고문진이 거물 법조인으로 채워진 이유와 같을 겁니다.

유전무죄라야 좋은 사람들

의사 국가 면허제를 시행하는 우리나라에서 '무면허 의사'라는 직함은 없습니다. 그냥 '의사 사칭범'이라고 해야 합니다. '의사 사칭범'이 수술하다 사람을 죽인 사건은 그냥 '사기꾼의 살인 사건'입니다. 검사 출신 변호사가 '사람 죽인 사기꾼'에게 '무혐의'로 빠져나가는 법을 소상히 가르쳐 준 사실이 드러났습니다. 그러고도 그는 국회의원까지 됐습니다.

'검찰개혁'은 필요하지 않다고 주장하는 '지식인'이 무척 많습니다. 사기꾼이 사람을 죽이고도 검사 출신 변호사만 구하면 괜찮은 세상, 그런 '검사 출신 변호사'가 국회의원까지 되는 세상이 그들에게도 '좋은 세상'이기 때문일 겁니다.

공정, 상식, 정의

윤석열 씨가 자기 부인의 박사 학위 논문 관련 의혹에 대해 **"대학이 자율적으로 판단할 일"**이라고 했습니다. 조국 씨 딸이 논문 저자로 등재된 경위를 밝힌다며 공주대와 단국대 등 10여 곳을 압수수색한 건 검찰이 아니라 대학이었나 봅니다. 윤석열 씨가 쓰는 공정, 상식, 정의라는 단어의 의미는 '상식적 의미'와는 정반대인 듯합니다.

자유당 시절

윤석열 측이 한 언론사의 여론조사 방식 변경을 두고 **"여권 후보 압력에 여론조사가 중단됐다"**고 주장했습니다. 그러자 '친윤' 언론들과 그에 기생하는 인간 무리가 '자유당 시절로 되돌아갔다'고 맞장구칩니다. 윤석열 측의 말이라면 '무조건 진실'이라고 믿고 우기는 거야말로 자유당 시절 이승만의 하수인과 정치깡패들의 습성이었습니다. 지금 역사를 자유당 시절로 되돌리려 드는 건 '친윤' 언론들과 그에 기생하는 무리입니다.

검언유착의 본질

사기꾼에게 뇌물 받은 검사를 수사하는 과정에서 조선일보 전 기자, TV조선 앵커, 중앙일보 논설위원, 모 종편 기자 등 '언론인' 4명도 뇌물 받은 사실이 드러났습니다. 일부 검사와 언론인이 범죄자를 접착제 삼아 결탁하는 '이익 공유 관행'이 '검언유착'의 본질이라는 사실도 드러났습니다. 죄를 매개로 유착하는 집단들이, 공정하거나 정의로울 수는 없습니다.

한국 언론의 공정성

실제 활동 시간과 확인서에 기재된 시간이 다른 것 같다는 이유로 인턴 확인서에 '도장' 찍어준 사람은 유죄 판결을 받았습니다. 그러나 한글도 제대로 모르는 사람이 남의 글을 베껴서 제출한 박사학위 논문에 '도장' 찍어준 사람들은 무사합니다. 이런 일을 문제 삼지 않는 게 우리나라 언론의 공정성과 양심 수준입니다.

악당의 충성심

"내가 가면 윤석열이 시킨 게 된다." ― 고발사주 김웅

"이재명 지사에게 뇌물 줬다고 하면 윤석열 후보가 도와줄 것"

― 허위제보 박철민

윤석열 후보 모르게 당사자들이 '자발적'으로 한 짓이라고 주장할 수는 있을 겁니다. 그렇다 해도 사기꾼과 깡패들의 '자발적 충성심'은 언제나 힘없고 가난한 사람들을 학대하고 수탈하려는 '야욕'의 표현이었습니다. 악한들이 최고 권력자의 눈에 들기 위해 '고발사주'와 '허위제보'로 무고한 사람들을 감옥에 보내던 '암흑기'는 '과거'에만 있었던 게 아닙니다. 악당이 '충신' 대접받은 세상은 언제나 '생지옥'이었습니다.

#책임도_사과도_없는_한국언론

백신 접종이 늦는다고 난리 치던 한국 언론이, 백신이 위험해서 먼저 맞으면 안 된다고 또 난리를 칩니다. 코로나 백신 부작용보다도 한국 언론이 훨씬 더 위험합니다.

증거의
힘

"그래도 지구는 돈다." 갈릴레이가 1616년 교황청 추기경위원회에서 지동설 포기를 선서하고 돌아서며 한 것으로 알려진 이 독백은 그 자체로 '근대 선언'이었다고 할 수 있습니다. 진실 또는 진리는 경전에 담긴 '신의 뜻'이나 종교 재판관들의 '신앙'에 의해 판정되는 것이 아니라 '객관적 증거'들을 축적함으로써 도달할 수 있는 것이라는 믿음은 근대를 만든 정신이었습니다.

물론 대다수 사람이 "그래도 지구는 돈다"는 갈릴레이의 말을 '진실'로 인정하기까지는 이 뒤로도 70년 가까운 시간이 필요했습니다. 코페르니쿠스의 '발견'으로부터 시작하면 한 세기 반의 시간이 걸린 셈입니다. 당시 갈릴레이를 재판한 추기경위원회의 위원들은 자기들이 정당하다고 확신했고, 절대다수 사람도 이 판결 결과를 지지했습니다. 그러나 이 집단적 신념은 구시대의 삽화로 남았을 뿐입니다.

'객관적 진실'은 권력자들의 의지나 대다수 사람의 신념과는 무관하며, 인간의 이성으로 '진실'들을 찾아내고 축적하면 '진리'에 도달할 수 있다는 생각이 '증거와 과학의 시대'를 열었습니다. 증거를 날조하거나 반대 증거를 일부러 묵살하는 행위는 과학과 이성에 대한 반역이자 역사에 대한 범죄가 되었습니다.

그렇지만 권력은 '증거 조작'이나 '반대 증거 배척'의 유혹을 잘 견디지 못했습니다. 이성의 시대에 증거를 장악하는 것은 '신권의 위임자'를 자처하는 것보다 더 강력한 힘을 갖게 해 주었기 때문입니다. 유럽에서 가장 '이성적'이라는 평판을 얻었던 독일인들이 나치즘에 빠져든 이유가 그들이 갑자기 '집단 광기'에 휩싸였기 때문은 아닐 겁니다. 오히려 '증거의 파편들', 또는 '조작된 증거들'을 이성적으로 판단한 결과였다고 보아야 할 겁니다.

사람들이 '인간성'을 완전히 상실할 정도의 냉정함을 열정적으로 과시했던 파시즘을 겪은 뒤에야 인류 지성은 증거-지식-진실-권력의 상관관계를 진지하게 고민하기 시작했습니다. 오늘날의 일부 포스트모더니스트는 '진실'이 있는 것이 아니라 '사람들로 하여금 진실이라고 믿게끔 만드는 서사敍事'가 있을 뿐이라고까지 말합니다. 하지만 사람들이 진실이라고 믿는 것들에는 '권력의 의지'가 작용하고 있다는 말을 진실 탐구를 포기하라는 권유로 받아들여서는 안 됩니다. 그런데도 우리나라에는 이런 이야기들이 '괴벨스형'으로 정착한 듯합니다.

조국 씨 딸이 받은 장학금을 '뇌물죄의 증거'로 삼았던 윤석열 씨는 자기가 받았던 '접대'와 자기 부인이 기업들로부터 받은 '협찬금'이 아무 문제가 되지 않는다고 생각합니다. 조희연 서울시 교육감에게 '채용 비리' 혐의를 씌웠던 최재형 씨는 감사원 퇴직자를 불법 채용한 자기 행위에 대해서는 모른 척합니다.

핵심 증거가 인멸된 상태에서 채널A 기자에게 무죄를 선고했던 법원은 오락가락하는 드루킹 일당의 증언 중 일부를 '사실'로 인정하여 김경수 경남지사에게 징역형을 선고했습니다. 윤석열 씨도, 최재형 씨도, 김경수 재판관들도 모두 '법조 엘리트'들이라는 사실이 의미심장합니다.

한명숙, 정경심, 김경수 등을 유죄로 판단한 '증거들'과 윤석열, 최재형, 한동훈 등을 향하는 '증거'들 사이에서 진실의 자리는 어디쯤일까요? 자기들이 주장하면 무엇이든 진실이 된다고 믿는 언론매체들이 지배하는 시대에 '진실'이 모습을 드러낼 수 있을까요?

갈릴레이에 대한 종교재판이 열린 지 400년이 지났지만 우리는 아직 '종교재판의 시대'에 살고 있는 듯합니다. 우리 사회 최고 엘리트들은 "우리가 진실이라고 하면 진실이니 그대로 받아들여라"고 주문합니다. 하지만 그들이 '증거들'을 취사선택하는 방식과 그들의 판단에 작용하는 '사적 이익에 대한 욕망'을 이해하려는 노력을 멈춰서는 안 될 겁니다. '사람들로 하여금 진실이라고 믿게 만들려는 권력의 의지'를 이해해야 진짜 '진실'에 다가갈 수 있습니다. "그래도 지구는 돈다"는 말은 지금도 유효합니다.

엘리트의 수준과 사회의 수준

'한국 기자들이 질문 못하는 이유'에 대한 어떤 기자의 글을 읽었는데 대체로 수긍하기 어려웠습니다. 그는 언론계 내부의 '문화'에 책임을 돌렸을 뿐 '주체'로서의 기자가 어떤 사회적 관계를 의식하며 질문 대상과 질문 내용을 취사·선택하는지에 관해서는 이야기하지 않았습니다.

한국 기자들은 음식점 배달원을 붙잡고 "짜장을 먹었나요, 짬뽕을 먹었나요? 아니면 찌개류를 먹었나요?" 등 초등학생도 궁금해하지 않을 질문을 퍼붓거나, 검찰청 앞에서 피의자를 막아서선 "피해자에게 할 말은 없나요? 반성하고 있는 겁니까?" 등 하나 마나 한 질문을 던지는 일은 아주 잘합니다. 그들은 자기보다 상대적으로 약한 사람들에게는 '함부로' 질문을 던지며 질문의 수준과 내용도 아주 천박합니다.

그러나 광고주-기업인이나 검찰 등의 권력기관을 상대할 때는 불러주는 대로 받아 적는 일을 주로 합니다. 질문을 하더라도 '미리 짜고' 합니다. 그들은 검사들에게 "서울 강남에 투자하지 않고 목포의 쇠락한 동네에서 다 쓰러져 가는 집을 산 이유는 무엇이라고 보는가요?"나 "대학 보직교수면 총장에게 말만 해도 표창장을 받을 수 있었을 텐데 굳이 위조했다고 보는 이유는 무엇인가요?" 등의 질문은 하지 않습니다.

그들은 기업인들에게 "이번의 대미 투자를 야당과 일부 언론에서 퍼주기나 조공이라고 하는데 투자를 결정한 진짜 이유는 뭡니까?" 같은 질문도 하지 않습니다. 그들은 독자들에게 사안의 본질을 바로 이해시킬 수 있는 질문을 던지지 않습니다. 그러다 보니 자기들도 사안의 본질에 관한 의문을 품지 않습니다.

그들은 스스로 '국민의 알 권리'를 위해 질문한다고 주장하지만 그들 대다수는 수준이 낮거나 불필요하거나 오해를 유발하는 질문을 함으로써 오히려 '국민의 알 권리'를 침해합니다. 그러면서도 국민 대다수가 자극적이고 말초적인 것에만 관심을 갖기 때문에 어쩔 수 없다고 변명합니다.

하지만 국민의 관심을 자극적이고 말초적인 정보에만 묶어두는 게 바로 자기들이라는 사실은 인정하지 않습니다. 자기들의 수준이 낮기 때문에 국민의 평균 수준이 낮아진다는 사실조차 알지 못합니다. 무식하고 나태해도 '엘리트' 행세할 수 있는 상황이 자기들에게 유리하기 때문일 겁니다. 수준 낮은 자들의 '엘리트의식'은 사회 전체의 수준을 낮추는 법입니다.

백신보다 위험한 언론

　　백신 접종이 늦는다고 난리 치던 한국 언론이, 이제는 백신이 위험해서 먼저 맞으면 안 된다고 또 난리를 칩니다. **백신보다 한국 언론이 훨씬 위험합니다.** 백신 맞고 몸에 병들 확률은 아주 낮지만, 한국 언론 믿었다가 정신에 병들 확률은 100%입니다.

언론 신뢰도 세계 최하위

　　손혜원 의원 항소심 재판부가 '부패방지법 위반'은 무죄, '부동산 실명법 위반'은 유죄로 판결했습니다. 시세차익을 얻기 위한 투기 목적의 매입은 아니지만, 증여세를 내고 조카에게 집을 사준 건 유죄라는 판단입니다. 그런데 애초 이 사안을 '단독' 보도했던 SBS는 "목포 투기 의혹 손혜원, 2심에서도 유죄"라는 제목을 달아서 보도했습니다. 재판부가 투기라고 인정한 것처럼 보이게 하려는 의도가 너무 뻔히 보입니다. 우리나라 언론 신뢰도가 세계 최하위인 이유는 '정직'과 '양심'을 찾아볼 수 없기 때문입니다.

　　1980년, 검찰은 광주에서 총, 대검, 곤봉에 맞아 만신창이가 됐던 사람들을 내란죄로 기소했습니다. 언론매체들은 그들을 '폭도'라고 비난했습니다. 진상이 밝혀진 뒤, 책임진 검사나 피해자들에게 사과한 언론인은 한 명도 없었습니다.

　　1991년, 검찰은 김기설 씨의 유서를 대필한 혐의로 강기훈 씨를 기소했습니다. 언론매체들은 '동료를 죽음으로 몰아넣은 파렴치한'이라며 그를 비난했습니다. 진상이 밝혀진 뒤, 책임진 검사나 강기훈 씨에게 사과한 언론인은 역시나 없었습니다.

　　2013년, 검찰은 간첩 혐의로 서울시 공무원 유우성 씨를 기소했습니다. 언론매체들은 '박원순의 서울시에서 간첩이 암약했다'고 보도했습니다. 진상이 밝혀진 뒤, 책임진 검사나 유우성씨에게 사과한 언론인도 없었습니다.

　　정치인들이 포괄적 책임감을 느끼고 국민에게 사과해야 하는 일은 사람들의 일생을 파괴하고 세상을 농락하고선 책임지지도 사과하지도 않는 집단이 존재하는 '현실'입니다.

독재정권과
검찰

　　독재정권 시절의 검찰은 간첩 사건을 조작하고, '자생적 공산주의자 그룹' 사건을 조작하고, 유서대필 사건을 조작해 기소했습니다.

이런 사건들이 언론에 대대적으로 보도될 때마다 민심은 흔들리고 독재정권에 유리한 정세가 조성됐습니다. 이런 일들이 거듭되는 상황을 극복하고 우리 사회의 민주주의를 진전시킨 건 사건의 본질과 맥락을 통찰한 사람들이지 덩달아 흔들린 사람들이 아닙니다.

한국 언론에 결여된 것

유족들은 동의하지 않았지만, 국가인권위원회는 박원순의 언행을 '성희롱'이라고 판단했습니다. 그런데 언론들은 국가인권위원회의 판단을 인용하면서도 '박원순 성추행'이라고 보도합니다. 언론인들이 '성희롱'과 '성추행'의 차이를 모르지는 않을 겁니다. 한국 언론에 심각하게 결여된 건 '상식과 양심'입니다.

선진국의 언론 신뢰도

"부인이 기소되면 사퇴해야"
"화천대유 관련성 밝혀지면 사퇴해야."
한국언론이 조국 전 장관과 이재명 후보에 대해 쏟아냈던 기사입니다. 하지만 윤석열 후보에겐 "부인이 기소되면 사퇴해야"나 "고발사주 관련성 밝혀지면 사퇴해야"라고 하지 않습니다. 나라는 선진국인데, 언론 신뢰도는 세계 꼴찌인 이유입니다.

양심과 비양심

올해 초, 유시민 씨는 확실한 근거 없이 검찰이 노무현재단 계좌를 사찰했다고 말한 데 대해 공개사과했습니다. 이제 검찰이 노무현재단 계좌를 사찰한 사실이 드러났지만, 당시 검찰 관계자나 유시민 씨를 맹비난했던 언론인, 지식인 중 유시민 씨에게 사과하는 사람은 한 명도 없습니다. 우리 사회에서 이념이나 정치성향의 대립은 부차적입니다. 선차적 문제는 아직도 '양심'과 '비양심'의 대립입니다.

한국 언론의 내로남불과 불공정

윤석열 검찰이 피의자 '불법 체포' 사실을 숨기기 위해 공문서를 위조한 정황을 열린공감TV가 취재, 공개했습니다. 애써 취재한 내용을 '공중파' 방송에 넘겼는데도 받아주지 않았다는 사실이 참 씁쓸합니다. '속보' '단독' 붙여가며 '의혹'을 과장, 증폭하는 데 열중하던 언론사들이 다 어디 갔는지 모르겠습니다. 정경심 씨를 표창장 위조 혐의로 기소하고 이성윤 씨를 '불법 출금' 혐의로 기소한 검찰입니다. 이 사안들에 관해 수십만 건의 기사를 쏟아냈던 언론입니다. 우리 사회에서 '내로남불'과 '불공정', '위선'을 대표하는 사람들이 누구인지 판단해 보시기 바랍니다.

인성 문제와 실수

이재명 후보에게는 '인성 문제'나 '소시오패스' 같은 단어를 함부로 쓰던 언론사들이 윤석열 후보가 무식과 무능을 드러낸 일에 대해서는 '실수'나 '해프닝'이라고 씁니다. 손바닥 왕王자, 개 사과, 국제 포럼 침묵 같은 행위들이야말로 '실수'나 '해프닝'이 아니라 '인성 문제'이자 '지능 문제'입니다.

개망신

국민의힘 윤석열 후보가 '국제포럼' 연단에서 프롬프터가 작동할 때까지 2분 동안 '침묵'한 걸 두고 '윤석열의 개망신'이라고 하는 사람들이 있습니다. '개망신' 당한 건 윤석열 후보가 아니라 TV조선 초청으로 그 자리에 참석했던 사람들입니다. 개도 불러놓고 2분 동안 침묵하면 항의 표시를 합니다.

어둠의 대마왕

"코로나19가 '종교계'를 통해 확산하고 있습니다." ─모든 언론사
'이름을 알지만 언급해서는 안 되는 자'가 어둠의 대마왕 '볼드모트'입니다. 지금 개신교를 '어둠의 대마왕' 취급하는 건 한국 언론입

니다.

**한국언론
신뢰도**

한국 언론들이 '원자력 전문가'의 입을 빌어 '월성에서 방사능이 검출됐지만 인체에 무해하다'고 주장합니다. 불량식품 제조자나 판매자는 늘 "먹어도 괜찮다"고 하는 법입니다. 이런 문제는 '원자력 전문가'가 아니라 '의사'에게 물어봐야죠. 한국 기자들에게 물어보면 한국 언론 신뢰도는 세계 1위일 겁니다.

**닭과
계란판**

동아일보에 문 대통령이 오스트리아에 국빈으로 방문한 '진짜 이유'는 '김정숙 여사한테 벨베데레궁 국빈 만찬 같은 마지막 선물을 안겨주기 위해 기획한 건 아닌지' 궁금했다는 논설위원 칼럼이 실렸습니다. 국빈 초청이 있어야 국빈 방문이 가능하다는 건 삼척동자도 압니다. 우리 정부가 국빈 방문을 '기획'했다는 건 오스트리아를 모욕하는 언사입니다. 한국 신문이 계란판이 되는 '진짜 이유'는 신문사에 '닭대가리'들이 많아졌기 때문인 듯합니다.

염치를 비난하는
파렴치

"국립중앙의료원은 사실 확인 없이 시중에 떠도는 허구와 억측에 기반한 악의적 보도 내용과 정치적으로 가공된 자극적인 제목으로 국립중앙의료원 기관과 기관장 개인의 명예에 심각한 위해를 가한 중앙일보와 해당 안혜리 기자를 대상으로 민형사상 법적 책임을 엄중히 물을 것임을 밝힙니다." —국립중앙의료원

그럼에도, 중앙일보사와 안혜리 기자는 '강제명령'을 받기 전엔 공개사과하지 않을 겁니다. 이런 언론이 '입증할 수 없는 주장'을 폈다고 공개사한 유시민 씨를 비난합니다. '염치를 비난하는 파렴치'는 사람이 도달할 수 없는 영역입니다. '언言'이든 '논論'이든 사람만 할 수 있는 겁니다.

'지랄염병하고
자빠졌네'

욕도 개인적 징벌이기 때문에 옛날에는 상대방의 죄질에 따라 상응하는 욕을 가려 썼습니다. '벼락 맞을 놈'은 천인공노할 죄를 저지른 자에게 쓰는 욕이어서 가까운 사람에게는 안 썼습니다. '육시랄'이나 '오살할' 등은 패륜적 행위에, '제미랄'이나 '제기랄'은 인간의 염치를 저버린 자들에게 썼습니다. '지랄하네'나 '염병하네'는 상대적으로 가벼운 욕으로서, 상식 밖의 언행, 앞뒤가 안 맞는 말, 이랬다 저랬다 하는 자, 허튼소리를 하는 자 등에게 썼습니다. 며칠 전까

지 '백신이 부족해 큰일'이라던 언론사가 이제는 '백신이 남아서 큰일'이랍니다. 작년 우리나라 국민총소득이 G7으로 올라섰는데, 그토록 '선진국 타령하던 언론사들이 '2년 연속 감소'만 강조해 보도합니다. 이런 언론사들을 상대로 써야 할 욕이, '지랄염병하고 자빠졌네'입니다.

부산의 가슴 벅찬 미래

언젠가 남북철도가 연결되면, 부산은 장대한 유라시아 횡단 철도의 종착역이자 출발역이 됩니다. 이게 '부산의 가슴 벅찬 미래'입니다. 하지만 한일 해저터널에 레일이 깔리면, '부산의 미래'는 '일본 큐슈 어느 도시의 미래'로 바뀝니다. 국민의힘이 '한일 해저터널 고용유발 효과 45만 명'이라고 주장하니 언론사들이 '진실'인 양 보도합니다. '실업유발 효과'는 왜 빼는지 모르겠습니다.

지독한 편파성

추미애 전 장관 아들의 휴가와 관련해서는 "아들아 미안해. 엄마가 추미애가 아니라서"라는 기사가 쏟아졌는데, 나경원 씨 딸의 성적 수정과 관련해서는 "딸아 미안해. 엄마가 나경원이 아니라서"라는 기사가 없습니다. 이토록 지독한 편파성은 '언론'이라는 이름에 미안한 일입니다.

망월폐견증

　'망월폐견'은 '달 보고 짖는 개'란 뜻입니다. 며칠 전 몇몇 언론사는 'Song to the moon'이 '문재인에게 아첨하는 노래'라고 주장했습니다. moon이나 달이라는 글자만 보면 흥분하는 이런 증세를 '망월폐견증'이라고 해야 할 겁니다.

노골적 선거 개입

　2016년 4.13총선 한 달 전인 3월 10일, 당시 대통령 박근혜는 대구 창조경제혁신센터를 방문하고 친박계 후보들이 출마한 지역구를 돌았습니다. "배신의 정치를 심판해 달라"며 노골적인 선거 개입 발언을 한 직후의 일이었습니다. 주호영 국민의힘 원내대표가 문 대통령의 부산행에 대해 "노골적 선거 개입이며 탄핵 사유"라고 주장했고 일부 언론은 그의 주장이 사실인 양 제목을 달았습니다. 머리가 나쁜 건지, 양심이 없는 건지, 사람들을 바보로 아는 건지.

초등학생과 언론인

KBS는 '이명박 정권의 환경부도 내곡동 땅을 그린벨트에서 해제하는 데 반대했으나 서울시가 강력히 밀어붙여 택지 개발 계획이 수립됐다'고 보도했습니다. 반면 오세훈 씨는 해당 사업은 담당 국장 전결 사항이었고, 자기는 처가 땅이 거기에 있었는지도 몰랐다고 주장했습니다. 진실과 정의를 추구하는 언론인 여러분 그 당시 담당 국장에게 한 번 물어봐 주세요. 시장은 관심조차 없고 정부도 반대하는 일을 적극 추진했던 이유가 무엇인지. 시장의 관심사도 아닌데 정부의 반대를 무릅쓰고 소신껏 추진한 공무원이 있다면 대서특필해서 시민들에게 알려야죠. 오세훈 씨 말을 그대로 받아 적는 건, '초등학교 저학년 생'이나 할 일이지 '언론인'이 할 일은 아닙니다.

차별적 표기법

오세훈 씨 부인 소유였던 내곡동 땅에 대해서는 '오세훈 처가 땅'이라고 쓰는 언론사들이 박영선 씨 남편 명의의 도쿄 아파트에 대해서는 '박영선의 도쿄 아파트'라고 씁니다. 오세훈은 부인과 독립적인 존재로, 박영선은 남편과 일체인 존재로 묘사하는 '차별적 표기법'에 대해 정의당과 여성단체들은 아무런 비판도 하지 않습니다. 정말 '차별적인 집단'들입니다.

최근 '선택적 정의'나 '선택적 공정'이라는 말이 많이 보입니다. 한쪽 팀 선수들의 사소한 반칙에는 옐로우 카드를 꺼내면서 다른 팀 선수들의 심한 반칙은 못 본 척하는 심판이 있다면 그는 '선택적으로 공정한' 심판인가요? 그는 불의하고 불공정한 심판일 뿐입니다.

"대접이 소홀해서 미안합니다."라는 말은 종종 하기도 하고 듣기도 합니다. 하지만 "홀대 받아서 미안합니다."라고 말하는 법은 없습니다. '홀대'는 받는 사람 책임이 아니라 하는 사람 책임입니다. 한국 언론사들이 "김정숙 여사 왜 동행하지 못했나"나 "문대통령, 영빈관 아닌 호텔에 묵었다" 등 한국 대통령이 미국 대통령에게 홀대받았다는 내용의 기사들을 쏟아냈습니다.

'홀대'가 사실도 아니지만 그걸 문 대통령 책임이라고 생각하는 '사고회로'가 놀랍습니다. 물론 당사자가 거지일 경우에는 '홀대' 받은 사람에게 책임을 물을 수도 있습니다. 한국 유수의 언론사 기자들, '클릭 수 구걸'에 익숙해진 탓에 정신마저 거지와 같아졌나 봅니다.

눈을 멀게 하는 건
탐욕

한국경제가 "바이든, 한국 복무 중인 55만 명 미군에 백신 접종 제공"이라는 제목의 기사를 올렸다가 수정했습니다. 주한미군이 55만 명이라고 생각할 정도로 무식한 한국인은 거의 없습니다. 저 기사를 쓴 기자와 데스킹한 기자도 입사 전까지는 나름 '똑똑하다'라는 소리를 들었을 겁니다.

"탐욕에 눈이 멀다"나 "질투에 눈이 멀다"는 말은 있어도 "정의에 눈이 멀다"나 "양심에 눈이 멀다"는 말은 없습니다. 진실을 보는 눈을 멀게 만들고 이성과 양심을 마비시키는 건 주로 '탐욕'입니다. '기자'가 '기레기'로 진화하는 이유도 주로 '탐욕' 때문입니다. '기레기'들이 주장하는 '정의'와 '공정'은 대체로 자기들의 '탐욕 실현'입니다.

배려와
혐오

세계인의 이목이 집중된 월드컵 축구 경기 중 A 선수가 골문 앞에 서 있던 B 선수 발 앞에 정확히 어시스트했습니다. B 선수는 가만히 서서 멀뚱멀뚱 보기만 하다가 슈팅 찬스를 놓쳤습니다. 해설자는 해괴한 주장을 폅니다. "A 선수의 즉흥적인 어시스트는 B 선수가 능력이 떨어지거나 소극적이라는 잘못된 인식을 경기를 지켜본 전 세계 사람들에게 심어줄 위험이 있는 플레이였다."

중앙일보의 한 기자가 문 대통령이 즉흥적으로 여성 기자에게 질문 기회를 준 건 "한국 여성 기자들은 전문성이 떨어지거나 소극적이라는 잘못된 인식을 기자회견을 지켜본 전 세계 사람들에게 심어줄 위험이 있는" 행위였다고 비난했습니다. 이런 괴이한 비난에 동조하는 사람도 적지 않습니다.

'배려'를 '혐오 표현'으로 이해하는 기자나 그에 동조하는 사람이 무척 많아졌습니다. 이런 '해괴한 해석법'이 만연하면 '배려'는 완전히 사라지고 '혐오'만 기승을 부릴 겁니다.

한국 언론의 고질병, 반反 윤리성

정신과 의사 원희룡 부인 "이재명 소시오패스 경향…치료 어렵다"
— 중앙일보 기사 제목

정신과 의사가 자기에게 '진료 접수'도 안 한 사람에게 '환자' 낙인을 찍고 언론매체를 통해 '치료 어렵다' 같은 망발을 늘어놓는 게 얼마나 심각한 '반反윤리적 행위'인지조차 모르는 자들이 '기자 짓'을 하고 있습니다. 고질이 된 지 오래인 한국 언론의 '반反윤리성'이야말로 치료가 어려울 듯합니다.

한국 언론의
오락가락

문재인 정부의 '친중반미' 때문에 나라가 위험하다던 동아일보가
한미 정상회담 이후에는 문재인 정부의 '친미반중' 때문에 나라가
위험하다는 칼럼을 실었습니다. 진짜 나라를 위험에 빠뜨리는 건 한
국의 언론사들을 지배하는 '오락가락하는 정신'입니다.

한국 언론의
의제議題 설정

이제껏 백신 불안감 조장에 앞장섰던 조선일보가 태도를 돌변하
여 '서둘러 백신 맞자'는 캠페인을 벌이기 시작했습니다. '집단면역'
달성 시점을 최대한 늦춰 다음 대선을 '방역 실패 심판' 이슈로 치르
려 했다가 그게 불가능해지자 차라리 그 시점을 앞당겨 다른 '이슈'
로 전환하려는 속셈 때문이라는 분석이 있습니다. 설득력 있는 분석
이라고 봅니다.

이런 '속셈'에는 권력을 잡고 유지하기 위해 자국민을 죽음으로
몰아넣었던 일본 쇼와 덴노, 이승만, 박정희, 전두환에게 한결같이
충성했던 정신이 그대로 담겨 있습니다. '집단면역 방해'의 의도를
알고 '백신 불안감'을 조장했던 자들은 그나마 낫습니다.

자기들이 어떤 음모에 조종당하는지도 모른체 그저 신이 나서 [속
보] 경쟁에 부화뇌동했던 '기레기'가 너무 많습니다. '자서전'과 '회
고록'도 분간하지 못하는 수준의 '기레기'들이 자기 행위의 배후 음

모를 알 리 없습니다. 이런 '기레기'들이 이 시대의 일본군 밀정이고, 서북청년단원이며, 중정 끄나풀이고, 백골단원입니다.

보수언론이 보수하려는 것

조선일보가 임은정 감찰담당관이 증인을 협박했다고 보도했습니다. 임은정 씨는 조사 과정 전체가 영상 녹화돼 있다며 조선일보의 허위보도에 대해 민형사상 책임을 묻겠다고 했습니다. 자칭타칭 '보수' 언론인 조선일보가 허위보도를 거듭하는 이유는 그들이 '보수'하려는 게 사기꾼에게 뇌물 받는 관행이기 때문일 겁니다. '보수'란 '보전하여 지킨다'는 뜻입니다.

확인 취재 않는 기자, 기레기

일부 언론이 윤석열 씨가 인천공항에 가서 올림픽 출전 선수들을 배웅했다고 보도했습니다. 윤석열 캠프는 윤석열 씨는 공항에 가지 않았으며 내부 혼선 때문에 생긴 일이라고 밝혔습니다. 윤석열 캠프의 문제만은 아닙니다. 근본 문제는 윤석열 측 주장이라면 확인도 하지 않고 무조건 사실이라고 믿고 보도하는 '기레기'들에게 있습니다.

기레기병

한국 기자 대다수는 기소권을 독점한 검찰의 '고발사주'가 얼마나 심각한 국기 문란 범죄인지 모르는 듯합니다. 광고주나 검사의 '사주'를 받아 기사 쓰는 게 버릇이 돼서 그와 비슷한 종류의 일인 줄 아는가 봅니다. 아무래도 옥스포드 사전에 K-단어 하나가 더 올라야 할 것 같습니다.

기레기병 : 광고주나 검사 등이 불러주는 대로 받아 적고서는 자기가 취재해서 쓴 것처럼 보도하는 게 버릇이 된 기자들에게 생기는 감염성 직업병. 주로 한국 기자들 사이에 만연한다. 주요 증상은 지력 감퇴, 분별력 상실, 양심 마비, 상습적 거짓말이다. 기자가 아닌 사람에게 전염될 경우 악성 변이가 일어나 뇌 기능에 치명적인 해를 입힌다. 환자 수와 사회의 부패지수는 비례한다. 전염력은 매우 높으나 백신과 치료제는 없다.

무식과 신뢰도

봉고파직封庫罷職, **위리안치**圍籬安置. 모두 사라진 지 오래된 처벌 규정입니다. '봉고파직'은 창고 문을 잠그고 직무에서 배제하는 것으로 요즘의 '직위해제'에 가깝습니다. '위리안치'는 가시나무 울타리로 둘러싼 집에서 귀양살이시키는 것으로 요즘으로 치면 '가택연금'에 해당합니다. 한국의 수많은 기자가 '봉고파직'이 무슨 뜻인지 몰라 '권고사직'으로 바꿔 썼습니다. 봉고파직은 한국의 고전 '춘향전'에도 나오는 단어입니다.

심지어 어떤 기자는 이 단어들을 '거친 말'이라고 보도했습니다. 현실에서 적용할 수 없는 옛 처벌 규정을 거론한 것은 '거친 말'이 아니라 '유머'라고 봐야 할 겁니다. 한국언론의 신뢰도가 세계 최하위인 근본 이유는 일반 시민들보다 훨씬 무식한 기자가 너무 많기 때문입니다.

언론인의 금기

한겨레신문 편집인이 조국 전 장관더러 '결자해지' 차원에서 사과하라고 요구했고, 조국 씨는 또 사과했습니다. 조국 씨가 이미 세 차례 사과했다는 사실을 몰랐다면 불성실한 거고 알고도 그렇게 썼다면 잔인한 겁니다. '불성실'과 '잔인'은 '언론인'의 금기입니다. '결자해지' 차원에서 사과해야 하는 사람은 '언론인'들입니다.

깊이_성찰해_보아야_할_일

350억 잔고증명서 위조한 사람은 마지못해 불구속 기소. 판사가 표창장 위조했다고 판단한 사람은 징역 4년. 조국 씨가 '가족의 피에 펜을 찍어' 글을 써야 할 정도로 당신들보다 '나쁜' 사람인지, 성찰해 보길 바랍니다.

가장 먼저 바로잡아야 하는 것이 말

"정치란 바로잡는 것이며, 가장 먼저 바로잡아야 하는 것이 말"이라는 공자의 말씀을 다소 의아하게 여기는 분도 있는 듯합니다. 재작년 여름 대통령이 조국 씨를 법무부 장관으로 임명했을 때 조국 씨가 한 일은 임명권자의 뜻에 따른 것뿐입니다.

반면 검찰과 언론은 임명권자의 뜻을 꺾기 위해 즉각 행동에 나섰습니다. 조국 씨가 재임 중 권력을 이용해 사익을 취했다는 헛소문을 퍼뜨렸고, 공직 취임 훨씬 전의 자녀 교육과 관련한 일들까지 샅샅이 뒤져서는 '표창장 위조'라는 희대의 혐의를 씌워 그의 부인을 기소했습니다.

이 '사태'는 조국 씨가 장관이 되기 위해 억지를 부린 '일련의 사건'이 아니라 특권 조직인 검찰이 자기 기득권을 지키기 위해 억지를 부리고 언론이 그에 동조하여 만들어낸 '일련의 사건'입니다. 따라서 이 사태의 이름은 '조국사태'가 아니라 '윤석열 사태'나 '검찰 사태' 또는 '검언 사태'라 했어야 옳습니다.

그러나 언론은 '조국사태'라는 말을 만들어 자기들이 저지른 일의 책임을 모두 조국 씨에게 덮어씌웠고, 정치인들은 이 잘못된 '작명作名'을 바로 잡지 못했습니다. 그 탓에 이제 많은 사람이 '조국사태'라 부르고 그렇게 인식하고 있습니다. 심지어 민주당 의원 일부조차도 당시 일련의 사건들을 '조국사태'라 부르며 윤석열 검찰의 행위를 정당화하고 있습니다.

잘못된 말에 사로잡힌 의식은 잘못된 행동으로 이어지게 마련입니다. '광주사태'라는 말이 통용되던 시절, 광주시민들에게 가해졌던 광범위하고 반복적인 '2차 가해'의 기억을 잊어서는 안 됩니다. 바로잡아야 할 것은 아무리 늦어도 바로잡아야 합니다. 잘못된 '말'을 바로잡는 것은, 세상을 바로잡기 위한 첫걸음입니다.

진짜 기득권

만약 조국 씨 딸의 성적을 D에서 A+로 바꿔준 강사가 있다면 지금 어떻게 됐을까요? 인턴 증명서에 도장 찍어줬다고 징역 8개월에 집행유예 2년을 선고받은 최강욱 의원의 예에 비추어 본다면 징역 3년은 받지 않았을까요? 기자들은 강사 집에 몰려가 "압력이나 청탁이 있었다는 걸 인정하느냐?"고 따져 물었을 테고. '시험 봐서 얻은 권력'으로부터 '특권'을 인정받은 사람이 조국인가요, 나경원인가요? '진짜 기득권'은 '진짜 기득권'을 공격하지 않습니다.

깊이 성찰해 보아야 할 일

"가족의 피에 펜을 찍어 써 내려가는 심정"

이런 일을 겪지 않은 사람이라면 생각해 낼 수 없는 표현일 겁니다. '검찰의 조직적 반발을 예상하지 못하고 검찰을 통제할 수단도 없는 상태에서 조국 장관 임명을 강행한 문 대통령이 잘못했다'는 주장에는 어느 정도 공감할 수 있었습니다. 하지만 '조국은 나쁜 놈'이라는 단순한 신념을 가진 사람들과는 소통이 어려웠습니다. 그들 대다수는 자기 '신념'이 어떻게 만들어졌는가에 대해서는 궁금해하지 않았기 때문입니다. 스스로 자기 삶을 성찰할 능력이 있다고 믿으면서도 아직 '조국사태'라는 말을 쓰는 사람들, 특히 민주당 의원들, 조국이 '가족의 피에 펜을 찍어' 글을 써야 할 정도로 당신들보다 '나쁜' 사람인지 성찰해 보길 바랍니다.

친밀한 관계

- 표창장 위조 = 증거가 불확실해도 징역 4년
- 방역 방해 및 바이러스 유포 방조 = 죽은 사람이 있어도 집행유예
- 치명적인 가습기 살균제 제조 판매 = 죽은 사람이 있어도 무죄

　대한민국 사법부는 '바이러스'나 '유독물질'과 아주 친밀한 관계인가 봅니다. 법원에 "위험, 접근금지"라고 써 붙여야 할 듯.

한국 언론과 동네축구 응원

　문제의 사모펀드 항소심에서도 '권력형 비리 아니며 정경심과 공모 없다'는 판결이 났는데, 거의 모든 언론사가 '조국 5촌 조카 2심도 징역 4년'이라는 제목을 뽑았습니다. 그동안 한 짓이 있으니 '2심도 조국 펀드 아니라고 인정'이라는 제목을 뽑지 않은 건 억지로나마 이해할 수 있습니다. 하지만 형식적으로라도 '중립'을 주장하려면 '억지 기소한 검찰'을 비판하는 기사도 있어야 하는 것 아닌가요? 동네 축구 응원도 이렇게는 안 합니다.

자본주의 신용사회

대학생 학점을 D에서 A로 고쳐주는 건 '강사 재량'이라 아무 문제 없다고 하고, 고등학생 체험활동 시간을 정확히 기재하지 않는 건 '허위 증명서 발급'이라 징역감이라고 합니다. 물건값을 사람 봐가며 장사꾼 마음대로 정하는 사회는 '자본주의 신용사회'가 아닙니다. 죄질과 형량을 사람 봐가며 법 기술자 마음대로 정하는 나라도 '민주주의 법치국가'가 아닙니다.

까마귀도 구별하는 것

조국 씨 일가는 사모펀드에 10억여 원을 넣었다가 한 푼도 못 건졌습니다. 검찰의 먼지떨이 수사에도, 조국 씨 일가가 '부동산 투기'를 했다는 증거는 전혀 나오지 않았습니다. 조국 씨 일가가 2003년부터 거주하는 아파트가 2019년 재건축 승인을 받았을 때, 야당과 언론은 '권력형 비리'로 몰았습니다.

조국 씨 부인의 국산 중저가 안경을 '수백만 원짜리'라고 보도한 언론사가 있었습니다. 조국 씨 딸의 아반테 승용차를 '포르쉐'로 둔갑시킨 언론인도 있었습니다. 검찰은 조국 씨 딸이 받은 장학금 중 조국 씨가 공직에 취임한 이후에 받은 부분만 떼어 '뇌물죄'로 기소했습니다. 언론이 허위사실을 보도하고 검찰이 혐의사실을 흘릴 때마다 사람들은 조국 일가를 맹비난했습니다.

오세훈 씨는 서울시장 재임 중 내곡동 그린벨트 해제로만 36억여 원의 보상금을 받았습니다. 박형준 씨는 엘시티 두 채로만 40억여 원의 시세차익을 얻었습니다. 윤석열 씨 장모는 재판정에 나오면서 수천만 원짜리 가방을 들었습니다. 조국 씨는 의혹이 제기될 때마다 하나하나 증거를 제시하며 해명하거나 사과했지만 오세훈 씨는 계속 말을 바꾸면서 모르는 일이라고 발뺌합니다. 그린벨트에서 해제되면 땅값이 폭등하는 게 당연한 일인데도 '오히려 손해 봤다'며 사람들을 바보 취급합니다. '공직자는 가족의 일에 대해서도 책임져야 한다'며 조국 씨를 비난했던 박형준 씨는 '내 가족을 건드리면 용납하지 않겠다'며 되레 큰소리칩니다. 하지만 '거짓'을 근거로 조국 일가를 맹비난했던 사람들은 이들과 관련해 드러난 '진실'에는 무감각합니다.

심지어 사기 혐의로 재판받는 자리에 수천만 원짜리 가방을 들고 나오는 사람의 사위는 차기 대선 후보 지지율 1위입니다. '사람'들의 분노가 향하는 방향이 왜 이런지 모르겠습니다. 까마귀도 흠집 있는 과일과 썩은 과일은 구분할 줄 압니다. 멀쩡한 과일을 마다하고 썩은 과일을 고르는 건 해충이나 하는 짓입니다.

존중받는 법

자기 재산 11억 원을 감추고 허위 신고한 국회의원은 벌금 80만 원, 의원직 유지형. 남의 인턴증명서에 도장 찍어준 국회의원은 징역 8개월에 집행유예 2년. 의원직 상실형. 350억 잔고증명서 위조한 사람은 마지못해 불구속 기소. 판사가 표창장 위조했다고 판단한 사람은 징역 4년. 존중받을 만해야 존중받습니다.

4장 공정하고 평등한 사회

유신정권 때는 일본군 장교였던 사람이 대통령, 국회의장이었고 조선총독부 판사였던 사람이 대법원장이었습니다. 대한민국의 '삼부요인'이 일본군 장교나 총독부 판사 출신으로 채워졌던 시절을 그리워하는 자들은 지금도 '친일 모리배'를 숭배합니다. 일제가 망했어도 '친일파의 정신'이 나라를 지배했듯, 전두환 정권이 끝났어도 '파렴치한 가짜 정의'는 여전히 사람들을 미혹하고 있습니다.

#역사에서_배운다

역사는 반복된다고 합니다. 한 번은 비극으로, 한 번은 희극으로. 그러나 역사에 무식한 사람이 더 많으면 영원히 비극만 반복됩니다.

계승의 역사

　　"3.1운동 주최자가 일본 순사보다 더 잔혹무도했다"는 주장에 동조하는 사람이 많습니다. 일제강점기에도 '악질 친일파'와 '밀정'들은 일본순사보다 독립운동가들을 더 두려워했습니다. 3.1정신만 계승되는 게 아닙니다. '악질 친일파'와 '밀정'의 정신도 계승됩니다.

2021년 3월 26일은 안중근 의사 순국 111주년입니다. 일본인들은 이토 히로부미가 죽은 날짜와 시각에 맞춰 26일 오전 10시경에 사형을 집행했습니다. 그래야 이토 히로부미의 혼령을 위로할 수 있다는 미신 때문이었습니다.

그런데 3월 26일은 이승만의 생일이기도 합니다. 10월 26일이 안중근의 의거일이자 박정희의 사망일인 것과 마찬가지로 '공교로운' 우연입니다. 이 때문에 이승만 정권 때에는 정부 관계자가 안중근 의사 추모식에 참석한 적이 한 번도 없었으며, 민간에서 자발적으로 추모하는 사람들은 정권의 눈치를 보아야 했습니다. 이승만과 그의 측근들은 이승만의 '생일날'이 안중근의 '제삿날'로 기억되는 것을 원치 않았습니다.

안중근 의거 50주년인 1959년, 전창근이 감독과 주연을 맡아 당시로서는 블록버스터급 영화인 '고종황제와 의사 안중근'을 만들었습니다. 안중근 순국일인 3월 26일에 개봉한다고 광고까지 했으나 예정일 직전에 개봉을 연기한다고 다시 광고를 냈습니다. 스태프 일동 명의의 광고문은 "완성도를 높이기 위한 것일 뿐 절대로 다른 이유는 없다"는 내용이었지만 '정권의 압력'이 있었음을 폭로한 것과 다를 바 없었습니다.

이 영화가 흥행에 성공을 거두자, 정치깡패 임화수가 이끌던 '반공예술인단'이 더 많은 예산을 투입해 '독립협회와 청년 이승만'이라는 영화를 만들었습니다. 이 영화는 3.15 부정선거를 앞두고 전국

거의 모든 극장에서 '무료상영'됐습니다.

안중근 동상도 1959년 3월 26일에 건립될 예정이었으나 이 역시 '외부의 압력'으로 연기됐습니다. 안중근 동상을 세우자는 운동은 해방 직후에 시작됐지만 동상 건립은 차일피일 미뤄지다가 남산에 이승만 동상이 선 뒤에야 실현됐습니다. 위치도 처음에는 장충단, 조금 뒤에는 서울역 광장으로 정했으나 정부는 이런저런 구실을 붙여 이승만 동상 아래 잘 보이지도 않는 곳(지금의 숭의여대 자리)에 세우도록 했습니다.

같은 해 6월, 이승만 정부는 김구의 묘와 안중근의 가묘假墓가 있는 효창공원 옆에 운동장을 짓기 시작했습니다. 당시에도 "김구 선생 묘 옆에 사람들을 불러 모아 웃고 떠들게 만드는 것은 해도 너무 하는 일"이라는 여론이 있었지만, 정부는 공사를 강행했습니다.

이승만과 김구, 안중근은 모두 황해도 사람이었습니다. 김구와 안중근은 10대 시절 한 집에서 산 적이 있었고, 안중근 의거 후 김구는 그를 '혁명가의 모범'으로 칭송했습니다. 안중근의 동생과 조카들도 김구와 함께 일했고, 이봉창, 윤봉길이 속했던 '한인애국단' 본부는 안중근의 동생 안공근의 집이었습니다. 반면 이승만은 안중근 의거 직후에도 "세계 각국이 비폭력을 주장하는 세상에서 암살폭력을 용납할 수 없다"며 그를 비난했습니다. 김구는 안중근의 정신을 계승하려 했고 이승만은 그의 정신을 배척했습니다.

안중근 의거로도 망국亡國을 막지는 못했습니다. 하지만 안중근은 허무하게 죽은 게 아닙니다. '물질주의자'들은 "안중근이 이토를 죽여서 나라에 무슨 보탬이 됐느냐?"고들 하지만 안중근이 쏜 총탄은 이토의 가슴뿐 아니라 나라야 어찌되든 별 관심 없던 한국인의 '정신'도 꿰뚫었습니다. 안중근의 의거가 있었기에 대다수 한국인이 일진회원 등의 토착왜구들과 안중근 사이에서 자기 위치를 측정할 수 있었습니다. 안중근을 비롯한 독립운동가들에게 '부채의식'을 가졌기에 독립을 향한 꿈을 계속 간직할 수 있었습니다.

안중근과 이승만을 모두 존경한다는 사람이 많지만 이승만은 안중근의 정신을 배척했고, 안중근도 이승만의 정신을 용납하지 않았을 겁니다. 둘의 정신을 모두 간직했다간 자기 정신에 문제가 생길 수 있습니다. 안중근의 순국일과 이승만의 생일 중 어느 것을 더 중시할지도, 안중근의 정신과 이승만의 정신 중 어느 것을 계승할지도 모두 스스로 '선택'할 문제입니다.

사면권

사람이 자기에게 죄지은 자를 용서할 수는 있어도 남에게 죄지은 자를 대신 용서할 수는 없습니다. 궁극적인 '용서'의 권한은 신神에게만 있습니다. 다만 왕이 신의 뜻을 받들어 사람들을 다스린다고 믿었던 옛날에는 신의 권한을 왕이 대행할 수 있었습니다. 그중 하나가 '사면권'입니다. 중세 가톨릭 교단이 '면죄부'를 판매한 것도 같은 맥락이었습니다.

1899년에 대한제국의 헌법 격으로 공포된 '대한국 국제' 제6조는 "대한국 대황제께옵서는 법률을 제정하옵셔 그 반포와 집행을 명하옵시고 만국의 공공公共한 법률을 효방하사 국내법률도 개정하옵시고 대사大赦·특사·감형·복권을 명하옵시나니 공법에 말한바 자정율례自定律例이니라."였습니다. 법률을 제정, 공포, 개정하는 권리와 법을 어긴 자를 용서하는 권리가 모두 '황제'에게 있었습니다.

왕조시대에는 사면이 자주 있었습니다. 국혼國婚이나 왕자 탄생 등 왕실에 경사가 있을 때는 죄인들도 같이 기쁨을 누리라는 취지에서, 나라에 기근이나 역병이 돌 때는 혹시 억울하게 죄인으로 몰린 사람들의 한恨으로 인해 하늘이 노했나 두려워서, 대사령을 내리곤 했습니다. 하지만 그런 때에도 대역죄인이나 뇌물 받은 탐관오리는 제외했습니다. 어떤 사람이 억울하게 죄를 뒤집어썼다는 걸 알았으나 그 사실을 공개적으로 밝히기 어려울 때는 개별적으로 사면했습니다.

민주공화국이 된 뒤에도 황제의 '전제권' 중 일부를 대통령에게 승계시킨 것이 '사면권'입니다. 삼일절이나 광복절 등 '국경일'에 '특별사면'이 행해지는 것도 왕실에 경사가 있을 때 사면하던 관행을 따른 겁니다. 대통령의 사면권은 고대의 '유제遺制'이자 삼권분립 원칙의 '예외 조항'입니다. 독재정권 시대에 '특별사면'은 흔히 사소한 범죄를 저지른 수만 명에 재벌이나 정치적 거물 한두 명을 '끼워 넣는' 식으로 이루어졌습니다.

대통령의 사면권이 법치의 원칙을 훼손하고 사법적 판단을 무력화한다는 비판이 제기된 지는 꽤 오래됐습니다. 반면 사법적 판단과 '민심'이 다를 수 있기에 '사면권'을 그대로 두어야 한다는 주장도 있습니다.

이낙연 민주당 대표가 새해 벽두부터 '이명박 박근혜 사면'을 거론한 걸 두고 논란이 거셉니다. 아마도 그는 자기가 '호남' 출신이라는 점을 크게 의식한 것 같습니다. 김대중 전 대통령도 "호남 출신이 대통령 되면 정치보복할 거다."라는 흑색선전에 오랫동안 시달렸습니다. 한국 현대사에서 호남 출신들은 대체로 피해자의 위치에 있었으나 늘 먼저 화해와 용서의 손을 내밀어야 하는 역설적 환경에 있었습니다. 하지만 '사면'은 대통령이라 해서 마음대로 행사할 수 있는 권한이 아닙니다.

옛날 사람들은 법 위에 왕이 있고 왕 뒤에 신이 있다고 믿었기에 '사면'의 정당성을 인정했습니다. 근대 민주국가에서 '신'의 자리를 대신한 것이 '민'입니다. 오늘날에는 '민의 뜻'이 '신의 뜻'입니다. 이낙연 대표가 '사면'에 대한 '민의 뜻'을 알고 싶다면 얼마 남지 않은 대통령 후보 경선이나 대선 때에 '사면'을 공약으로 내거는 게 나을 겁니다. 그때가 '적절한 때'라고 봅니다.

전두환의 정의

1980년, 광주시민을 학살하고 정권을 잡은 전두환 일당은 시대의 과제로 '정의사회 구현'을 내세우고 '민주정의당'을 만들었습니다. 그 일당의 '정의'는 힘없고 가난한 사람들과 진짜 정의로운 사람들을 잔인하게 학대하고 자기 편의 죄는 무조건 덮어주는 '파렴치한 가짜 정의'였지만 그게 '진짜 정의'인 줄 아는 사람도 많았습니다.

일제가 망했어도 '친일파의 정신'이 나라를 지배했듯, 전두환 정권이 끝났어도 **파렴치한 가짜 정의**는 여전히 사람들을 미혹하고 있습니다. 전두환의 '정의 구현'에 앞장섰던 사람들이 지금도 전두환식 정의를 추구하고 있습니다. '전두환 일당의 정의'가 살아있는 한, 전두환의 시대는 끝나지 않습니다.

역사의 반복

"김대중에게 돈 받았다고만 해라. 다음부턴 우리가 알아서 한다."
1980년 5월, 신군부는 민주화운동 관련자들을 고문하여 허위자백을 받아내고 '김대중 내란음모사건'을 조작해 법정에 세웠습니다. 당시 법원은 김대중 전 대통령에게 사형을 선고했습니다. 이게 '전두환 정치'의 시작이었습니다. 전두환이 한 짓을 그대로 따라 하려는 사람에게는 전두환이 잘한 걸로 보일 수밖에 없습니다.
"고발만 해라. 다음부턴 우리가 알아서 한다." 역사는 반복된다고 합니다. 한 번은 비극으로, 한 번은 희극으로. 그러나 역사에 무식한 사람이 더 많으면 영원히 비극만 반복됩니다.

축첩 관행의 피해자

　한국인들이 '여성운동'이라는 단어를 접한 이래, 오랫동안 이 운동의 중요 과제는 '축첩제도 폐지'였습니다. 축첩이 제도화하지는 않았으나 처벌받는 행위도 아니었습니다. 1890년대 외국인 선교사들은 한국 남성에게 세례를 줄 때 세 가지를 물었습니다. 술을 마십니까? 담배를 피웁니까? 첩이 있습니까? 이 질문에 모두 '아니오'라고 대답해야 세례를 받을 수 있었습니다.

　이중 가장 어려운 게 '첩을 끊는 것'이었습니다. 술 담배 끊는다고 술 담배가 사라지는 건 아니지만, 첩을 내쫓는 건 '나가 죽으라'고 하는 것과 마찬가지였기 때문입니다. 선교사들은 궁여지책으로 첩을 쫓아내면 교회가 맡아 주겠다고 약속하고 쫓겨난 첩들을 수용해 '전도부인'으로 양성했습니다.

　1960년대 초의 일입니다. '축첩제도 폐지'라 쓰인 어깨끈을 두른 여성이 지나가는 여성에게 말했습니다. "축첩제도 폐지 서명운동 중입니다. 서명하고 가세요." 그 여성이 갑자기 화를 내며 말했습니다. "남편이 첩 두고 살 정도 되나? 팔자 좋네. 내가 첩이여 이년아. 나더러 집 나가 굶어 죽으라고?"

　축첩으로 인해 가장 심한 고통을 겪은 사람은 첩과 그 자식들이었으나 그들을 대변하는 '세력'은 없었고, '남편이 첩 둔' 부잣집 여성들의 목소리만 컸습니다. 그렇다 보니 우리 사회는 쫓겨날 첩들을 위한 대책을 세우지 않았습니다. 19세기 말 외국인 선교사들만도 못했던 거죠. 세상에서 모든 종류의 차별이 사라지길 바랍니다. 더

불어, '권력자'나 '여유 있는 자'의 목소리보다 힘없고 가난한 사람들의 침묵에 더 귀 기울이는 사회가 되길 바랍니다.

친일의 정의

'친일파의 친親은 본래 친구라는 뜻이 아니라 어버이라는 뜻'이라고 했더니 수긍하지 않는 분이 더러 있습니다. 부친父親, 모친母親, 양친兩親, 선친先親, 엄친嚴親 등에서 보듯, 친親에는 어버이라는 뜻이 있습니다. 일본어에서도 '오야지親父'는 아버지, '오야붕親分'은 '아버지처럼 의지하는 사람'이라는 뜻입니다.

1880년 중국인 황준헌은 '조선책략'에서 조선이 취해야 할 외교 방략으로 친親 중국, 결結 일본, 연聯 미국을 제시했습니다. 결結은 동맹, 연聯은 연합 정도의 의미였습니다. 당시 조선은 중국에 사대事大하던 상태였으니 '친親 중국'은 '중국을 어버이처럼 의지하라'는 뜻이었습니다.

함석헌의 스승 류영모는 유교 경전 '대학'에 나오는 '재친민在親民'을 '씨알 어뵘이 있으며'로 풀었습니다. 여기에서 '씨알'은 민民이고, '어뵘' 즉 '어버이로 섬기다'는 '친親'입니다.

안중근의 동지였던 정재관은 '친일파'를 '일본을 의지하여 우리나라를 팔며, 일본을 의지하여 우리 황상폐하를 능욕하며 일본을 의지하여 우리 동포를 학살하며 잔인하고 악독하여 사람의 낯에 짐승의 마음을 가진 자'로 정의했습니다. 다른 나라 친구가 원한다고 자기 나라를 파는 자는 없습니다. 자기 형제를 학살하는 자도 없습니다.

지금, '종군 위안부는 매춘부'라는 일본 극우세력의 주장을 앵무새처럼 따라 하며 피해자들을 다시 능욕하는 자들이 있습니다. 이 자들은 '일본과 친한 자'가 아닙니다. 군국주의 시대의 일본군을 '어버이'로 섬기는 자들이죠. 저들이 동족인 피해자들의 '명예'를 거듭 거듭 짓밟는 건 자기들이 어버이로 섬기는 군국주의 시대 일본군의 '명예'를 지키기 위해서입니다. 이렇게 보면 저들이 이러는 이유를 이해할 수 있을 겁니다.

20세기 초 '친일파'와 같은 뜻으로 쓴 말이 '토왜土倭'입니다. 대한 매일신보는 토왜를 이렇게 정의했습니다. "낯짝은 한인이나 창자는 왜인인 도깨비 같은 자"

효창원과 국립현충원

1945년 11월 23일에 환국한 백범 김구는 그 즉시 일본으로 사람을 보내 순국 의사들의 시신을 찾도록 했습니다. 이봉창, 윤봉길, 백정기 3 의사의 유해가 국내로 돌아온 것은 이듬해 6월 3일의 일이었습니다. 김구는 직접 부산에 내려가 현지에서 추도식을 지낸 후 유해를 서울 효창원에 안장했습니다.

그 옆에는 김구가 독립운동가의 전범典範으로 삼았던 안중근 의사의 가묘도 만들었습니다. 중국 동북 지역이 내전에 휩싸인 상태라

유해를 찾을 수 없었기 때문입니다. 묘단에는 '유방백세流芳百世(꽃다운 향기 영원하리)'라는 휘호를 새겼습니다. 김구는 측근들에게 자기가 죽은 뒤에는 의사들 곁에 묻히고 싶다고 말했습니다. 김구가 암살당한 후 측근들은 그의 유지를 이행했습니다.

아마 김구는 효창원이 민족국가의 '성소聖所'가 되리라 기대했을 겁니다. 김구가 귀국 후 가장 먼저 독립운동가들의 유해를 모셔오는 일에 착수한 이유는, 독립운동가의 정신을 계승하고 현창顯彰하는 것으로 새 국가 건설 사업을 시작해야 한다고 보았기 때문입니다. 물론 '독립운동의 정통'을 자임하려는 정치적 목적도 있었을 겁니다.

당시에는 현충원 같은 국가 추모시설이 없었습니다. 대한제국 시기에 국가 추모시설로 장충단을 만들기는 했으나, 일제는 이 일대를 유곽 옆의 퇴폐적인 공원으로 개조했습니다. 정부 수립 후 한 때 장충단을 국가 추모시설로 재건하려는 움직임이 있었으나 성사되지 못했고 뒤이어 한국전쟁이 일어났습니다. 전쟁 중 수십만 명이 전사했고, 1955년 정부는 동작동 일대에 이들을 위한 공동묘지를 조성해 '국군묘지'라는 이름을 붙였습니다. 1965년 국군묘지는 '국립묘지'로 개칭되었고, 2006년 다시 국립현충원으로 승격됐습니다.

이승만은 독립운동가들을 냉대했을 뿐 아니라, 그 묘역까지 능욕했습니다. 동작동에 국군묘지가 조성된 이듬해, 효창원 독립운동가 묘역 옆에서 현대식 운동장 건설 공사가 시작됐습니다. "이 박사가 해도 너무한다. 어떻게 독립운동가들 묘소 옆에 사람들을 모아 웃고 떠들게 만드는 시설을 지을 수 있느냐?"는 여론이 비등했지만, 이승만 정권은 들은 체도 하지 않았습니다. 그렇게 만들어진 게 지금의 효창운동장입니다.

일제강점기 많은 독립운동가가 죽은 뒤에라도 '해방된 고국' 땅에 묻혀 동포들과 영원히 함께 살기를 바랐습니다. 안중근 의사는 동생들에게 "내가 죽은 뒤 하얼빈공원 옆에 잠시 묻어두었다가 국권이 회복되면 고국 땅으로 옮겨달라"는 유언을 남겼습니다.

홍범도 장군의 유해를 모셔와 대전 현충원에 안장한 일을 두고, "소련 사람으로 죽었으니 카자흐스탄에 그대로 두었어야 했다"느니, "공산주의자를 왜 대전현충원에 묻느냐?"느니 하며 시비를 하는 사람이 아직 많습니다. 대한민국의 역사에서 독립운동가의 정신을 빼야 한다고 믿는 자가 아직 많다는 사실이야말로 우리 사회가 함께 반성할 일입니다.

간교와 무식

"신에게는 아직 12척의 배가 있사옵니다"라는 문구를 두고 '반일' 구호라고 주장한 자들이 있었습니다. "십자가에 못 박힌 아들을 보며 괴로워하던 성모님의 마음"이라는 문구를 두고 '조국을 예수에 비유했다'고 주장하는 자들이 있습니다. 사람들이 자기가 이순신 급이라고 생각해서 '백의종군하겠다'고 하는 것이 아니며, 자기가 예수 급이라고 생각해서 '십자가를 지겠다'고 하는 것이 아니라는 것쯤은 저들도 알 겁니다. 세상을 악으로 물들이는 간교함은 언제나 무식을 선동해 제 편으로 만듭니다.

조미수호통상조약
제1조

조선이 독립을 지키기 위해서는 미국의 도움이 필요하다는 의견을 처음 제시한 사람은 주일 청국 공사관 참사관 황준헌이었습니다. 그는 1880년 '친親 중국, 결結 일본, 연連 미국'이라는 외교 원칙을 담은 '사의조선책략'이라는 글을 지어 조선의 수신사 김홍집에게 전달했습니다. 김홍집이 귀국하면서 가져온 이 책자는 국내에 큰 파장을 불러일으켰습니다.

미국이 유럽의 양이洋夷들과 다른지 같은지를 두고 논란이 분분했으나, 이 일은 일부 조선 관료와 지식인의 의식 안에 미국을 우방友邦으로 삼아야 한다는 생각이 자리 잡는 계기가 되었습니다. 1882년 조선은 미국과 수호통상조약을 체결했습니다. 조선이 외국과 맺은 근대적 조약으로는 두 번째였고 비非아시아 국가와 맺은 조약으로는 첫 번째였습니다.

그 제1조는 "사후로 대조선국 군주와 대아미리가합중국 백리새천덕伯理璽天德, President 및 그 인민은 각각 영원히 화평우호를 지키되 만약 제3국이 불공경모不公輕侮하는 일이 있으면 먼저 서로 사정을 알린 후에 반드시 서로 도와 잘 조처함으로써 우의를 표시한다"였습니다. '불공경모不公輕侮'란 '공정하지 않게 경시하고 모욕하는 것'을 의미합니다.

조선은 이후 러시아, 영국, 프랑스, 독일 등과 잇따라 통상조약을 맺었으나 제3국에게 '불공경모'를 당하지 않도록 서로 돕는다는 조항은 조미통상조약에만 들어갔습니다. 조선과 대한제국 정부의 외교 고문직도 데니, 그레이트하우스, 르젠드르, 샌즈 등 미국인이 거의 독점했습니다. '을사늑약'을 미화하다가 전명운, 장인환 두 의사에게 척살 당한 미국인 외교 고문 스티븐스도 본래 대한제국 정부가 초빙한 인물이었습니다.

미국과 미국인에 대한 조선/대한제국 정부의 신뢰는 '조미수호통상조약' 제1조에 말미암은 바 컸습니다. 을사늑약 이후에도 고종은 미국인 헐버트를 미국에 특사로 파견하여 그 부당성을 알리고 '조미수호통상조약' 제1조를 지켜 달라고 부탁했습니다. 하지만 미국은 조약을 무시하고 일본의 한국 강점을 양해했습니다.

조약은 국내법과 같은 효력을 지닙니다. 이른바 '가쓰라-태프트 밀약'이 실재했는지 여부에 대해서는 논란의 여지가 있으나 미국이 일본의 한국 강점을 묵인, 양해했다는 사실을 의심할 이유는 없습니다. 그런데 국민의힘과 다수 언론은 이재명 후보가 **"한국이 일본에 합병된 책임을 미국에 전가했다"**고 비난합니다.

조미수호통상조약 제1조를 위반한 미국의 행위를 어떻게 평가할 것인가에 대해서는 '법과 원칙에 따라' 외교를 하겠다고 밝힌 윤석열 국민의힘 후보가 답해야 할 겁니다. 앞으로 다른 나라가 우리와 맺은 조약을 위반할경우 그냥 입 다물고 있는 것이 '법과 원칙에 따른 외교'인가요?

우두와 무당,
백신과 한국 언론

'백신'은 암소를 뜻하는 라틴어 'vacca'에서 온 말로 종두법을 창시한 영국의 에드워드 제너가 처음 썼습니다. 1879년, 부산의 일본인 병원 제생의원에서 우두법을 배우고 백신을 얻은 지석영은 서울로 돌아오는 길에 충청도 덕산 처가에 들려 처조카 두 명에게 접종했습니다. 이들이 우리나라 최초의 '백신' 접종자입니다.

서울에 온 지석영은 '우두국'을 개설하고 일반인을 상대로 백신 접종을 시작했습니다. 그런데 그때도 '백신'의 위험성을 과장하고 백신 맞으면 큰일 난다고 협박하는 자들이 있었습니다. 바로 '무당'들이었습니다. 1882년 임오군란이 일어나자 무당들은 사람들을 선동해서 우두국을 불태워 버렸습니다.

두창은 역사상 가장 많은 사람을 죽인 살인마로 칭해질 정도로 감염률과 치사율이 모두 높은 감염병이었습니다. 병에 걸렸다 나아도 얼굴에 얽은 자국이 생겼습니다. 19세기 말까지 전 인류의 10~20% 정도는 곰보였습니다. 두창을 옮기는 귀신을 '호구별성'이나 '마마'라고 부른 건 이 병이 특히 무서웠기 때문입니다. '마마'를 섬기는데 용한 재주가 있다고 알려진 무당들에게는 두창 환자와 그 가족이 '돈줄'이었습니다.

당시 무당들은 '백신'을 맞으면 사람이 소처럼 된다는 둥 마마님을 진노케 해서 오히려 더 위험하다는 둥 온갖 헛소문을 퍼뜨렸습니다. 조선 정부는 1885년부터 모든 백성에게 우두를 접종하려고 했지만 이걸 방해한 것도 무당들이었습니다. 무당들이 퍼뜨리는 헛소문을 믿은 아이 엄마들은 마을에 우두 접종원이 나타나면 아이를 업고 산으로 달아나곤 했습니다. 물론 우두 접종을 기피했다 두창에 걸려 죽은 아이와 그 부모들에게 무당들이 '도의적 책임'을 진 적은 없습니다.

옛날 무당이 하던 짓을 지금은 일부 '언론사 종업원'과 일부 '종교인'이 합니다. 인과 관계가 입증되지 않았는데도 '백신 부작용으로 인한 사망'인 것처럼 보도하는 기자들, 백신 맞으면 좀비 된다고 주장하는 목사들, 옛날의 무당들은 무식해서 그랬다고 이해할 수 있습니다. 하지만 이 개명한 시대에 공연한 불안감을 부추기고 헛소문을 퍼뜨리는 자들에게는 변명의 여지가 없습니다. 백신 부작용으로 인한 사망인지 아닌지는 인과관계가 입증된 뒤에 보도해도 늦지 않습니다. 사람 목숨이 걸린 문제를 '클릭 장사'나 '정치 공세'에 이용하는 거야말로 '천벌' 받아 마땅한 짓입니다.

신흥무관학교와 경희대

1947년, 일제하 독립군 양성의 중추였던 신흥무관학교가 설립자와 졸업생들의 노력으로 재건되었습니다. 새 이름은 '신흥전문학원'이었고, 1949년 '신흥초급대학'으로 승격됐습니다. 그러나 한국전쟁 중 피란지 부산에서 학교 운영권을 둘러싼 분쟁이 생겨, 신흥무관학교와 무관한 사람이 학교를 차지했습니다. 그는 1960년 학교 이름을 경희대학교로 바꾸고 신흥무관학교의 역사를 지웠습니다.

2011년은 신흥무관학교 창립 100주년, 2021년은 창립 110주년이었으나 경희대는 '공식적으로' 이를 기념하지 않았습니다.

경희대 총학생회가 '당시 분교였던' 이라는 표현을 문제삼아 고민정 의원을 비난하는 성명을 발표했습니다. 고민정 의원이 '지금은 국제캠퍼스지만 당시에는 분교였다'고 해명했음에도 일부 저질 언론사는 다시 '지방대 출신'이라는 표현을 문제 삼아 경희대 출신들의 분노를 자극하기 위해 열심입니다. 과거의 사실을 잊는다고 명예가 생기는 것도, 그 사실을 밝힌다고 명예가 실추되는 것도 아닙니다.

경희대 총학생회는 자기네 학교가 신흥무관학교의 후신으로 재건되었다는 사실은 아는지 모르겠습니다. 알더라도 '만주에 설립된 비정규 학교'로서 학교의 명예와 졸업생들의 진로에는 오히려 해가 된다고 생각하는 건 아닌지요. 저 세상의 신흥무관학교 졸업생들도 자기 역사조차 모르면서 코앞의 이익에만 민감한 학생들을 후배로 인정하고 싶진 않을 겁니다.

역사는 한 번 가르쳐준 걸 잊어버리는 사람들에게 더없이 가혹하다

일제 말기, 독립운동하다가 변절하여 친일파가 된 자들은 기고, 연설 등으로 '왕성한' 활동을 펼쳤습니다. 반면 변절하지 않은 독립운동가들은 '은둔생활'을 한 것으로 알려져 있습니다. 하지만 언론에 보도된 내용만으로 활동의 '적극성' 여부를 판단할 수는 없습니다. 일제가 독립운동가들의 '전향'에 공을 들였던 이유는 이들이 청년 학생을 비롯한 대중의 의식에 상당한 영향을 미치리라 판단했기 때문입니다.

3.1운동 때 민족대표였던 사람, 독립선언서를 기초했던 사람, 기타 저명한 독립운동가였던 사람들의 '변절'은 사실 직업적 친일파들의 '일관성'보다 대중에게 더 큰 영향을 미쳤습니다. 총독부 기관지 매일신보를 비롯한 친일 언론들은 변절자들의 해괴하고 더러운 주장을 연일 대서특필했지만, 지조를 지킨 사람들의 말은 보도하지 않았습니다. 세상 돌아가는 일을 언론을 통해서나 알 수 있었던 대중은 변절자들의 더러운 주장을 조선 지식인 일반의 주장인 것으로 오해하기도 했습니다.

"저렇게 똑똑한 사람들이 친일하는데, 친일이 옳은 거겠지"나 "독립운동했던 사람도 친일하는데, 내가 친일하는 게 무슨 대수냐?" 같은 생각들이 사람들의 의식에 침투했습니다. 변절 친일파들에게도 나름의 이유가 있었겠으나 조선총독부와 친일 언론들에게 그들의 용도는 '대중에게 친일의식을 전파하기 위한 도구'였을 뿐입니다.

요즘 언론들이 과거 민주적이거나 진보적인 지식인이었다가 변절한 사람들의 주장만을 거의 빠짐없이 보도하는 게 처음 있는 일은 아닙니다. 80년 전 조선총독부와 친일 언론들이 썼던 수법을 그대로 반복하는 짓일 뿐입니다. 일제 말 총독부 기관지와 친일 신문들이 기회주의 변절 친일파들의 해괴한 주장을 자주 기사화한 것은 일본 군국주의 자체의 논리가 파탄지경에 이르렀기 때문입니다.

수구 적폐 신문들이 기회주의 변절 지식인들의 주장만을 강조해서 보도하는 건 오히려 긍정적인 신호일 수 있습니다. 반민주 반평화 극우 논리가 더 이상 대중적 설득력을 갖지 못한다는 방증일 수 있기 때문입니다. 다만 한 가지는 기억해야 합니다. **역사는 한 번 가르쳐 준 걸 잊어버리는 사람들에게 더없이 가혹하다는 것.**

이완용의 죽음

이완용 장례식 날 동아일보에는 "무슨 낯으로 이 길을 떠나가나"라는 제목의 논설이 실렸습니다. "살아서 누린 것이 얼마나 대단했는지, 이제부터 겪을 일이 진실로 기막히지 아니하랴." 하지만 이완용이 남긴 막대한 재산 덕에 그의 후손들은 잘먹고 잘살았습니다. 게다가 요즘엔 이완용이 잘했다는 무리도 다시 출현했습니다. 전두환에 대해 제대로 기억하고 그 기억을 제대로 전승하지 못하면, 전두환 같은 자가 또 나올 수 있습니다.

기생과 창기의 계급투쟁

기생은 본래 세습직이었으나 1894년 갑오개혁으로 신분제가 폐지됨으로써 세 부류로 분화했습니다. 기생의 딸로 태어나 어려서부터 가무와 악기 연주를 제대로 배운 무리가 1패, 기생 노릇을 그만

두고 부잣집 첩이 되었다가 쫓겨나거나 제발로 나와 다시 기생 노릇을 하는 무리가 2패, 기생 딸이 아닌데도 이런저런 이유로 기생 노릇을 하는 무리가 3패였습니다.

3패를 '시곡 기생'이라고도 했는데, 이들이 지금의 서울 수표교 동쪽 일대인 '시곡詩谷'에 모여 있었기 때문에 붙은 이름입니다. 1패와 2패는 가무와 연주의 전문가들이었으나 3패는 젓가락이나 두들기는 정도였습니다. 1908년 일제는 3패를 '창기娼妓'로 분류했습니다. 이후 3패는 '기생 대접'을 제대로 받기 위해 가무와 연주를 열심히 배워 익혔습니다.

1920년대 초, 어느 기업의 연회석상에서 있었던 일입니다. 기생을 더 불러오라는 주최 측의 요구를 받은 요릿집 주인은 3패 기생들을 불렀습니다. 3패 기생들이 방에 들어오자 1패 기생들이 '천한 것들과 자리를 함께 할 수 없다'며 자리를 박차고 일어났습니다. 이에 분개한 3패 기생들이 1패 기생들에게 달려들어 패싸움을 벌였습니다. 동아일보는 이 사건을 "기생과 창기의 계급투쟁"이라는 제목으로 보도했습니다.

저 시절의 젓가락이 요즘의 탬버린쯤 될 겁니다. 선관위가 '탬버린'에 대해 언급하는 것도 규제한다는 믿기 어려운 소문이 돌기에 문득 생각나서 적어본 옛이야기 한 토막입니다.

임오군란 때 충주 장호원으로 피신한 왕후는 근처에 용한 무당이 있다는 소문을 듣고 불러 앞날이 어떻게 될지 물었습니다. 무당은 팔월 보름께 왕후를 모시러 사자가 올 것이라고 예언했는데, 공교롭게 맞아떨어졌습니다. 무당의 신통력에 감탄한 왕후는 그를 데리고 상경하여 지금의 성균관대학교 북쪽에 큰 당집을 지어주고 '진짜 영험한 무당'이라는 뜻의 진령군眞靈君이라는 호칭을 내려주었습니다.

이 무당이 스스로 자기 몸주가 관우關羽라고 했기에 이 당집은 동묘東廟, 남묘南廟의 뒤를 잇는 북묘北廟가 되었습니다. 왕후는 밤낮을 가리지 않고 진령군을 궁궐에 불러들였고, 진령군의 말 한마디로 수많은 사람이 벼슬을 얻어 벼락출세했습니다. 북묘 앞에는 진령군에게 뇌물을 바치려는 사람들이 줄을 이었고 북묘 마당에는 매일같이 금은보화가 산더미처럼 쌓였답니다.

진령군의 최측근으로 이유인이라는 자가 있었습니다. 본디 시정의 무뢰배였던 그는 사기 귀신놀음으로 진령군의 환심을 얻은 뒤 양주목사, 경무사(현재의 경찰청장) 등으로 승승장구했습니다. 매천야록에는 그가 '진령군을 수양어머니로 삼고 북묘에서 기거를 함께 했으므로 추한 소문이 돌았다'고 기록되어 있습니다.

이렇다 보니 조정에도 '진령군파'가 생겨 진령군이 국정을 좌지우지하는 사태가 벌어졌습니다. 이 꼴을 보다 못한 몇 사람이 진령군을 죽이라는 상소를 올렸으나, 진령군에 대한 왕후의 신임을 잘 아는 측근들은 이 상소를 윗전에 전달하지 않았습니다. 고종이 진령군을 탄핵하는 상소문을 본 건 을미사변 이후였습니다. 진령군은 북묘에서 쫓겨나 삼청동에 숨어 살다시피 했지만, 조정에서 '진령군파'가 축출된 건 실질적으로 나라가 망한 1907년 이후의 일입니다.

나라가 망해가던 120~130년 전의 황당하고 어이없는 일인데 옛날얘기 같지 않은 요즘입니다. 그나마 저 때는 '직을 걸고' 상소하는 관리라도 있었는데…….

친일파의 시대

유신정권 때는 일본군 장교였던 사람이 대통령, 국회의장이었고 조선총독부 판사였던 사람이 대법원장이었습니다. 대한민국의 '삼부요인'이 일본군 장교나 총독부 판사 출신으로 채워졌던 시절을 그리워하는 자들이 여태 '친일 모리배'를 숭배하는 건 이상한 일이 아닙니다. 일본에 '사과와 반성'을 요구하는 것보다 저런 무리를 '역사의 쓰레기장'으로 보내는 게 더 급한 일입니다.

친일파는 열심히 산 사람, 독립운동가는 대충 산 사람?

헤이그 밀사 사건 이후 고종 앞에서 칼을 빼 들고 "일본으로 건너가 천황폐하께 사죄하든지 대한문에 나아가 하세가와 장군에게 항복하든지 선택해라."라고 큰소리친 초특급 매국노 송병준이란 자가 있습니다. 본래 민영환 집 식객이었는데 러일전쟁 이후 일본에 붙어 벼락출세했습니다. 무일푼이던 그가 민영환 집 재산 대부분을 빼앗아 착복한 일은 당시에도 대대적으로 보도됐습니다.

그는 일본의 앞잡이 노릇을 한 대가로 일본의 강제병합 이후 '조선인 부호 10위권'에 드는 갑부가 됐습니다. 서울에만 수십 채의 집을 소유했고 일본에도 땅이 있었습니다. 그는 조선일보의 두 번째 소유주이기도 했습니다. 10여 년 전에는 부평 미군기지 자리가 송병준의 땅이라며 그의 후손들이 반환 청구 소송을 내기도 했습니다.

송병준의 아들은 일본 귀족원 의원을 지냈고, 사위는 조선총독부 고위 경찰이었습니다. 그의 외손자는 일본에서 대학을 나온 후 조선은행 도쿄 지점에 근무하다가 이승만 정권에서 한국은행 총재, 상공부 장관 등을 지냈습니다. 물론 대단한 부호였죠. 대한제국 시대에 송병준을 가장 준열하게 꾸짖은 사람이 대한매일신보 주필이었던 신채호였습니다.

신채호 선생의 부인 박자혜 여사는 3.1운동 후 중국으로 망명, 의과대학에 다니다가 신채호 선생을 만나 결혼했습니다. 아이를 낳고도 독립운동에 헌신하다가 둘째를 임신한 뒤에는 도저히 가난을 견딜 수 없어 1922년 홀로 귀국, 산파産婆를 운영하면서 아이들을 키웠습니다. '박자혜 산파'는 서울 낙원상가 앞에 있었지만 찾는 사람이 없어 찢어지게 가난했습니다. 그 탓에 대문장가요 탁월한 지식인이었던 신채호 선생의 자녀들은 학교 교육조차 받지 못했습니다.

안중근 의사 집안은 본래 황해도의 토호였습니다. 하지만 안중근 의거 후 일가친척 대다수가 고향을 떠나 재산을 잃었습니다. 그의 자녀들은 중국에서 동포들의 도움으로 대학까지 다녔지만 해방 후에는 아무도 돌보지 않는 처지가 됐습니다. 조카 한 사람은 굶주림을 견디지 못해 자살했습니다. 안중근 의사의 딸 안현생은 귀국 후 '안중근 의사 추모식'에 참석했을 때의 심경을 이렇게 토로했습니다.

"사회자가 나와서 인사하라고 하는데, 하고 싶은 말은 배고파요, 밥 좀 주세요."뿐이었다고.

"100년 전에도 소위 친일파들은 열심히 살았던 사람들이고 독립운동가들은 대충 살았던 사람들 아니었을까"라고 쓴 어떤 만화가가 저를 '흑역사조무사'라고 모욕하며 "100년 전 선조의 빈부와 지금 후손의 자산은 별 연관이 없다는 게 자기 글의 요지"라고 주장했습니다. 이 자는 "이승만이 누구보다 열심히 살았던 독립운동가"라고도 했습니다.

사실을 말하자면 이승만은 누구보다 편하게 '독립운동'을 했습니다. 그는 가난한 동포들의 피와 땀이 서린 돈을 독립운동 자금으로 받아서는 그 중 많은 부분을 로비 자금으로 썼습니다. '로비'는 고급 호텔 로비에서 만나 같이 밥 먹고 선물 주는 청탁 관행에서 생긴 말입니다. 이승만처럼 미국의 고급 식당에서 비싼 음식을 자주 먹은 독립운동가는 없었습니다. 그는 또 가정생활에서도 기독교인다운 도덕률을 지키지 않았습니다. 고향에 부인이 살아 있는데도 프란체스카와 결혼했고, 해방 후 귀국한 뒤에도 거들떠보지 않았습니다.

집권 후에는 송병준 외손자 등의 친일파를 중용했으며 독립운동가들을 냉대했습니다. 이승만 정권 때 건국훈장을 받은 한국인은 이승만과 이시영 두 사람뿐이었습니다. 안중근의 순국일 3월 26일이 이승만의 생일이어서 추도식마저도 이승만의 눈치를 보아가며 해야 할 정도였습니다. 이승만은 독립운동을 자기 혼자 다 한 것인 양 행세했고, 친일 모리배와 그 후손들도 이승만 한 사람만을 찬양함으로써 독립운동에 대한 기억 자체를 지우려 했습니다.

역사에 무식한 자에게 '친일 모리배의 부를 대물림하게 만들고 독립운동가들의 가난을 대물림하게 만든 역사'에 대한 초보적 식견까지는 바라지 않습니다. 다만 무식한 자들의 망언이 사회적 영향력을 갖게 만든 현실에 대해서는 깊은 자괴감과 책임감을 느낍니다. 독립운동가 후손들을 부자로 만들어줄 수는 없지만, 나라와 동족과 양심과 인간성을 팔아 제 배 불리는 데만 '열심'이었던 것들을 '열심히 산 사람'으로 칭송하는 자들이 다시 활개치도록 방치해서는 안 될 겁니다.

나의 존엄성

'존엄지지尊嚴之地' 또는 '존엄지처尊嚴之處'는 임금이 사는 궁궐이라는 뜻입니다. '존엄尊嚴'은 본래 임금이라는 뜻으로 '지존至尊'이라고도 했습니다. 군주의 초월적 권위가 무너진 뒤에는 '모든 인간은 존엄하다'나 '인간의 존엄성'처럼 '보편 인간'이나 '추상적 인간'에 대해서도 쓰게 됐습니다.

하지만 '구체적 인간'에 대해서는 아첨할 때나 농담할 때가 아니면 쓰지 않는 게 일반적이고 상식적입니다. 《동몽선습》에 "천지지간 만물지중에 유인이 최귀하니"라고 썼다고 해서 구체적 인간에게 "당신이 천지간에 가장 귀한 존재입니다."라고 하지 않았던 것처럼. 장난이라면 자기에게 '존엄'이라는 말을 쓸 수도 있을 겁니다. 하지만 "내 자존심이 몹시 상했다"고 하면 될 걸 "나의 존엄성이 훼손됐다"고 하는 건 자기를 지나치게 높이는 행위입니다. 자기를 지나치게 높이는 게 '무례'입니다. 하긴 옛날에도 임금의 자존심을 상하게 한 죄는 사형감이었습니다.

일본의 유곽과 군위안소

유곽遊廓이라는 이름의 일본식 '공창公娼'은 토요토미 히데요시의 지시로 처음 만들어졌습니다. 유곽은 처음부터 '무사들을 위한 시설'에 가까웠습니다. 러일전쟁 발발 후 경성 일본인 거류민단은 이 일본식 '공창'을 우리 땅에 이식했습니다.

그들은 '공창'을 러일전쟁에 참전하는 일본군을 위한 '공익시설'이라고 했습니다. '공창'을 '공익시설'로 취급한 것 자체가 '일본적'입니다. 중일전쟁 발발 후 일본군은 일본식 '공창'을 전선戰線의 군부대 옆에 설치하라고 지시하고 '군 위안소'라는 이름을 붙였습니다.

가부장제와 성매매는 고대로부터 모든 나라, 모든 지역에서 보편적이었습니다. 그러나 군부대 옆에 공창을 만들고 여성들을 '군수물자' 취급한 건 일본과 일본군만 한 짓입니다. '군 위안소' 자체가 '일본식 시설'입니다. 게다가 피지배 민족에 대한 차별, 강압, 기만 등은 제국주의 시대의 일반적 현상이었습니다.

일본군의 '위안부' 강제동원에 군국주의 시대 일본 정부와 일본군의 책임은 없으며, 순전히 가부장제 탓이라는 주장에 동조하는 사람이 적지 않습니다. 이 주장이 맞는다면 전쟁 중 '군 위안소' 운영과 '군 위안부' 동원이 세계 보편의 현상이었어야 합니다.

'가스라이팅'이나 '위력 또는 위계에 의한 성폭력' 등의 개념은 이해하는 사람들이 '피지배 민족 여성들을 상대로 한 군국주의 일본 군대의 위력과 위계에 의한 집단 성폭행'이라는 개념은 왜 이해하지 못하는지 정말 이해하기 어렵습니다. 일본 군국주의를 '어버이의 정신'으로 섬기는 마음이 없다면 자기 논리로 자기 논리를 공격하는 이상한 짓은 할 수 없을 겁니다.

#내일을_위해_오늘을_참아라

박정희와 그의 이데올로그들이 '선진민주국가'라는 말을 '선진복지국가'로 대체한 것은, '번영을 누리기 위해서는 민주주의를 포기해야 한다'는 생각을 사람들의 뇌리에 심어주기 위해서였을 겁니다. 전두환도 '선진복지국가'라는 말을 자주 썼습니다. 당대의 언론매체들은 '선진복지국가 건설을 위해 현재의 고통을 참으라'는 정권의 요구에 따라 '지금의 고통을 참으면 도달하게 될 미래상'에 대해 수많은 기사를 쏟아냈습니다.

역사적 범죄의 기록

몇 해 전, 일본 군부대가 위안소 관리자에게 '명령'을 내리고 위안소 관리자가 군부대에 '보고'를 한 사실을 알려주는 위안소 관리자의 일기가 발견됐습니다. '명령'하고 '보고' 받는 자가 책임자입니다. 그런데도 '위안부 동원과 운영에 일본군의 책임은 없다'고 주장하는 자들이 있습니다.

최근 국민의힘 박형준 부산시장 예비후보가 국정원 민간인 사찰 정보를 '전달' 받은 기록이 나왔습니다. 그런데도 **"국정원 민간인 사찰에 박형준의 책임은 없다"**고 주장하는 자들이 있습니다. 대다수 사람에게 '위안부 강제 동원'과 '국정원 민간인 사찰'은 다른 문제이지만, 역사적 범죄에 관한 기록을 지우려고 하는 사람들에게는 '같은 문제'입니다.

사익私益 지상주의

2008년, 대법원은 김완섭이라는 사람이 독립운동가들의 명예를 훼손한 행위에 대해 벌금 750만 원의 유죄를 확정했습니다. 김완섭은 "김구는 민비의 원수를 갚으려 무고한 일본인을 살해한 뒤 중국으로 도피한 조선왕조의 충견"이며, "유관순은 폭력시위를 주동한 여자 깡패"이고, "안중근은 이토를 암살하여 결국 일본이 조선을 핍박하게 만든 민족의 원수"라고 주장했습니다. 『친일파를 위한 변명』이라는 책도 냈고, 일본 도쿄 도지사와 대담하면서 "조선총독부가 없었다면 지금의 한국 발전도 없었다, 일본 통치시대에 착취는 없었고, 일본은 한국에 근대화의 노하우를 확산시키는 역할을 했다. 북한에 대응해 한일 군사동맹을 만들자" 등의 주장을 폈습니다. 요즘 일베 무리가 퍼뜨리는 주장은, 그의 주장을 '복제'한 겁니다.

김완섭이 친일파들을 위해 '변명'하고 독립운동가들을 모욕하던 그 무렵, 한나라당의 전여옥 씨는 방송 토론 프로그램에 나와 '우리나라 사람들은 부자를 존경하지 않는 게 큰 문제'라는 말을 자주 했습니다. "여러분, 부자 되세요."라는 광고 카피가 대히트를 친 것도 같은 무렵입니다. 이런 분위기에서 '재산 축적'을 인생의 유일한 목적으로 삼고, 부를 '개인의 자질과 성실성 문제'로 치환하는 태도도 확산했습니다.

레이거노믹스와 대처리즘의 시대를 거치고 소련 동구 사회주의권의 몰락을 겪은 뒤, '신자유주의'는 지배적인 세계 사조가 됐습니다. 한국에서 '일본의 식민통치 덕에 한국이 근대화했다'나, '친일파는 근대화의 선구자들이며 독립운동가는 폭도들일 뿐이다'라고 공공연히 주장하는 사람들이 나온 것도 이 '세계 사조'의 영향입니다. 이 세계 사조는 '이명박 시대'를 만드는 데 결정적 역할을 했습니다.

'신자유주의자'들은 '자기 이익을 극대화하기 위해 합리적으로 판단하고 행동하는' 인간을 '표준형'이자 '모범형' 인간으로 봅니다. 그들은 '주어진 조건에서 사익을 극대화하기 위해 합리적으로 선택하는 행위'를 '최선의 인간 행위'로 상정합니다. 이들의 사고체계 안에서는, 친일 부역자나 군사독재에 적극적으로 협력한 자들이 '모범'입니다. 그들은 이런 '사익 지상주의자'들이 시장을 넓히고 경제를 성장시키며 역사를 발전시킨다고 봅니다.

그들에게 '정의를 위한 투쟁'이나 '약자에 대한 연대' 등은 사회를 어지럽히고 시장 질서를 교란함으로써 역사 발전을 지체시키는 부정적 요소입니다. 그들에게는 '사람으로서 해서는 안 되는 일'에 대한 개념이 없거나 부족합니다. 그들은 '나라와 동족을 팔아 부자가 된 자'들을 '열심히 산 사람'이나 '합리적 인간'으로 보고, '나라와 동족을 위해 자기와 자기 가족까지 희생한 사람'을 '폭도'나 '비합리적 인간'으로 봅니다.

이게 저들이 친일 모리배를 숭배하고 독립운동가들을 비하하는 이유이며, 독립운동의 역사 전체를 폄훼하고 '건국절'을 따로 제정하려는 이유이자, '천황제 군국주의 정신'에 빠져드는 이유입니다. 당연히 이런 자들을 정치적으로 대변하는 세력이 있으며 지금도 그 힘은 강력합니다.

일제강점기 이광수는 교육을 '피적포이술避敵哺餌術' 즉 '적을 피하고 먹이를 구하는 법'을 가르치는 것이라고 정의했습니다. 그는 '**인간적 가치**'를 **하찮게 여겼고 '먹고 사는' 문제만 중시했습니다.** 인간을 짐승과 똑같은 존재로 취급한 것이 그가 친일 논리에 빠져든 이유입니다. 그 결과 정작 그와 그의 추종자들은 일제가 기르는 가축과 다를 바 없는 존재가 돼 버렸습니다.

친일 모리배 숭배와 독립운동가 비하는 문제의 일부일 뿐입니다. 진짜 핵심 문제는 '누가 열심히 살았는지 대충 살았는지를 판단하는 유일 기준은 재산'이라는 믿음에 있습니다. '삼한갑족三韓甲族'이자 대부호였던 이회영 선생 형제들은 전 재산을 독립운동 자금으로 내놓고 본인들은 굶주리다 죽거나 고문당하고 죽었습니다.

안중근은 서른을 갓 넘긴 나이에 사형당했고, 자식들에게 아무런 재산도 물려주지 못했습니다. '**재산은 인생의 유일 성적표**'라고 믿는 자들에게는 저런 분들이 '대충 산 사람'으로 보일 수 있습니다. 하지만 '부자는 열심히 산 사람이고 가난한 사람은 대충 산 사람'이라는 단순 무식한 전제에 동조하는 자들이 적지 않습니다.

남의 글들을 통째로 훔쳐서 여러 개의 상을 탄 사람이 국민의힘 국방안보분과 위원으로 활동하다가 사실이 발각된 뒤 해임됐습니다. 하지만 그는 자기 이익만을 중시하고 인간의 도리를 하찮게 여긴 '사익 지상주의자' 중 한 명일 뿐입니다. 관점에 따라서는 그가 자기 이익을 위해 '열심히' 산 사람으로 보일 수도 있습니다.

재판

옷 입을 사람의 치수에 맞춰 옷감을 자르는 게 '재裁', 그냥 반으로 자르는 게 '판判'입니다. 합해서 '재판'입니다. **재판은 죄의 유무를 판단하고 형량을 정하는 일입니다.** 만약 '판'만 있고 '재'가 없다면, 살인범이나 빵 한 조각 훔친 사람이나 똑같은 형벌을 받아야 할 겁니다. 그런 '야만의 법'이 시행되던 때도 있었습니다.

재판은 판사만 하는 게 아닙니다. 사람은 누구나 수시로 재판을 합니다. 웃어넘길 일, 부드럽게 타이를 일, 정색하고 항의할 일, 고발할 일 등을 따지고 나누는 건 일상에서 상당한 비중을 점합니다. 심지어 가족 사이에서도 이런 일들이 벌어집니다. 가족끼리, 친지끼리, 직장 동료끼리 '형량 문제'로 다투는 일도 비일비재합니다. '재'는 없고 '판'만 있다면 어떤 인간관계도 유지될 수 없습니다.

정의당 김종철 전 대표의 성추행은 본인이 인정한 만큼 '판'에 대해 왈가왈부할 이유가 없습니다. 그러나 '죄질'을 모르는 상태에서는 어느 정도의 '형량'이 적당한지 '재단'할 수 없습니다. 정의당은 죄질 논란을 차단하기 위해 성추행 내용을 밝히지 않는다고 했지만, 이거야말로 '모든 죄인은 죄질을 따지지 않고 사형에 처한다'는 '야만의 법'입니다. 인류 대다수는 '도둑의 손목을 자르는 것'도 '야만의 법'이라고 생각합니다.

한자 문화권에서 '정의'로 번역됐지만 영어 justice는 본디 '법에 **따름**'이라는 뜻이었습니다. 법은 죄의 유무를 판단할 뿐 아니라 죄질에 따라 형량을 재단합니다. '재' 없이 '판'만 있는 건 '정의'라고 할 수 없습니다.

정신의 계승

누가 '계백장군의 정신'을 계승한다고 하면, 당연히 그의 '멸사봉공 정신'을 생각합니다. '처자식 죽이는 정신'이라고 생각하는 사람이 있다면 그가 정신 나간 사람입니다. 누가 '세종대왕의 정신'을 계승한다고 하면 당연히 그의 '**애민정신**'을 생각합니다. '후궁 여럿 두는 정신'이라고 생각하는 사람이 있다면 그가 정신 나간 사람입니다. 누가 '안중근 의사의 정신'을 계승한다고 하면 당연히 그의 '**민족정신**'과 '**평화사상**'을 생각합니다. '처자식 내버리고 죽는 정신'이라고 생각하는 사람이 있다면 그가 정신 나간 사람입니다. 누가 '박정희 정신'을 계승한다고 해도 당연히 그의 '경제 성장 제일주의'나 '독재주의'를 생각합니다. '성 착취하며 술 먹는 정신'이라고 생각하는 사람이 있다면 그가 정신 나간 사람입니다. 정신을 제자리에 두지 못하는 사람이 너무 많은 듯합니다.

주인 무는 개

을사늑약 이후 민영환이 순사殉死하자, 송병준은 옛 상전의 집에 찾아가 민영환의 모친에게 "민공이 죽었으니 황제가 재산을 내놓으라고 할지도 모른다."고 '협박'하고 자기에게 맡겨두면 잘 보관해주겠다고 '사기'쳐서 그의 재산 대부분을 착복했습니다. 후일 민영환 유족은 억울하게 빼앗긴 재산을 되찾아 달라고 총독부 재판소에 호소했으나, 총독부 재판소는 당연히 친일 모리배의 손을 들어줬습니다.

송병준은 황실 소유였던 남대문시장도 탈취해서 자기 소유로 삼았고, 일진회원들을 앞세워 전국 각지 상인들의 이권을 빼앗았으며, 반일적 인사들을 협박해서 일본군에 대한 '외교비'를 긁어 모았습니다. 그렇게 해서 러일전쟁 이후 5년만에 엄청난 부자가 됐죠.

당시 대한매일신보는 송병준에 대해 "주인이 턱짓으로 부르면 네, 네 하고 달려가 엎드리던 자가 주인 무는 개가 되었다'고 썼습니다. 개 중에서도 가장 질이 떨어지는 게 '주인 무는 개'입니다. 어떤 자의 눈에 '주인 무는 개'가 '열심히 산 사람'으로 보인다면 그건 그자가 가장 질이 떨어지는 개만도 못한 존재이기 때문입니다.

친일파 후손과 독립운동가 후손

"친일파 후손이라니 그러는 것도 이해가 되네."

"독립운동가 후손이 그러면 안 되지."

'본의 아니게' 친일 모리배의 후손들을 자유롭게 풀어주고 독립운동가 후손들을 옥죄어 온 담론입니다. 똑같은 일에도 친일파 후손에게는 너그럽고 독립운동가 후손에게는 엄격한 게 옳은 태도였을까요?

괜찮다+귀찮다+하찮다

괜찮다 = 공연空然치 않다 또는 괴이怪異치 않다가 변한 말입니다. 괘념掛念치 않다에서 유래했다는 설도 있습니다. 요즘엔 신경 쓰이지 않는다, 나쁘지 않다 등의 의미로 쓰입니다.

귀찮다 = 귀貴하지 않다. 요즘엔 쓸데없다, 급하지 않다, 번거롭다 등의 의미로 쓰입니다.

하찮다 = '하'는 '곳 됴코 여름 하나니'의 '하'로서 많다多는 뜻입니다. 많지 않다. 크지 않다. 중요하지 않다. 무시해도 좋다는 뜻입니다.

"친일파와 그 후손은 열심히 살았고 독립운동가와 그 후손은 대충 살았다"고 주장하는 자와 그 주장에 동조하는 자들이 비록 '하찮더라도(=많지 않더라도)' 우리 '역사 공동체'의 현재와 미래에는 중대한 관계가 있습니다.

사람들이 '하찮은' 자들은 무시해도 '괜찮다'고 하는 건 그들을 상대하는 게 '귀찮기' 때문일 겁니다. 하지만 역사 인식의 문제가 '귀찮은' 일이어서는 안 됩니다. 이는 공동체의 유지를 위해 가장 귀貴하게 다루어야 할 문제입니다.

화석인간

수억 년 전에 출현하여 진화하지 못한 채 현재까지 살아 있는 실러캔스 같은 물고기를 '화석 물고기'라고 합니다. 유신 시절에 교육받으면서 '한국적 민주주의가 최선'이라는 신념을 형성한 뒤 지금껏 고수하는 사람이 많습니다. 일제강점기에 교육받으면서 '대동아공영권을 만들어 일본이 지배하는 게 최선'이라는 신념을 형성한 뒤 지금껏 고수하는 사람도 있습니다. 이런 사람들을 '화석 인간'이라고 불러도 될 겁니다. 살아있어도 '화석'이라고 부르는 건 돌과 다름없기 때문입니다.

한일 해저터널

조선 초기부터 한강철교가 놓일 때까지 용산은 번성한 한강 변 포구였습니다. 객주, 거간, 하역 노동자, 놀이패로 늘 북적거렸죠. 드나드는 물자가 많다 보니 창고도 많았고, 술집도 많았습니다. 하지만 1901년 일본인의 경인철도합자회사가 한강철교를 부설한 뒤, 용산의 번성은 '아, 옛날이여'가 돼 버렸습니다. 마포, 양화진 등 인근 포구도 큰 영향을 받았고요. 인천에 들어온 물자가 한강을 거치지 않고 곧바로 도성으로 직행하니, 포구 상업과 물류가 쇠퇴하는 건 당연한 일이었습니다.

러일전쟁 중 경부, 경의철도가 속성공사로 완공된 후에는 한강변 사람들은 대량실업으로 고통받았습니다. 일본은 철도화물 운송업을 일본인 회사에 독점시켰고, 한인은 일본인 회사와 탁송자를 연결하는 '소하물 운송업'에만 일부 진출할 수 있었습니다.

국민의힘 김종인 씨가 '한일 해저터널 연결'을 공약으로 제시했습니다. 이 터널이 연결되면 부산항은 1901년 이후의 용산 포구와 비슷한 길을 걸을 겁니다. 이 터널로 일본이 얻는 이익만큼 부산과 그 주변 지역이 손해를 볼 겁니다. 부산시민들도 모를 리 없겠죠. 예전 페이스북에서 본 글이 생각납니다. '저 사람 바보 아냐?'라는 생각이 들게 하는 사람이 있고, '누굴 바보로 아나?'라는 생각이 들게 하는 사람이 있다고. 황교안 씨와 나경원 씨를 두고 한 말이었는데 김종인 씨는 둘 다에 해당하는 것 같습니다.

사회적 재난으로 이어질 '인구감소'

작년부터 인구 감소가 시작됐습니다. 전쟁, 기근, 역병 등으로 인한 일시적 인구 감소는 여러 차례 겪었지만, 인류 스스로 선택한 장기적이고 구조적인 인구 감소는 역사상 이번이 처음입니다. 먼 미래를 생각한다면 인구 감소를 재앙이라고 하기는 어려울 겁니다. 그러나 지금부터 20~30년간은 일종의 '사회적 재난'을 초래할 것이 분명하다고 봅니다.

우리나라의 출생아 수는 1957년부터 1971년까지 매해 100만 명을 웃돌다가 1972년부터 감소하기 시작했습니다. 그래도 2002년부터 2016년까지는 40만 명대를 유지했는데, 최근 그 수가 급격히 줄어들어 2017년 35만7천7백 명, 2018년 32만6천8백 명, 2019년 30만2천6백 명, 2020년 27만2천4백 명을 기록했습니다.

출산에 대한 사람들의 태도도 장기 지속되는 문화 현상이기 때문에 이 추세가 갑작스럽게 바뀔 가능성은 거의 없습니다. 게다가 20년 뒤부터는 베이비붐 세대의 사망이 본격화하여 매년 70만 명 이상씩 인구가 줄어들 겁니다.

자본주의 시장 경제에서 인구 감소는 곧 국내 시장의 축소를 의미합니다. 지금도 인구 감소를 고통으로 체감하는 사람이 많습니다. 올해 유치원에 들어간 아이는 40만 명이 넘었지만, 5년 후에는 27만 명 정도로 줄어듭니다. 올해 초등학교 신입생은 43만 명이 넘었으나 7년 후에는 27만여 명이 됩니다. 현재 한국군 총병력은 55만여 명이지만 20년 뒤에는 25만 명을 넘을 수 없습니다.

지금도 입학 정원을 채우지 못하는 실업계 고등학교들이 늘어나고 있으며, 작년에는 지방 국립대학들조차 정원 미달 사태를 빚었습니다. 신규 교사 임용을 대폭 줄일 것이냐 기존 교사의 조기 퇴직을 늘릴 것이냐를 둘러싼 논쟁은 한층 격화할 겁니다. 교사직뿐 아니라 어린이 청소년과 관련된 일자리 모두가 급속히 줄어들 수밖에 없습니다.

우리나라처럼 사교육 시장이 크고 관련 일자리가 많은 나라에서 사교육 수요자의 감소는 사회적 재난으로 이어질 수밖에 없습니다. 보습학원, 피아노학원, 태권도장, 미술학원, 무용학원, 입시학원 등은 앞으로 10년 이내에 현재보다 반으로 줄어든 시장을 두고 서로 경쟁해야 합니다. 어린이용 도서, 참고서, 아동복, 장난감 시장 등도 급속히 축소될 겁니다.

인간은 어떤 상황에도 적응하는 존재지만 적응을 위한 변화에는 시간이 걸립니다. 현재의 인구 감소 속도는 그 변화에 필요한 시간도 허용하지 않을 정도입니다. 1997년 외환위기 때 해고된 사람들은 자영업자가 되어 최저선의 생계나마 이을 수 있었지만 자영업은 이미 과포화 상태입니다.

지난 10년간 100조 원이 넘는 돈을 '출산 장려'에 쏟아부었으나 성과는 거의 없었습니다. 오히려 그렇게 쏟아부은 돈으로 늘어난 시설들이 앞으로는 '사회적 부담'이 될 형편입니다. 다음 정권은 이제까지의 '저출산 정책'을 전면 수정하여 '인구 감소 대책'을 세우고, 인구 감소가 업종별, 직업별로 어떤 영향을 미칠 지에 대해서도 소상히 알려주어야 할 겁니다.

팬데믹과 파시즘의 차이

1937년 1월 26일 새벽, 충북 청주 인근 시골 마을의 국기 게양대 앞에서 어떤 노인의 시신이 발견됐습니다. 중병에 걸려 며칠째 인사

불성인 상태였다가 간병하던 부인이 깜빡 조는 사이에 사라진 노인이었습니다. 총독부 기관지 매일신보는 '국기(=일장기) 밑에서 죽고자 하는 노인의 뜨거운 애국심이 다 죽어가는 육신을 부축하여 국기 게양대 아래까지 데려다 놓았다'고 대대적으로 보도했습니다.

그 직후 이원하라는 이 노인에게는 '애국옹愛國翁'이라는 공식 별명이 붙었고, 전국적으로 '애국옹 이원하 본받기 운동'이 벌어졌습니다. 이원하가 실제로 불타는 애국심 때문에 죽기 직전에 국기 게양대까지 걸어갔는지, 아니면 그의 가족들이 의도적으로 상황을 연출했는지는 알 수 없습니다. 문제는 이원하 단독으로 그랬든, 아니면 가족들과 함께 연출했든, 이 개인과 가족의 '국기 사랑'은 외견상 철저히 '자발적'이었다는 데에 있습니다. 누구도 그(들)에게 그러라고 요구하지 않았습니다.

그들은 일본 제국의 모든 신민은 '일장기를 천황 대하듯 하며 천황을 위해 살고 천황을 위해 죽으라'는 군국주의 파시즘의 가르침을 내면화한 사람들이었거나, 자기들이 천황제 군국주의 이데올로기를 '모범적으로 내면화'했음을 보여주려 했던 사람들이었습니다. 이로 인해 **한 노인의 '사사로운 죽음'은 '공적 죽음'이 되었습니다.** 일본 군국주의 파시즘은 사생활에조차 '애국의례'를 침투시키려 했고, 한국인 일부는 그 의도를 충실히 수용했습니다.

사람의 의식 안에 자리 잡은 이데올로기는 그와 결합한 체제가 무너져도 바로 사라지지 않습니다. 태평양전쟁 종전 29년째인 1974년까지 필리핀 정글에서 일본 군국주의 정신에 따라 '자발적으로' 단독 전투를 수행하며 30여 명의 무고한 필리핀 사람을 살해한 오노다 히로가 그 예 중 하나입니다. 그의 상관이 내린 명령은 그의 부대원 전원이 사망하거나 포로가 된 뒤에도 그의 의식 안에 살아 있었습니다. 그가 일본으로 귀환했을 때, 일본인 다수는 그를 '영웅'으로 칭송했지만, '자발적'으로 일본 군국주의 정신을 실천한 그가 과연 영웅이었을까요?

일본 군국주의 정신은 식민지 원주민이었던 한국인 일부에게도 뿌리를 내렸습니다. 그 정신을 청산하지 못한 사람이 많았던 만큼 한국에서는 박정희, 전두환 시대까지도 일본 군국주의가 만든 의례와 의장儀仗들이 대상만 바꾸어 거듭 재활용됐습니다. 애국반상회, 국민체조, 영화 상영 전 국민의례, 국기 하강식 시각에 애국가가 흘러나오는 방향을 향해 서서 경례하기 등은 모두 일본 군국주의와 직간접으로 관련된 유산입니다. 오늘날 이른바 '태극기 부대'의 집회 방식도 그 연장선상에 있다고 할 수 있습니다. 가족 모임을 '태극기 부대 집회' 방식으로 여는 것도 마찬가지일 것입니다.

한편 '근대국가'는 곧 '위생국가'였습니다. 전염병이 '신의 징벌'이 아니라 사람끼리의 접촉에 의해 확산한다는 사실을 짐작했을 즈음부터 국가는 전염병 확산을 막기 위해 자국 영토 내 거주자들의 사생활을 적극적, 능동적으로 통제했습니다. 감염자나 감염 의심자들을 격리, 감금하고, 주택이나 마을 심지어 도시 전체를 봉쇄하는 행정 조치는 이미 15세기부터 시작됐습니다.

특히 세균과 바이러스의 존재가 확인된 이후, 국가는 전염병을 억제하기 위해 개개인의 사생활 전반을 통제하기 시작했고, 이 통제는 대중의 폭넓은 동의를 얻었습니다. 우리나라에서도 1899년 '전염병

예방규칙'이 처음 제정되어 사생활에 대한 국가 통제를 명문화했습니다. 이후 전염병이 돌 때마다 강제 검진, 격리 및 감금, 이동 제한, 강제 예방 접종 등의 '사생활 침해' 또는 '인권 침해'가 반복됐습니다. 하지만 누구도 전염병 확산을 막기 위한 국가의 사생활 개입을 '파시즘'이라고 하지는 않습니다.

'애국가를 만 번 부르는 것'과 '나라가 잘 되는 것' 사이에 과학적 인과 관계를 설정할 수는 없습니다. 이들 사이에 인과 관계가 있다고 믿는 것이야말로 중세적 신비주의와 사이비 종교의 유풍입니다. 파시즘의 사생활 통제가 지닌 주요 문제는 중세적 종교 의식을 사생활 통제에 이용한 데에 있습니다.

'카미타나(일본 신토의 제단)를 집안에 모셔두고 아침저녁으로 기도하면 일본이 전쟁에 승리한다'나 '피로 그린 일장기를 황군(일본군)에게 주면 백전백승한다' 따위의 담론과 실천이 유효했던 적은 없습니다. 오히려 그런 믿음을 실천에 옮겼기에, 일본군은 무수한 반인륜 범죄를 저지르고 처참한 패배를 맞이했습니다.

월간조선의 어떤 기자가 제 페이스북 글을 인용하고선 최재형 씨 일가가 가족 모임에서 국민의례를 한 것은 '애국적인 가풍의 표현'일 뿐이며, 문재인 정부가 코로나 대응을 핑계로 국민의 사생활을 통제하는 것이야말로 '파시즘의 전형'이라고 주장했습니다. 월간조선이 본래 파시즘 친화적 언론사이기는 하지만 이 정도로 무식한 주장을 펴리라고는 생각지 못했습니다. 최재형 캠프 측에서 '가족모임에서 국기에 대해 경례하는 사진'을 공개한 이유가 뭔지, 그들이 되살리고자 한 기억과 관습이 뭔지, 사적 모임을 '태극기 집회'로 만드는 행위가 전국민의 '모범'이 될 수 있다는 믿음의 정체가 뭔지, 생각해 보기 바랍니다. 더불어 팬데믹 시기의 세계를 '파시즘 체제'라고 할 수 있는지에 대해서도 생각해 보기 바랍니다.

불공정과 특혜

불공정과 특혜에 대한 우리 사회의 보편적 분노가 왜 이재용 씨에게는 향하지 않는지 참 이상합니다. 고작 징역 2년 6개월을 선고해놓고 '사면 논란을 벌일 것인지 가석방으로 끝낼 것인지 선택하라'는 식으로 국민들에게 공을 떠넘긴 재판부의 '교묘함'을 문제 삼지 않는 것도 참 이상합니다.

법관의 사심

"근래에는 탐오한 행위가 풍습을 이루어서 결송관決訟官(=재판관)이 재물을 받고 법을 굽히는 자가 많아서 옳고 그름이 분명한 일을 공공연히 오판誤判하기도 하고, 고의로 지체하기도 하는가 하면, 문권(=증거자료)을 제대로 살피지도 않고 사정에 따라 법을 굽히기도 하는 등 제멋대로 사심私心을 쓰는데 두려워함도 꺼림도 없습니다. 이런 폐습을 구제하기 어렵게 되었으니 지극히 한심스럽습니다." — 중종 33년 8월 18일 사헌부

500년 전 왕조시대에도 법관의 '사심私心'에 관한 지적과 비판이 있었습니다. 민주적 법치주의는 주권자 시민이 법관의 '사심'에 대해 논의하고 판단할 수 있을 때 가능합니다. 그러지 못하면 법치주의는 '법조 엘리트 독재주의'와 같은 뜻이 됩니다.

내일을 위해 오늘을 참아라

'선진복지국가'라는 말을 처음 쓴 대통령은 박정희였습니다. 그는 1970년 광복절 경축사에서 2000년까지 '온 국민이 다 함께 번영을 구가할 수 있는 선진복지국가'를 만들겠다고 했습니다. 그는 유신체제를 만든 뒤에도 이 말을 여러 차례 반복했습니다. 광복 직후부터 그때까지 '선진'이라는 단어 뒤에 습관적으로 붙였던 단어는 '민주국가'였습니다. 박정희와 그의 이데올로그들이 '선진민주국가'라는 말을 '선진복지국가'로 대체한 것은, '번영을 누리기 위해서는 민주주의를 포기해야 한다'는 생각을 사람들의 뇌리에 심어주기 위해서였을 겁니다. 전두환도 '선진복지국가'라는 말을 자주 썼습니다.

당대의 언론매체들은 '선진복지국가 건설을 위해 현재의 고통을 참으라'는 정권의 요구에 따라 '지금의 고통을 참으면 도달하게 될 미래상'에 대해 수많은 기사를 쏟아냈습니다. 그렇게 생산, 유포된 '선진복지국가'의 이미지는 이런 것들이었습니다. 구걸하는 사람이 없는 나라, 돈 없어서 병원 못 가는 사람이 없는 나라, 밤늦게까지 일할 필요가 없는 나라, 집집마다 자가용이 있는 나라, 사람들이 1

년에 한 달 넘게 휴가를 즐기며 해외여행 다니는 나라, 직장 잃어도 생계 걱정이 없는 나라, 노후 걱정이 없는 나라 등.

　과거에 '선진복지국가'의 이미지를 구성했던 요소 중 일부는 실현 됐으나 아직 부족한 점이 많습니다. UN 무역개발협의회가 우리나라를 선진국으로 공인했음에도 이 사실을 실감하지 못하는 사람이 많은 건 이 때문일 겁니다. 이 시점에서 우리의 '역사적 과제'중 하나는 '완전한 민주국가이자 선진국'이라는 국제적 위상을 공고히 하고, 국민 모두 실감할 수 있도록 하는 것이라고 봅니다.

　사람들에게 익숙한 '선진국의 지표'들 중 아직 부족한 것들을 '표준선' 이상으로 올려놓음으로써 모두가 '선진국민'이라는 자부심을 느낄 수 있게 하는 것이 다음 정부의 주요 과제가 되어야 할 겁니다.

현모양처론

　유교적 가부장제 이데올로기가 여성들에게 강요한 덕목이 '현모양처'인 줄 아는 사람이 많지만, 사실 '현모양처론'은 일본 천황제 군국주의의 산물이었습니다. 유교가 여성에게 요구한 기본 덕목은 '삼종지도三從之道'였습니다. 어려서는 아버지에게, 결혼해서는 남편에게, 늙어서는 자식에게 순종하는 것이 여성이 평생 지켜야 할 도리라는 뜻이었죠. 순종은 자아를 용납하지 않으며 독립적 사유를 배격합니다. 시키는 대로 하는 사람에게 필요한 자질은 '말 잘 듣는 것'뿐입니다. 반면 현모양처론은 여성이 도달해야 할 지향점과 길러야 할 자질을 제시함으로써 제한적이지만 여성에게 자율과 능동의 영역을 허용했습니다.

일본 천황제 군국주의가 '현모양처론'을 만들어낸 건 남자들을 가정에서 **빼내어** 천황에게만 충성하는 '공민公民'이자 '국민國民'으로 만들기 위해서였습니다. 가정일은 여자들에게 맡겨두고 오직 천황과 국가의 일에만 매달리는 남자가 되라는 거였죠. 따라서 '현모양처'의 짝은 '우부악부愚父惡夫'나 '현부양부賢父良夫'가 아니라 '충신열사忠臣烈士'나 '애국열사愛國烈士'였습니다. 현모양처 이데올로기가 지배하는 상황에서 가정일에 신경 쓰는 남자들은 '못난 놈'이나 '공처가' 취급을 받았습니다.

우리나라에 '현모양처'라는 말이 들어온 것은 20세기 벽두의 일이었습니다. 그 뒤로 한 세기 가까이 현모양처론은 남녀 모두의 의식과 행동에 큰 영향을 미쳤습니다. 군사독재체제가 일본 군국주의를 계승했기 때문에, '현모양처론'도 그대로 유지됐습니다. 여성에게 가정에 대한 일방적 헌신을 요구하는 것과 남성에게 '공적, 국가적 책무'에 대한 일방적 헌신을 요구하는 것은 동전의 양면이었습니다.

한국의 페미니즘은 가부장제 이데올로기의 군국주의적 변형태인 '현모양처론'과 싸우면서 발전했습니다. 그리고 대략 1980년대 말부터 1990년대 사이에 현모양처론은 시대착오적 담론이 됐습니다. 하지만 '현모양처'의 짝이었던 '충신열사'나 '애국열사'에 대한 담론은 거의 변하지 않았습니다. 오늘날 흔히 '반反 페미니즘'으로 지목되는 20~30세대 남성들의 의식과 행태는 이 불균등성의 소산일 수도 있다고 봅니다.

며칠 전, 인천에서 여자 경찰이 흉기로 위협받는 시민을 놔두고 '도주' 또는 '현장 이탈'한 사건이 발생했습니다. 이에 대해 '경찰이 공적 책무를 방기했다'고 비난하는 사람들이 있는 반면 '여자에게 위험한 일을 맡긴 것이 문제'라며 그 행위를 이해해야 한다는 사람들도 있습니다. 특히 20~30세대 남성들은 '경찰이 될 권리의 균등'을 요구하면서 '경찰 의무 수행의 불균등'을 용인해야 한다고 주장하는 건 '불공정'하다고 여깁니다. 그들은 '공적 권리'와 '공적 의무'가 등치되지 않는 데에 분노합니다.

지금의 20~30세대는 '현모양처론'이 소멸한 세상에서 성장한 사람들입니다. 그들은 '남자는 부엌에 들어가면 안 된다'는 말을 들어본 적도, 여자 형제들의 희생으로 혼자만 공부한 경험도 없습니다. 20~30세대 남자들 절대다수는 학창시절 대부분을 '여자 담임 선생님'에게 지도받았습니다. 남자 초등학생들이 '교실 내 남학생 차별'에 대해 불만을 토로하기 시작한 지도 벌써 20년 가까이 됐습니다. 아직 학생이거나 직장 초년생인 그들은 사회에서 '남자로서의 기득권'을 누려본 적이 없습니다. 오히려 그들은 여자 동기들보다 취업도 늦고 직급도 낮습니다. 그들의 분노는 '가정 내 불평등'과 '공적 권리의 불평등'은 현격히 줄어들었지만 '공적 책무의 불평등'은 여전한 현실에 말미암은 바 큽니다. 그들은 '남자로 태어난 기득권'을 누려본 적이 없는데도 군 복무나 '위험한 공적 책무'에 대해 불만을 표시하면 옹졸하거나 치사한 인간으로 취급받는 상황에 억울함을 느낍니다.

짧은 시간 내에 세계 최빈국에서 선진국으로 발전한 만큼, 오늘날의 한국 사회에는 여러 '시대'가 공존합니다. 중세적 사고와 현대적 사고가 공존하고, 미신적 행태와 합리주의적 행태가 공존합니다. 독재체제를 그리워하는 사람이 있는가 하면 민주주의의 부족을 느끼는 사람도 있습니다. '성평등 문제'도 마찬가지입니다. **우리 사회에는 분명 가부장제 이데올로기와 현모양처론에 맞서는 담론을 필요로 하는 세대가 있습니다.** 그러나 동시에 '가부장제'니 '현모양처론'이니 하는 것들이 소멸하는 과정에서 성장한 세대도 있습니다. 이게 지금의 20~30세대 남성들의 '반反 페미니즘'의식을 '보수화'나 '반동화'로 치부해서는 안 되는 이유입니다.

낡은 세대와 함께 사라져 가는 담론이 있고, 새로운 세대와 함께 성장, 발전하는 담론이 있습니다. 모든 사람에게 새로운 비전을 제시하는 정치가 좋은 정치입니다. 좋은 정치를 하려면 지금의 성평등 담론을 넘어서는 새로운 담론, '권리의 평등과 의무의 불평등' 문제를 해결하는 담론, 가정과 사회 모두에서 평등한 관계를 이루는 담론을 만들어 제시해야 합니다. 그런 걸 제시하지 못하고 낡은세대에게 필요한 이론을 젊은 세대에게 적용하려 들기 때문에 젊은 남성들이 '반동화', '보수화'하는 것처럼 보이는 겁니다.

살아온 경험이 다르면 세상에 대한 인식도 다르기 마련입니다. 모든 세대에게 일률적으로 적용할 수 있는 '정책'은 거의 없습니다. 노인 맞춤형 정책도 있어야 하고, 청년 맞춤형 정책도 있어야 합니다. '성평등 정책' 역시 우리 사회 각 세대의 '역사적 경험'을 고려하여 세심하게 수립해야 할 겁니다. 이게 '정치'가 할 일입니다. 젊은 세대에게 기성 세대의 경험에 따른 논리를 강요하는 걸 '꼰대짓'이라고 합니다. 성평등 담론이라고 해서 '꼰대짓'의 예외가 되는 건 아닙니다.

전두환 죽음을 설명하는 단어

붕어崩御, 승하昇遐, 선어仙馭, 안가晏駕, 홍서薨逝, 홍거薨去, 장서長逝, 서거逝去, 소천召天, 선종善終, 입적入寂, 영면永眠, 별세別世, 작고作故, 타계他界, 운명殞命, 종신終身, 사거死去, 사망死亡…… 한자어로 '죽음'을 의미하는 단어는 무척 많습니다. 삶의 종결이 죽음이기에, 죽은 이의 인생 전체를 한 단어로 요약해 평하려는 생각의 소산일 겁니다. 어쩌면 죽음을 표현하는 이 숱한 '차별적 단어'들을 하나로 통합해야 '평등한 삶'이 가능할지도 모릅니다.

전두환이 죽은 소식을 전하는 언론 보도를 훑어봤습니다. '전두환 전 대통령'이라는 호칭을 쓴 언론사가 가장 많았고, 그 다음이 '전두환 씨', 몇 곳은 '전두환'이라고만 썼습니다. '별세'라고 쓴 곳과 '사망'이라고 쓴 곳은 대략 비슷했습니다. 노태우 때 '서거'라고 썼던 언론사들도 이번에는 '별세'라고 썼더군요.

전두환이 죽은 소식을 전하는 기사 제목만 봐도 해당 언론사의 '전두환에 대한 생각'을 대략 알 수 있을 겁니다. 참고로 이완용이 죽었을 때, 매일신보는 '홍거薨去'라는 말을 썼지만, 동아일보는 '와석종신臥席終身'이라고 썼습니다. '천벌 받지 않고 곱게 죽었다'는 뉘앙스였죠. 사람들이 전두환의 죽음을 어떤 '단어'로 기억하느냐에 따라, 그는 죄 값의 일부를 치를 수도 있고 전혀 안 치를 수도 있습니다.

식민지 잔재

한국을 강점한 일본은 식민 통치에 활용할 목적으로 조선인의 '민족성'을 조사했습니다. 그들이 조선의 문화와 풍속 조사를 통해 제멋대로 도출해낸 조선인의 '민족성'은 사대주의와 의존성, 당파심, 형식주의, 문약文弱, 심미審美 관념 없음, 공사 구분 못함 등이었습니다.

일본이 조선인의 '장점'으로 인정한 것은, 너그럽고 순종적이며 낙천적이라는 점이었습니다. 이 조사 결과를 토대로 그들은 '힘으로 누르는' 정책을 채택했습니다. 일제강점기 일본인 관료들은 물론 친일파들까지 "엽전(조선인)은 때려야 해"라는 말을 입에 달고 산 것도 이런 판단 때문이었습니다. 조선인은 야만적이기 때문에 때려야 하고, 순종적이기 때문에 때려도 된다고 믿은 거죠.

3.1운동을 겪고 나서 그들은 조선인이 '순종적'이라고 본 자기들 판단에 문제가 있었음을 깨달았습니다. 일본에서는 3.1운동과 같은 거족적 운동의 역사를 찾을 수 없었기 때문이죠. 그들은 '조선인은 순종적이나 쉽게 부화뇌동한다'로 조선인의 '민족성'에 관한 정의를 일부 수정했습니다.

현대의 일본인들도 한국의 촛불집회를 이해하지 못합니다. 그들에게는 3.1운동, 4.19, 광주민주화운동, 6월 민주항쟁, 촛불집회 같은 거대한 대중운동의 역사가 없습니다. 일본인 다수는 여전히 이런 운동을 '쉽게 부화뇌동하는 한국인의 민족성' 탓이라고 봅니다. 일본인 중에도 아베 내각의 비리를 규탄한 사람들이 있었으나, 그들의 '촛불집회'는 찻잔 속의 태풍에 불과했습니다. 일본인들은 침략전쟁은 여러 차례 일으켰으나, 정의와 인도, 민주와 인권을 지키기 위한 운동에서 인류의 모범이 된 적은 없습니다.

일본 정부 고위 관료들이 '한국 대법원의 징용 배상 판결'에 대해 연일 망발을 늘어놓고 있습니다. 한일협정에 따라 과거 일본 기업이 개인들의 인권을 유린한 책임도 소멸했다는 게 그들의 생각이자 주장입니다. 그들은 아직도 국가의 이름으로 개인의 보편 인권을 침해할 수 있다고 믿습니다. 이런 믿음이 바로 '군국주의'의 본질입니다.

우리나라 공식 국호는 '대한민국'입니다. 북한은 '조선민주주의인민공화국'이고 중국은 '중화인민공화국'입니다. 그러나 일본은 그냥 '일본국'입니다. 일본은 국호에 '민주'라는 글자를 쓰지 못하는 나라입니다. 일본인 다수는 여전히 '천황'을 숭배하며, 일본 국체의 본령이 '천황제'에 있다고 믿습니다. 물론 일본에도 "피해자가 받아들일 수 없는 국가 간 합의는 진정한 해결이 될 수 없다"는 성명을 발표한 변호사들처럼 민주주의와 인권의 가치를 아는 사람들이 있습니다. 거꾸로 한국에도 인권과 민주주의의 가치를 모르는 사람들이 있습니다.

'국익'을 핑계로 인권을 유린해온 정치세력이 일본 자민당을 본받으려 드는 건 아주 당연한 현상입니다. 일본 자민당처럼 되고 싶어 하는 정치세력과 그 지지자들이, 우리 사회 '식민지 잔재'의 핵심입니다.

건국절 논란에 대하여

일본의 한국 병합에 대해서는 '일제의 한국 강점', '한일병합', '한일합방', '경술국치' 등 여러 용어가 사용되고 있는데, 형식상의 문제일 수는 있으나 분명히 짚어 둘 점이 있습니다. 조약 공포와 동시에 일본 천황의 칙령으로 여러 법령이 공포됩니다. 그중 제318호는 "한국의 국호를 고쳐 지금부터 조선이라 한다."였습니다. 이 조문은 한국이라는 나라가 사라진 것이 아니라 그 주권만이 일본 천황에게 양도되었고, '국호'는 조선으로 변경되었음을 의미합니다.

조약상 '한국병합'의 주체는 '일본 천황'이었습니다. 빅토리아가 영국 왕인 동시에 인도 황제였듯, 이 시점에서 한국은 일본의 영토로 편입된 것이 아니라 일본 천황에 의해 별도의 통치를 받는 독립된 '나라'가 된 것입니다. 그래서 일본 내각은 한국 통치에 간섭하지 못했고, 일본 천황의 위임을 받은 조선 총독이 입법, 사법, 행정, 군사의 전권全權을 행사했습니다.

조선을 별도의 '나라'로 남겨 둔 이 칙령은 조선인을 일본 '국민'과 동등하게 대접하지 않겠다는 강력한 차별의식의 소산이었습니다. 이 칙령에 따라 조선인은 일본 천황의 통치를 받으면서도 일본 국민은 아닌 어정쩡한 지위, 즉 식민지 노예라는 법적 지위를 획득

했습니다. 1910년 8월 29일 이전, 한국의 주권은 '한국민'이 아니라 한국 황제인 순종에게 있었습니다. '한국병합조약'은 순종 황제가 가졌던 주권을 일본 천황에게 양도하는 형식을 취한 거죠. 한국의 '국호'는 조선으로 바뀌었지만, '국민과 영토'는 일본에 '병합'되지 않았습니다. 조선은 총독이 일본 천황을 대리하여 통치하는 '별개의 나라'였고, 조선인은 '일본인'이 아니었습니다.

1919년의 3.1운동은 이런 상태에서 일어났습니다. 순종이 한국 민의 동의 없이 일본 천황에게 양도한 '주권'을 한국민 스스로의 의 지로 되찾았음을 내외에 천명한 것이 '기미독립선언'입니다. 인민 과 영토는 그대로이니 주권만 회복하면 온전한 국가를 재건할 수 있 다는 거였죠. 나라 이름을 '대한민국'으로 한 것도 대한제국의 황제 였던 순종이 주권을 양도해야 할 상대는 일본 천황이 아니라 대한제 국 국민이어야 한다는 의식이 있었기 때문일 거라고 봅니다. 실제로 한국민의 '일부'는 '주권국가'의 국민이거나 군인이라는 자의식을 가지고 살았습니다. 그들은 해마다 삼일절 기념식을 치렀고, 한국 민의 자격으로 한국 영토 안에 침입해 온 일본 세력에 맞서 싸웠습 니다.

지금도 1948년 8월 15일을 '건국절'로 기념해야 한다고 주장하는 사람이 적지 않습니다. 이들의 주장은 삼일운동 이후 '주권자 의식' 을 버리지 않았던 한국인들의 삶을 송두리째 부정하고, 일본 천황을 한국의 '정당하고 유일한 주권자'로 승인하는 것입니다. 건국절 제 정론자들은 걸핏하면 '대한민국의 정통성'을 말하지만 그들이 계승 한 '정통성'은 '일본 천황의 주권'에만 복종하고 '한국민의 주권'은 부인했던 식민지 노예의 정신일 뿐입니다.

일본천황

왕보다는 황제가 높고 황제보다는 천황이 높으니 '일본 천황'이라는 말을 쓰면 안 된다고 생각하는 사람이 많습니다. 그런데 일본 역사에서 천황이 '세속 군주'였던 기간은 상대적으로 아주 짧습니다. 일본 천황은 로마 교황敎皇처럼 일본 종교인 '신도'의 대제사장이자 상징이었고, 2차 대전 이후 세속 정치 관여가 금지됨으로써 다시 '대제사장'의 지위로 밀려났습니다.

21세기에 황皇이나 왕王이 있는 거나, 선거로 뽑힌 행정부 수반이 여전히 '대신大臣'인 게 자랑할 일은 아닙니다. 일본에는 아직도 천황天皇으로 불리는 사람이 있구나라고 인정하고, 고대 일본 종교의 대제사장에게 붙인 이름이 지금까지 내려오는 거라는 사실만 알면 될 겁니다. 천황을 굳이 '일왕'으로 격하해 봤자 그래도 대통령보다 위상이 높은 이름입니다. 게다가 '세속 군주'라는 느낌도 있습니다. 그렇다고 우리 개념에 더 잘 맞는 '대제사장'이나 '왕무당'으로 바꾸는 건 지나칩니다. 그냥 교황처럼 천황이라고 부르는 게 나을 듯합니다.

'한양도성 유네스코 등재' 불가의 교훈

꽤 지난 일인데, 서울시에서 오랫동안 준비해 왔던 '한양도성 유네스코 세계유산 등재' 계획이 이코모스(국제 기념물 유적 협의회)의 '불가' 판정으로 인해 좌절됐습니다. OUV(Outstanding Universal Value)가 부족하다는 이유였죠. 그런데 저는 OUV 보다는 오히려 '진정성'이 부족한 게 더 문제라고 봅니다. 그동안의 '복원' 공사 과정에서 '진정성'이 크게 훼손됐기 때문입니다.

일제강점기 이후 방치됐던 한양도성을 '복원'하는 공사가 시작된 것은 1974년 박정희의 특별지시에 의해서였습니다. "서울성곽은 국방 유적이니 전면 복원하여 국민 안보교육의 자료로 삼으라"는 취지였죠. 이 지시에 따라 서울시에 서울성곽복원위원회와 서울성곽복원사업추진본부가 조직됐고, 문화재관리국(현재는 문화재청으로 승격)에서 복원공사를 감리하는 '문화재 전문가'를 서울시에 파견했습니다.

초기 한양도성 복원공사를 감리했던 '문화재 전문가'를 만나 인터뷰 한 적이 있습니다. 먼저 당시 서울성곽복원사업추진본부의 조직에 대해 물었습니다. 그런데 그분은 다른 얘기부터 꺼냈습니다. "나는 원래 군대에서 훈련계획표 짜던 하사관이었는데, 5.16 뒤 상관이 군복 벗고 공무원 하라고 해서 배치된 곳이 문화재관리국이었어." 그 뒷얘기는 굳이 더 할 필요 없을 것 같습니다. 한양도성이 엉터리로 복원된 건 절대로 이 분 탓이 아닙니다. '훈련계획표 짜던 하사관'을 '문화재 전문가'로 발탁한 군사정권 탓이죠.

5장 자기 욕망에 정직한 사람

국회의원 부동산 투기를 전수조사하자는 민주당의 제안을 국민의힘이 거부했습니다. 이런데도 국민의힘 지지율이 높은 이유는 부동산 투기를 '혐오'하기보다는 '동경'하는 사람이 많기 때문일 겁니다. 이번 LH 사태와 대장동 개발에 대한 공분이 부동산 투기에 대한 '혐오감' 때문인지 '시기심' 때문인지 각자 성찰할 필요가 있습니다.

#개발정보가_돈이_된_100년의_역사

'반칙'한 사람은 처벌하면 됩니다. 공정한 게임룰을 파괴하는 자는 '반칙하는 선수'가 아니라 한쪽 팀의 '반칙'만 일방적으로 봐주는 '편파적 심판'입니다. '편파적 심판'을 퇴장시켜야, 게임이 공정해집니다.

**억울한
사람들**

　　개발 정보를 몰라 개발예정지 주변 땅을 사지 못해 억울한 사람들이 있습니다. 남들이 부동산 갭투자로 돈 벌었다기에 따라 하려고 했더니 그 길이 끊겨 억울한 사람들이 있습니다. 집 사려고 열심히 돈 모았는데 집값이 너무 올라 억울한 사람들이 있습니다. 집 한 채밖에 가진 게 없는데 재산세가 많이 올라 억울한 사람들이 있습니다. 퇴직 후 월세 받아 생활자금 쓰는데 월세 많이 못 올리게 돼서 억울한 사람들이 있습니다.

　　남자라고 혜택 받은 건 하나도 없이 국방의 의무만 졌는데 사회가 여성만 배려하는 것 같아 억울한 사람들이 있습니다. 여자라서 수시로 성범죄 위협을 느끼며 사는 게 억울한 사람들이 있습니다. 직장인들은 격일 근무하면서도 월급 꼬박꼬박 나오는데 장사가 너무 안 돼 억울한 사람들이 있습니다. 자기보다 형편 나은 사람이 재난지원금 받는데 자기는 받지 못해 억울한 사람들이 있습니다.

억울함을 느끼는 사람들이 정부를 원망하는 건 당연한 일입니다. 물론 사람들의 억울함을 다 풀어줄 수는 없습니다. 풀어줄 수 있는 것과 없는 것을 구분해 대처하는 것이 정치인의 책무입니다. 억울한 일을 별로 겪지 못하고 젊어서 성공한 정치인은 억울함에 대한 '공감능력'을 먼저 키워야 합니다. '유전무죄 무전유죄' 관행을 개혁해 세상의 '억울함'을 줄이려다가 온 가족이 풍비박산 나는 억울함을 겪은 사람을 더 억울하게 만든다고 해서 다른 사람들의 억울함이 풀리지는 않습니다.

땅 투기와 전관비리 투기

고등학교 때, 서울시장 아들과 서울시 도시계획국장 아들이 저와 같은 학교에 다녔습니다. 당시에는 절대다수 학생과 학부모가 기피하던 깡패학교였는데 '힘 있는' 공직자의 자녀들이 그런 학교에 입학한 이유를 알 수 없었습니다. 게다가 저 친구들의 실제 거주지는 그 학교에 배정받을 수 있는 학군도 아니었습니다. '눈치' 빠른 교사는 빚까지 끌어대서 학교 주변 땅을 사들였고, 얼마 후 '건물주'가

됐습니다. '눈치' 없었던 제 부모님은 '서울시장 아들이 위장전입까지 해서 다니는 학교' 주변으로 이사하지 않은 걸 두고두고 후회하셨습니다.

국토부 공무원과 LH공사 임직원이 신도시 개발정보를 미리 알고 부동산 투기를 한 사실이 드러났습니다. LH공사 직원 중에는 '토지경매 1타 강사'로 돈을 번 사람도 있답니다. 정부는 당사자들과 직계존비속의 부동산 거래 상황을 전수 조사하기로 했습니다.

개발 정보를 미리 알고 땅을 사거나 아예 자기 소유 땅값을 올릴 수 있도록 개발계획을 세우는 건 '아주 오래된 적폐'입니다. 그 적폐를 청산하는 작업이 이제야 시작된 셈입니다. 지금 징계받기 전에 사표 쓰는 국토부 공무원과 LH 임직원도 있을 겁니다. 이해당사자들이 많고 개발 계획을 확정하기까지 여러 차례 '민원청취'와 '공청회' 등을 거치는 토지 개발 사업의 '적폐'는 수사지휘권과 기소권을 '독점'한 검찰권 행사의 '적폐'보다 오히려 덜 심각합니다.

이제껏 검찰은 자기들의 '독점권'을 이용하여 '힘 있고 부유한' 자들을 봐주고 '힘없고 가난한' 자들을 모질게 대하면서 '전관비리 시장을 위한 투기'를 거리낌 없이 해 왔습니다. 그들에게 어떤 '혐의자'는 '미래의 돈줄'이고 어떤 '혐의자'는 '투자 가치 없는 대상'이었습니다.

윤석열 검찰총장이 사퇴 의사를 밝히면서 "이 나라를 지탱해 온 헌법정신과 법치 시스템이 파괴되고 있다."고 주장했습니다. 이건 LH 직원이 "이 나라를 발전시켜 온 투자의 자유와 개발 시스템이 파괴되고 있다."고 주장하는 것과 다를 바 없습니다. 지금 파괴되고 있는 건 법치 시스템이 아니라 검사들이 자기 미래 이익을 극대화하기 위해 남용해 온 '수사지휘권과 기소권 독점 시스템'입니다. '적폐'에게는 '적폐 청산'이 '시스템 파괴'로 보이는 게 당연합니다.

적폐의 대범함

1960년대 말, 박정희 정권이 강남개발 계획도를 그려놓고 강남 땅을 사 모을 때 일입니다. 당시 서울시 건축과장 윤진우는 청와대 경호실장의 갑작스런 부름을 받고 달려갔습니다. 경호실장 박종규는 그와 함께 헬기를 타고 강남 상공을 돌며 땅 살 곳을 지정해 줬습니다. 그 뒤로 윤진우는 매일 청와대 경호실로 출근했습니다. 박종규가 현금이 가득 담긴 가방을 주면, 땅문서로 바꿔 전달하는 게 그의 일이었습니다. 윤진우는 나중에 그 일에 대해 이렇게 회고했습니다. "박종규는 참 대범한 사람이었어. 가방을 가져다주면 거기 놓고 가라고만 했지 돈과 땅 문서 가격을 한 번도 맞춰본 적이 없어. 내가 중간에 해먹을 생각을 했다면 엄청나게 해 먹을 수 있었어."

제가 그에게 직접 들은 이야기입니다. 국민의힘 권성동 씨가 "**쪼잔한 사람은 몰라도 대범한 남자는 땅 기억 못할 수도 있다**"며 36억 5천만 원짜리 땅을 기억 못 한다는 오세훈 씨를 두둔했습니다. 크게 해먹는 걸 '대범하다'고 표현하는 것도 아주 오래된 '적폐문화'입니다.

해방 당시, 한국인 중 가장 큰 땅 부자는 영친왕 이은이었습니다. 일본은 고종의 밀사들이 헤이그에 있던 1907년 7월, '임시 제실유 및 국유재산 조사국'을 설치해 황실 재산을 조사하고 그 대부분을 국유로 이관했습니다. 황실 자금이 일본의 의도에 반反해 사용되는 것을 막기 위해서였죠. 그래도 황실 재산은 많았습니다. 서울의 경우 궁궐은 물론이고 왕릉이 있던 곳 주변 땅은 전부 황실 소유였습니다.

해방 이태 뒤인 1947년, 미군정은 관재처를 설치하여 옛 황실 재산을 관리했습니다. 정부 수립 후인 1950년, 국회는 '구왕궁재산처분법'을 제정하여 황실의 재산을 전부 국유화했습니다. 이때부터 황실 소유 부동산 불하와 관련한 온갖 야바위가 판치기 시작했습니다.

이승만 정권 때에도 구 황실 소유 부동산 정실情實 매각과 관련한 논란은 적지 않았으나 일본인이 소유했던 토지, 즉 '적산敵産' 불하를 둘러싼 야바위가 많아 상대적으로 크게 부각되지 않았습니다. 구 황실 소유 부동산 '정실불하' 요즘말로 '특혜분양'이 큰 문제가 되었던 것은 5.16 군사쿠데타 이후의 일이었습니다. 본래 군사정권이 가장 두려워하는 것은 '민심'이 아니라 '군심軍心'입니다. 군인들에게 계속 특혜를 주어야 또 다른 쿠데타에 대한 걱정을 덜 수 있기 때문이죠.

1960년대 내내 구 황실 소유 토지 대부분이 군 장성이나 그 가족에게 '특혜불하'됐습니다. 1962년 군사정권이 서울 남산 케이블카 운영권을 특정인에게 영원히 넘겨준 것을 생각하면 당시의 '특혜 불하'가 어느 수준이었을지 짐작할 수 있을 겁니다. 1960년대 중반 이후에 본격화한 '토지구획정리' 사업 과정에서도 특혜 불하는 '관행'이었습니다. 토지구획정리사업 지구 내 대형 필지 상당수가 군인들에게 불하되었습니다.

1960년대 후반부터 시작된 강남개발 과정에서도 구 황실이 소유했던 토지를 이용한 권력집단의 야바위는 계속됐습니다. 선정릉과 헌인릉 주변의 광대한 국유지가 사유지로 바뀌는 과정이 어땠는지는, 그저 짐작만 할 뿐입니다. 그 과정에서 '만들어진' 엄청난 돈이 어디에 사용됐는지도 그저 짐작만 할 뿐입니다. 땅으로 특혜를 베푼 건 전두환 정권도 마찬가지입니다. 특히 한강변을 아파트 단지로 만든 '공유수면매립사업'은 연탄재와 흙만 퍼부으면 떼돈을 버는 '기적적인 사업'이었습니다.

사실 토지 개발 및 불하 또는 분양과 관련한 야바위는 일제가 한반도에 철도를 건설하면서부터 시작됐습니다. 일본인들은 철도 노선과 역驛의 위치를 자기들 마음대로 정했으며, 역사驛舍 부지로 쓴다며 엄청나게 넓은 땅을 빼앗아 일본인들에게 불하했습니다. 역 주변 땅은 전부 일본인 소유가 되었고, 역사적인 상업 중심지를 대신해 역 주변이 새로운 상업 중심지가 됐습니다. 제4대 총독 야마나시 한조는 전국 각지의 토지를 특혜 불하하는 대가로 엄청난 뇌물을 받았다가 2년도 재직하지 못하고 사임했습니다.

'개발정보'가 '돈'이 된 역사는 100년이 넘습니다. '특혜불하'나 '정실매각'의 역사도 100년이 넘습니다. 하지만 이제껏 우리 사회는 이런 종류의 '적폐'를 청산하기 위해 애써 본 적이 별로 없습니다. 오히려 그 '개발정보'를 '사적으로' 나눠 갖지 못해 안달이었죠. 어쩌면 지금 LH 임직원들은 "조선주택영단 이래 선배들이 80년간 유지해 온 관행을 따랐을 뿐"이라며 억울함을 느낄 지도 모릅니다. 시흥, 광명뿐 아니라 최근 20년간 조성된 '신도시' 땅을 전수조사하면 놀라운 결과가 나올 겁니다. 물론 LH 임직원만 '개발정보를 이용한 투기'를 벌이지는 않았을 겁니다. '정보'에 남보다 먼저 접근하는 길은 여러 갈래가 있으니까요.

LH 임직원들의 '개발정보를 이용한 투기'가 이제 발견됐다고 해서, 이제 시작된 것이 아닙니다. 오히려 이제야 이런 방식의 투기를 근절할 '기회'가 생겼다고 보는 게 옳겠죠. 이 '기회'를 살려 100년 넘은 '적폐' 중 하나를 청산하는 데 성공한다면 우리 사회는 앞으로 한 걸음 더 나아갈 수 있을 겁니다.

자기 욕망에 정직한 사람

"평생 정직하게 살았다." — 이명박

그는 진심으로 한 말일 수 있습니다. '자기 욕망에 정직한' 사람들은, 자기 욕망이 이끄는 데로 갑니다. 그곳이 어디든.

"국민의힘과 합당하는 일은 절대로 없다"고 했던 안철수 씨가 "후보 단일화 후 국민의힘과 합당하겠다."고 밝혔습니다. 이런 게 바로 '자기 욕망에 정직한' 사람이 걷는 길입니다. 그가 'MB 아바타'라는 말을 듣는 이유는, 그 자신에게 있습니다.

도둑의 배포

"수천만 원은 잔돈, 50억 원은 푼돈" — 국민의힘 의원

이게 박정희 전두환 노태우 이명박 최순실이 '하나의 계보'로 이어지는 이유입니다. 진짜 큰 도둑은 심보와 배포부터 상상을 초월합니다.

적반하장

재임 중 서울시를 빚더미에 올려놓고 자기 재산만 수십억 원을 불린 사람이 재임 중 자기 빚은 한 푼도 못 줄이고 서울시 빚만 왕창 줄인 사람을 비난합니다. 명백한 증거문서가 있는데도 모르는 일이라고 발뺌하는 사람이 증거도 없는 일에 자기 목숨 끊은 사람을 비난합니다. 착하고 정직하게 사는 사람들을 끝없이 '가해'하는 건 바로 이런 '현실'입니다.

오래된 상식

　부산 해운대 엘시티 특혜 분양 리스트가 확인됐습니다. 2015년에 작성된 이 리스트에는 전직 검사장과 법원장, 현직 국회의원, 전직 장관 등의 이름이 있답니다. 검찰은 이 리스트의 존재를 알고서도 특혜받은 사람들이 성명불상이라며 전원 '무혐의' 처리했습니다.

　'전직 검사장이나 법원장'을 끼워 넣어야 뒤탈이 없다는 건 저 바닥의 '오래된 상식'이었을 겁니다. 그리고 이번의 '전원 무혐의' 처리는, 지난번의 '불기소 세트'와 더불어 아직은 그 '상식'이 통한다는 걸 보여줍니다.

　저런 특혜를 누리고도 뒤탈이 없는 '진짜 기득권 세력'은 개발 정보를 빼내 땅을 샀다가 징계받을 처지에 놓인 LH 직원들을 한심하게 여길지도 모릅니다. 지금 검찰이 개혁에 거세게 반발하는 것은 저 '오래된 상식'이 깨질 '위기'에 처했기 때문입니다.

사리 분별

　더러운 흙이 잔뜩 쌓이고 해충이 들끓는 하수구를 청소하려고 뚜껑을 연 청소원더러 냄새 피운다고 욕하는 사람이 있다면 누구나 '사리분별 못하는 인간'이라고 할 겁니다. LH 직원들의 개발정보를 이용한 야바위는 어제오늘의 일이 아닙니다. 과거 이 야바위꾼들과 결탁했던 자들은 놔두고 개혁하려는 자들만 욕하는 사람도 '사리분별 못하는 인간'이라고 해야 할 겁니다.

시민의 자격

'민중운동'이란 말보다 '시민운동'이라는 말이 더 자주 쓰이기 시작한 건 1990년대 중후반부터였던 듯합니다. 1987년 민주화 이후 '민중'이라는 이름으로 묶였던 사람들이 각각의 관심과 지향에 따라 분화한 것이 한 이유이고, 김영삼, 김대중 정권 때 '민중운동가'였던 사람들 상당수가 '제도권'에 편입된 것도 또 하나의 이유일 겁니다. 1990년대 이후에 민중운동이 사라진 것도 아니고 그 이전에 시민운동이 없었던 것도 아니지만 1990년대 전반기까지를 '민중운동의 시대', 그 이후를 '시민운동의 시대'로 나눌 수도 있을 것 같습니다. 민중운동의 시대에서 시민운동의 시대로 이행한 건 민주주의가 진전된 결과라고 해도 좋을 겁니다.

'민중운동의 시대'에 '민중'은 주로 경찰과 싸웠습니다. 민중운동단체는 대개 불법 단체나 이적 단체로 규정되었고, 단체의 핵심 멤버들은 대다수가 수배자였습니다. 반면 '시민운동의 시대'에 '시민'은 주로 공무원들과 싸웠습니다. 중앙 정부나 지자체의 정책을 비판하고, 비리 혐의가 있을 경우 그를 고발하며, 대안을 만들어 '민원'을 넣는 게 시민단체들의 주된 역할이었습니다. 그래서 공무원들은 시민단체 회원들을 '물정 모르는 사람들'이라며 무시하는 게 보통이었고, 시민단체 회원들은 공무원들이 '공익'을 위해 일하기보다는 땅 주인이나 기업인들과 야합한다고 비판하곤 했습니다.

　도시의 자연경관이나 생활환경을 변화시키는 '개발' 사업에서는 아무래도 '땅주인'들의 목소리가 클 수밖에 없습니다. '중립적'인 공무원이라 해도 목소리 큰 '이해관계인'들의 민원을 처리하다 보면 땅 소유권도 없는 사람들의 주장은 공허하게 들리게 마련입니다. 하물며 시장이나 고위 공무원들의 이해관계가 '땅주인'이나 '기업인'들과 일치할 경우 도시는 '공공公共의 공간'이 아니라 '땅주인들의 사익만 극대화하는 공간'이 되고 맙니다. '공공성이 사라진 도시'의 시민들은 결코 '공동체'로 묶이지 못합니다.

　"서울은 누구의 것인가?"라는 질문에는 누구나 '서울시민의 것'이라고 할 겁니다. 하지만 "서울 땅은 누구의 것인가?"라는 질문에는 대답이 달라질 수밖에 없습니다. 서울에 땅 한 평 갖지 못한 서울 시민이 땅 가진 시민보다 훨씬 많습니다. 시민단체들은 땅 소유권이 없어서 땅에 대한 발언권도 없었던 시민들의 작은 목소리를 모으는 역할을 했습니다. 환경 생태, 역사 문화, 생활환경, 주거권 등 여러 측면에서 '지주 이익 중심의 도시 개발'을 비판하며 대안을 제시했습니다. 하지만 오세훈 시장 때까지, 이런 비판과 대안 제시는 거의 묵살됐습니다.

　땅 주인의 이익만 배려하고 땅 없는 시민들의 권리는 무시한 결과가 오세훈 시장 때의 '용산참사'였습니다. 보상금 조금 더 달라고 절규하는 시민 6명이 불타 죽는 '참사'가 있었지만, 당시 서울 개발과 재개발의 총책임자였던 오세훈 씨는 이 일에 사과조차 하지 않았습니다. 그때도 담당 국장에게 '대리사과'를 시켰죠. 그리고 몇 달 뒤,

자기는 내곡동 그린벨트 해제로 36억5천만 원을 받았습니다.

'시민운동의 대부'였던 박원순 시장은 공무원과 시민단체의 '대립 관계'를 '협력관계'로 바꿔 놓았습니다. 저는 '땅 주인들의 이익'보다 '공공의 이익'을 앞세운 점에 박원순 시정의 특징이 있다고 봅니다. 무악동 재개발 구역에 땅 한 평 없는 시민들이 '옥바라지 골목'을 보존해야 한다고 주장했을 때, 박시장은 현장에 가서 "내가 (땅 주인들에게) 고발당해도 좋으니 당장 공사를 중단하라"고 했습니다.

그는 서울에 땅 한 평 못 가진 시민들의 발언도 경청했습니다. 그는 도시가 '땅 주인들만의 공간'이 아니라 '시민의 공간'이어야 한다고 믿었고, 그런 믿음을 '공무원'들과 공유하려고 애썼습니다. 서로 앙숙이었던 시민단체와 공무원들 사이에 '협력관계'가 맺어질 수 있었던 건 그런 믿음 덕분이었을 겁니다.

오세훈 후보가 박원순 시정을 비판하며 다시금 '재개발 재건축 규제 완화'를 공약으로 들고나왔습니다. '뉴타운 어게인'이고 '용산참사 어게인'입니다. 서울에 땅 한 평 못 가졌거나 아주 적은 땅만 가진 시민들의 도시에 대한 '발언권'을 다시 박탈하겠다는 선언이라고 해도 좋을 겁니다. 도시는 탄생 당시부터 '자유민들의 공간'이었습니다. 도시의 역사, 문화, 생태, 경관, 주거, 미래 등에 대한 '발언권'을 땅주인들에게 양도한 사람은, '시민의 자격'도 잃습니다.

조족지혈

LCT 수사했던 검사가 퇴임 후 LCT 대표이사로 취임한 사실이 MBC 보도로 드러났습니다. 사건을 덮어주는 대가로 막대한 사익을 얻는 검사들의 '사건 야바위'에 비하면, LH 직원들의 '부동산 야바위'는 조족지혈일 뿐이라는 사실이 드러난 셈입니다. 윤석열 검찰이 '살아있는 부패 권력'을 지키기 위해 싸웠다는 사실도 드러난 셈입니다.

이명박의 정신

국정원 불법사찰 관련 문건에 '청와대 홍보기획관 요청 사항'이라는 문구가 분명히 적혀 있는데도, 당시 청와대 홍보기획관이던 국민의힘 박형준 부산시장 예비후보는 그런 요청을 한 적도 없고, 관련 문건을 본 적도 없다고 주장합니다. 조직의 부하가 보스를 모범으로 삼는 건 당연합니다. 이명박의 몸은 감옥 안에 있지만, 그의 부패한 정신은 감옥 밖에서 여전히 세상을 속이고 있습니다.

#화천대유가_인증하는_기득권_카르텔

아직도 '화천대유는 누구 겁니까?'라고 묻는 사람들이 있습니다. 자기 돈은 남의 주머니로 그냥 들어가지 않습니다. 화천대유 돈을 먹은 사람들이 화천대유의 주인이거나, '주인의 주인'입니다.

화천대유는
누구 겁니까?

① [단독]국민의힘 곽상도 아들 '화천대유'로부터 50억 원 받았다 —노컷뉴스

② 곽상도 "화천대유 6년 근무 아들 50억 원 퇴직금 구조 만든 건 이재명" —매일경제

'DAUM'이 가장 먼저 올라온데다가 댓글도 가장 많이 달린 ①번 기사를 내리고 ②번 기사를 메인에 올렸습니다. ①번 기사는 사실 보도이고, ②번 기사는 곽상도 씨의 주장입니다. 곽상도 씨를 대변해 어떻게든 이재명 지사 이름을 끼워 넣으려는 언론사와 포탈의 비

루함이 애잔합니다. 이런 게 국민의힘 유력자-언론-거물급 법조인-재벌의 결탁 구조가 부동산뿐 아니라 '국민의식'까지 지배하는 방식입니다.

주범의 하수인

곽상도 씨 아들이 퇴직금 명목으로 50억 원을 받은 사실이 밝혀지자 아니나 다를까 "여야가 초당적으로 해먹은 사건"이라고 주장하는 자들이 나타났습니다. 이런 자가 오징어게임에서 아무 죄책감 없이 '말'들을 죽이는 '진행요원'입니다. 책임을 모두에게 분산시키려는 자들이 '주범'의 '하수인'입니다.

오징어게임의 말

곽상도 씨 아들이 '자기는 치밀하게 설계된 오징어게임의 말일 뿐이었다'고 주장했습니다. 50억 원을 받았으니, 이제는 누가 이 게임을 설계해서 자기를 '말'로 썼는지 알 겁니다. 박근혜 정권 때 감히 전직 청와대 민정수석의 아들을 '말'로 쓴 자가 누군지만 밝히면 의혹은 사라질 겁니다.

말소리

곽상도 씨 아들이 '치밀하게 설계된 오징어게임 속의 말' 운운하며 장황하게 변명했지만, 그의 주장은 한 문장으로 요약할 수 있습니다. **"아버지가 가보래서 갔더니 7년 뒤에 50억 원이 생겼다."** 앞으로 이런 말은 다른 동물 끌어대지 말고 '말소리'라고 해야 할 겁니다.

공공의 적

검찰은 조국 씨가 정권에 찍힌 교수였을 때부터 그 딸이 받은 장학금 중 조국 씨가 민정수석일 때 받은 600만 원을 떼어 뇌물죄로 기소했습니다. 많은 언론사가 이 억지 논리에 동조했습니다. 곽상도 씨가 직전 민정수석일 때 화천대유 1호 사원으로 취직한 그 아들은 7년 뒤 퇴직금 명목으로만 50억 원을 받았습니다. 검찰과 언론이 곽상도 씨 일가를 어떻게 대할지는 궁금하지 않습니다. 다만 검찰과 언론이 '공정'하다고 주장했던 자들이 어떤 반응을 보일지는 궁금합니다. '불공정'을 '공정'으로 둔갑시키는 자들이 **'공공의 적'**입니다.

도둑놈
수괴

"6~7년 아들이 회사에서 일하고 나름대로 기여한 것은 맞는데 일 확천금한 것처럼 박하게 평가하면 안 된다." — 곽상도

곽상도 씨와 국민의힘 주장에 따르면 화천대유는 이재명 당시 성남시장이 '도둑질'하기 위해 만든 회사고, 곽상도씨 아들은 그 회사에서 6~7년간 열심히 '도둑질 실무'를 담당했다는 거네요.

그렇다면, 일단 현금 50억 챙긴 현행범부터 잡아들여야 하지 않을까요? 그래야 진짜 '도둑놈 수괴'가 누군지도 알 수 있을 것 같은데.

뇌물의
정의

곽상도 씨는 아들이 받은 50억 원을 두고 처음에는 퇴직금이랬다가, 다음에는 성과급이랬다가, 이제는 산재 위로금이랍니다. 이름이 여럿인 돈이 '뇌물'입니다.

무지 또는
사악

"대장동 개발 사업 인허가 등 편의를 봐주면 아들에게 월급을 주고 추후 이익금을 나눠주겠다" — 2015년 6월 김만배가 곽상도에게

당시는 곽상도 씨가 박근혜 정권의 민정수석에서 법률구조공단 이사장으로 자리를 옮긴 직후였습니다. 이런데도 대장동 관련 비리의 책임이 누구에게 있는지 모른다면 무지하거나 사악하기 때문입니다.

증여세 부담 없는 뇌물

"곽상도는 현직(국회의원)이니 정치자금법 때문에 직접 주면 문제가 될 수 있다. 아들한테 배당으로 주는 게 낫다"

"(곽 의원) 아들은 회사 말단인데 어떻게 50억 원을 주냐?"

"아들한테 주는 것 외에 방법이 없다."

검찰이 확보한 녹음파일에 나오는 대화 내용이랍니다.

"화천대유는 누구 겁니까?"라고 묻는 국민의힘은 곽상도 부자를 당장 구속 수사하라고 검찰에 요구해야 마땅합니다. 곽상도 부자가 '푼돈' 50억 원을 받은 이유만 명확히 밝혀도 화천대유가 누구 건지 알 수 있을 겁니다. 곽상도 부자 구속 수사를 요구하지 않고 특검을 요구하는 건, 국민의힘을 위한 시간 끌기라는 혐의를 결코 피할 수 없습니다.

검사와 사람

문대통령 아들이 창작 지원금 몇천만 원 받은 걸 '권력형 비리'로 몰았던 곽상도 씨가 자기 아들이 퇴직금조로 50억 원 받은 건 아무 문제 없답니다. 조국 씨 일가의 사모펀드 투자를 '권력형 비리'로 몰았던 윤석열 씨는 자기 일가의 비리 의혹에 대해선 아무 문제 없답니다. 검사 생활을 오래 하면 이렇게 되는 '사람'이 많은가 봅니다. 사람이 사람다울 수 있게 해주는 건 어느 시대에나 정치의 핵심 과제입니다.

푼돈 50억

박덕흠 국민의힘 의원, 가족명의 건설사가 피감기관으로부터 수천억 원대 공사를 수주했다는 사실이 밝혀진 뒤 탈당. 전봉민 국민의힘 의원, 편법 증여로 1천억 원대 재산을 형성했다는 의혹이 제기된 뒤 탈당. 곽상도 국민의힘 의원, 아들이 화천대유에서 퇴직금조로 50억 원을 받았다는 사실이 밝혀진 뒤 탈당계 제출. 곽상도 씨는 선거공보물에 자기가 '청렴한 정치인'이라고 자랑했습니다. 어쩌면 국민의힘 소속 의원 중에서는 '청렴'할지도 모릅니다. '고작' 50억 원 때문에 탈당계를 제출했으니.

꼬리자르기

"곽상도 탈당은 꼬리 자르기? 몸통은 이재명" — 원희룡

도마뱀이 자른 꼬리의 몸통이 뭔지는 도마뱀도 압니다. 자기가 개돼지 취급받는 줄도 모르는 인간이 많으면 도마뱀 이하로 취급받는 인간도 생기는 법입니다.

음주운전과 면허증

"곽상도 아들이 퇴직금으로 50억 원 받은 것도 문제지만, 그런 회사를 인가해 준 게 더 큰 문제"라고 주장하는 사람이 많습니다. 덧붙여 "음주운전에 경찰 폭행도 문제지만 그런 사람에게 면허를 발급해 준 게 더 큰 문제"라고 주장하면 장제원 씨도 좋아할 겁니다.

50억 원짜리 일

"곽 전 의원이 2015년 6월 화천대유 대주주인 김만배 씨로부터 '대장동 개발사업 관련 법적 분쟁, 인허가 절차 해결 등의 청탁을 도와주면 아들을 취업시킨 후 급여 형태로 개발이익을 나눠 주겠다'는 제안을 받고 이를 수락했다" — 동아일보가 보도한 '법원의 추징보전 결정문' 중

2015년 6월의 곽상도 씨는 법률구조공단 이사장이자 직전 청와

대 민정수석이었습니다. '결정문'의 내용은 '도와주면 받기로 했다'입니다. 실제로 50억 원을 받았으니 '도와줘서 성공했다'고 보아야 할 겁니다. 남은 문제는 어떻게 도와줬으며, 돕는 과정에서 돈이나 압력이 어떻게 작용했느냐입니다. 50억 원의 대가가 '법적 분쟁, 인허가 절차 해결 등의 청탁을 도와주는 것'이었으니 곽상도 씨의 지시 또는 압력에 따라 화천대유를 도와준 사람은 검사, 변호사, 판사, 국토부 공무원 등일 겁니다.

당시 성남시에 곽상도 씨와 결탁한 사람이 있었다면 양쪽 어디에서든 벌써 말이 나왔겠죠. 곽상도 씨가 화천대유와 연결해준 사람의 '이름'이 밝혀져야 '곽상도 아들 50억 원 사건'의 전말을 대략적으로나마 알 수 있을 겁니다. '국민의 알 권리'를 대행하겠다는 사명감에 불타는 기자들이 있다면 곧바로 취재해서 밝혀줄 거라고 기대합니다.

화천대유와 대장동

원유철 전 새누리당 원내대표 : 화천대유 고문

김수남 전 검찰총장(박근혜 임명) : 화천대유 고문

박영수 전 특별검사(박근혜 정권 때 임명) : 화천대유 고문

박영수 딸 : 화천대유 사원

권순일 전 대법관(양승태 제청, 박근혜 임명) : 화천대유 고문

이경재 변호사(최순실 변호인) : 화천대유 고문

곽상도 국민의힘 국회의원 아들 : 화천대유 1호 사원

신영수 전 새누리당 의원 동생 : 대장동 개발 관련 뇌물 수수 유죄.

나경원 전 자유한국당 원내대표 : 대장동 땅 소유

이완구 전 국무총리(박근혜 임명) 아들 : 대장동 땅 소유

이걸 두고 '국힘당 게이트'라고 하는 사람도 있지만, 지난 수십 년간 부동산 개발 이익을 '나눠 먹는' 방식은 거의 변하지 않았습니다. 대장동 개발과 관련한 '문제의 핵심'은 청약통장에 관심 가질 필요가 없는 '진짜 기득권 세력'이 서로 결탁하는 방식에 있습니다. 언론보도를 통해 알려진 화천대유 고문진과 대장동 땅 소유자 중에 법조인과 국민의힘 계열 정치인이 많은 것은 이들이 '진짜 기득권 세력'의 법률적, 정치적 대변자이기 때문일 겁니다. 현대국가에서 선거란 대체로 '진짜 기득권' 세력을 견제하는 정권을 만들 거냐, 그들과 야합하는 정권을 만들 거냐를 선택하는 일입니다.

대장동 개발과 법조-언론 카르텔

언론인 출신 대주주, 거물 법조인 고문단, 부패정당 유력자들이 포진한 화천대유를 보면, '법조-언론 카르텔'이 왜 부패정당과 일체가 되는지 알 수 있을 겁니다. 화천대유는 '기득권 법조-언론 카르텔'과 부패정당이 함께 만들려는 나라의 '축소판'입니다. 이 회사 관련자 대다수가 '박근혜 정권'의 유력자였다는 사실을 잊으면 같은 일이 계속 벌어질 수 있습니다.

뇌물 수수와 배임

"이재명 지사, 화천대유 돈 안 받았어도 배임죄 가능성"

국민의힘 김재원 씨의 말입니다. 화천대유는 새누리당 박근혜 정권 때 설립됐습니다. 당시 대통령, 경기지사, 경기도 의회 의장, 성남시 의회 의장이 모두 새누리당 소속이었고, 검찰총장, 감사원장, 국세청장, 경찰청장도 모두 박근혜가 임명한 사람들이었습니다. 박근혜 정권의 초대 민정수석 아들은 화천대유 1호 사원으로 6년 근무 후 50억 원을 받았습니다. 박근혜가 임명한 검찰총장과 대법원판사도 화천대유 고문입니다. 어떤 집단이 돈도 받고 배임죄도 저질렀는지는 바보라도 알 수 있을 겁니다.

도둑놈 패거리

"50억 원 클럽 회원 대부분이 박근혜가 임명한 법조인"

"국민의힘 김기현 소유 땅값, 휘어진 도로 덕에 1800배 폭등"

도둑놈들이 되레 큰소리치는 건 늘 있는 일입니다. 그들의 목소리만 크게 들리는 건 확성기 든 놈도 도둑놈과 한패이기 때문입니다.

바람잡이

백주에 도둑질하는 소매치기단에는 '바람잡이'가 꼭 끼었습니다. 피해자의 주의를 다른 곳으로 돌리거나, 피해자가 돈 잃어버린 사실을 깨달았을 경우 엉뚱한 사람을 가리키며 "저놈 잡아라"라고 외치는 게 그의 역할이었죠. 돈 먹은 자와 한패이면서 "도둑이야"라고 소리치는 자가 바람잡이입니다. 바람잡이는 허위 신고자가 아닙니다. 소매치기 일당'입니다.

자기 돈은 남의 주머니에
그냥 들어가지 않는다

상속세 증여세로 중간에 새지 않도록 유력자 자녀에게 직접 거액의 돈을 꽂아주는 수법이 언제 개발됐는지는 모릅니다. 다만 재벌-정치적 유력자-언론인-거물 법조인 카르텔이 부동산 개발 정보를 선점하여 개발이익을 독점하는 구조는 박정희 정권 때 만들어졌고, 그 정치적 계승자들이 유지, 발전시켰습니다. 화천대유 관계자로 거론되는 인물들 거의 전부가 '이명박 박근혜의 사람'들인 것은 이 때문입니다. 유력 언론들이 국민의 관심을 엉뚱한 데로 돌리려 애쓰는 것도, 이 부패구조를 온존시키기 위해서입니다. 아직도 '화천대유는 누구 겁니까?'라고 묻는 사람들이 있습니다. 자기 돈은 남의 주머니로 그냥 들어가지 않습니다. 화천대유 돈을 먹은 사람들이 화천대유의 주인이거나, '주인의 주인'입니다.

도둑놈 심보와
종부세

대장동 개발에서 '공적 환수분'이 너무 적었다고 분개하는 사람들이 자기 집 재산세나 종부세가 너무 올랐다고 또 분개합니다. 상승한 집값 중 '공적 환수분'이 세금 인상액입니다. 대장동 개발이익에 비해 '공적 환수분'이 너무 적다고 분개하려면 자기 집값 상승분과 '세금 인상액'을 먼저 비교해 보는 게 '공정'하고 '상식적'인 태도일 겁니다. '공적 환수분'이 적다고 비난하면서 '종부세'와 '개발이익환수법'에 반대하는 건 '공정'과 '상식'에 대한 개념 자체가 없기 때문입니다. 스스로 공정하고 상식적이어야 '공정과 상식'을 알아봅니다. '도둑놈 심보'를 가지면 도둑놈의 주장이 '공정과 상식'으로 보입니다.

그 다음엔
우리가 알아서 한다

"이재명이 조폭과 연루됐다는 허위 제보를 하면 10억 원을 주겠다"는 제안을 받았다는 '증언'이 나왔습니다.

이 더러운 모략의 배후가 어디인지는 누구나 짐작할 수 있을 겁니다. 하지만 실상이 신속히 밝혀지지 않으면, 이런 모략은 앞으로도 반복될 겁니다. 지금까지 이 '증언'을 보도한 매체가 세계일보 하나뿐인 걸 보면 언론매체 상당수가 '모략'의 공범일 가능성이 아주 큽니다.

"돈 줬다고만 해라. 그다음엔 우리가 알아서 한다."

창작된 캐릭터의 정신 분석

조선일보가 "이재명의 정신, 전문의들은 이렇게 본다"는 제하에 "성격 장애 사례와 상당수 겹친다"는 정신과 의사 B씨의 견해를 실었습니다. '이재명 후보의 정신에 문제가 있을지도 모른다'는 여론을 만들기 위한 간교한 술책이죠. 저 정신과 의사는 영화 어벤저스에 나오는 '타노스'의 정신을 어떻게 진단하는지 궁금합니다. 영화 감독이 '창조'한 악당 캐릭터의 정신을 분석하고 진단하는 '정상적인' 정신과 의사는 없을 겁니다. 저 정신과 의사는 조선일보 애독자일 가능성이 매우 큽니다.

그렇더라도 조선일보가 이재명 후보에 대해 '창조' 또는 '날조'한 캐릭터를 분석하고 진단하는 걸 보면, 지능과 양심 수준이 심각하게 저하된 상태로 보입니다. 언론 보도만 보고 사람의 정신을 분석, 진단할 능력이 있으면, '자기 부인을 극악무도한 방법으로 학대하여 자살로 몰아간 어떤 언론사 관계자'의 정신부터 진단해야 할 겁니다. 언론 관계자의 성격 장애는 전염력이 매우 큽니다.

무소불위의 부패

　1982년부터 5년간, 전두환 정부는 88서울올림픽 준비 사업이라는 명목으로 전국의 도로표지판 4만여 개를 전부 교체했습니다. 전국 도시에는 수만 개의 신호등이 새로 생겼습니다. 올림픽 대비 명목으로 서울 주변의 토목 건축사업도 엄청나게 늘었습니다. 세간에는 군인들이 다 해 먹는다는 소문이 돌았지만, 진실은 밝혀지지 않았습니다. 화천대유 고문진을 보면 거의 전원이 검사 출신입니다. 세간에는 이 때문에 검찰이 계좌 추적을 안 한다는 소문도 돌고 있습니다. 윤석열 씨가 '군인들이 다 해먹던 시대'를 동경하는 것도 무리는 아닙니다. '무소불위의 권력'을 휘두르는 자들의 목표는 '무소불위의 부패'입니다.

윤석열의 무한신뢰

　윤석열 씨는 자기가 대통령 되면 '화천대유 주인'은 감옥행이라고 호언했습니다. '화천대유 주인'의 누나가 윤석열 씨의 검찰총장 취임 직전 윤석열 씨 부친의 집을 매수했다는 사실이 밝혀졌습니다. '화천대유 주인'이 곽상도 아들에게 준 퇴직금과 그 누나가 윤석열 부친에게 준 부동산 매수금의 성격이 같은지 다른지는 검사들이 판단하겠죠. 검사 후배들에 대한 윤석열 씨의 무한 신뢰가 정말 경이롭습니다.

부패가 서식하기에
좋은 환경

원희룡 씨가 "지사 시절 제 손에 피를 안 묻히고, 나중에 법적인 추적이 불가능할 정도로 돈을 만들어 드리겠다는 제안을 여러 차례 받았다."고 말했습니다. 이건 원희룡 씨가 국민의힘 소속이기 때문일 겁니다. '부패'가 서식하기에 좋은 환경은 '부패'가 가장 잘 압니다. 원희룡 전 지사는 누가 그런 제안을 했는지만 밝히면 됩니다. 양심이 남아 있다면 그때 왜 고발하지 않았는지도.

특검에 대한
특검

'특검'을 통해 화천대유 관련 의혹의 진상을 밝히자는 사람이 많습니다. 박영수 '특검'이 화천대유 고문이고 그의 딸이 화천대유 사원이라는 사실을 벌써 잊은 모양입니다. '특검'이 '특검' 관련 사건을 조사해서 밝힐 '진상'은 특검의, 특검에 의한, 특검을 위한 '진상'일 가능성이 큽니다.

대장동 개발과
오징어게임

"넷플릭스가 '오징어게임'으로 주가가 급등하는 등 천문학적인 수익을 챙겼으나 한국 제작사에 건넨 돈은 약 200억 원뿐이라는 '상대적 박탈감' 식의 주장이다. 그러나 이는 국내 드라마 제작 시스템을 조금이라도 이해하는 사람들에겐 말도 안 되는 억지다.

200억 원이면 에피소드 한 편당 약 22억 원으로 절대 적지 않은 금액이다. 국내 지상파에 납품하는 드라마 편당 제작비는 5억~6억 원 안팎이다. 또한 여기엔 10% 정도의 제작사 이윤이 포함돼 있다. 방송국 룰에서는 5%도 어려웠던 부분이다. 더구나 이 돈은 작품의 성패와 상관없이 먼저 지급된다. '폭망'의 위험을 넷플릭스가 고스란히 감수하는 것이다. 돈을 더 많이 받고, 제작 자율성이 보장되며, 실패할 위험도 없으니 제작사로선 안 할 이유가 없다. 넷플릭스만 좋은 게 아니다." ―문화일보 10.15.

넷플릭스를 '화천대유'로, 한국 제작사를 '성남시'로, 오징어게임을 '대장동 개발'로 바꿔 놓고 읽어보세요. 무엇이 말도 안 되는 '억지'인지 잘 아는 사람들이 왜 대장동 개발에 대해서는 무식한 척 '억지' 부리는지 모르겠습니다.

간교와 무식

중국인들이 불법적인 방법으로 오징어게임을 보는데도, 우리 정부가 손 놓고 있다고 비난한 언론사가 있습니다. 오징어게임과 그 파생상품으로 생긴 엄청난 수익을 넷플릭스가 독점하자 '불리한' 계약을 체결했다며 국내 제작사를 비난한 언론사도 있습니다. 누구에게 불법적 로비 의혹 혐의가 있든, 누가 엄청난 이익을 얻었든, 책임은 당시 성남시장에게 있다는 주장과 완전히 판박이입니다. 간교함은 언제나 무식을 퍼뜨리고 그 무식을 선동합니다.

브라질식 연성 쿠데타의 위험성과 가능성

대장동 개발로 엄청난 이익을 얻은 화천대유의 설립자이자 주인은 전직 '언론인'입니다. 그의 배후에서 돈을 대준 건 모 재벌이라는 의혹도 있습니다. 여기에 박근혜 정권 때 법조계의 거물이었던 검찰총장, 대법원 판사 등이 고문진으로 '경비병' 구실을 했으며, 박근혜 정권 때 법률적 문제들을 총괄했던 민정수석 곽상도 씨 아들이 직원으로 있다가 퇴직금 조로 50억 원을 받았습니다.

화천대유는 '법조-언론 엘리트 카르텔'에 상상을 초월하는 규모의 불로소득을 안겨주는 '타락한 수익모델' 중 하나입니다. 중앙정부와 국회, 경기도지사, 경기도의회, 성남시의회를 모두 '법조-언론 엘리트 카르텔'에 친화적인 새누리당이 장악한 상태에서 지방 도시 시장이 5천 억 원 이상을 공공의 몫으로 돌리는 일이 얼마나 어려웠을지는 지금의 자칭 '기자'들도 '상식'으로 판단할 수 있을 겁니다. 하지만 그들 다수는 몰상식한 주장으로 시민들의 판단을 흐리는 데에만 주력하고 있습니다. '상상을 초월하는 규모의 불로소득'을 얻은 주범들의 한 축이 '언론인'이기 때문일 겁니다.

재작년 가을 이래, 이른바 '검-언 유착'은 정치적 성향이나 이념의 영역에서만 문제시되었습니다. 검찰이 정치적 의도에 따라 과잉,

편파수사를 자행하고, 언론이 검찰의 의도에 맞춰 과장, 축소 보도한다는 게 시민들의 주요 문제의식이었습니다. 그런데 대개는 검찰의 정치적 의도를 '무소불위의 검찰 권력을 잃지 않으려는 권력욕'에 따른 것으로만 이해했습니다. 화천대유는 이 '정치적 의도'의 바탕에 '상상을 초월하는 규모의 불로소득과 뇌물'이 있으며, 법조계와 언론계의 '정치적 유착'도 사실은 양자가 이 '수익기반'을 공유한 결과라는 사실을 일깨워줬습니다. 그들의 '정치적 편향성'은 방범 예산 축소를 공약으로 내건 후보에게 투표하는 도둑놈들의 '정치적 편향성'과 다르지 않습니다.

이미 여러 차례 포스팅했지만, 지난 2019년 브라질에서는 뚜렷한 '정치적 편향성'을 가진 '법조-언론 엘리트 카르텔'이 국민의 선택을 제한, 왜곡하는 일이 벌어졌습니다. 법조 엘리트들은 지지율 1위였던 여당의 대통령 후보를 선거 직전 터무니없는 혐의로 구속했고, 언론 엘리트들은 구속 찬성 여론을 열심히 부추겼습니다. 민주주의의 역사가 짧고 시민사회가 미성숙한 사회에서 일어날 수 있는 '연성 쿠데타'의 사례를 보여준 셈입니다.

지금 우리 앞에 놓인 가장 중요한 과제는 브라질에서 일어난 일이 우리나라에서 일어나지 않도록 하는 일이라고 봅니다. 지금 우리나라에도 '브라질 모델'의 적용 가능성을 진지하게 검토하는 세력이 있을 겁니다. 이런 시도를 막아내는 것은 우리나라를 위해서뿐 아니라 전 세계 인류를 위해서도 절실한 일입니다. 브라질 식의 '엘리트 쿠데타'가 우리나라에서도 성공한다면 전 세계 민주주의가 위기에 빠질 겁니다.

화천대유로부터 상상을 초월하는 규모의 돈을 받은 사람들이 박근혜 정권의 민정수석, 박근혜 정권 때의 검찰총장, 박근혜 정권 때의 대법관, 박근혜 정권 때의 새누리당 원내대표 등인데도, 국민의힘은 "화천대유는 누구 겁니까?"라고 국민들에게 묻고 있습니다. 이 정도의 후안무치로 못할 일은 없습니다. '법조-언론 엘리트 카르텔'의 '정치적 편향성'이 어떤 '이익 공유 관계'에 기초한 것인지 알아야 '브라질 모델'의 한국 적용을 막을 수 있을 겁니다.

배신의 정치

화천대유 돈 받은 전 성남시의회 의장은 한나라당 소속이었는데도 유승민 씨는 그를 이재명 지사 측근으로 지목했습니다. 한나라당이 국힘당 전신이라는 사실도 잊었나 봅니다. 차라리 '박근혜 최측근이었다가 배신한 놈'이라고 했으면 조금은 납득할 수 있었을 텐데.

시기는_동경의_다른_말

박정희 전두환 시대 '내부자'들의 '부동산 야바위' 수법을 그대로 이용하여 재산을 늘린 '후예'들이 대중 앞에 모습을 드러냈는데도 대중은 그들에게 별로 분노하지 않습니다. 군사독재의 후예들을 중심으로 형성된 '부동산 야바위 네트워크'에 분노하는 '정의감'보다도 그 '야바위 네트워크'에 끼어들고자 하는 '욕망'이 더 강하기 때문인지도 모릅니다.

**부동산 기득권
세력**

2002년, 미군은 부평의 캠프마켓을 한국 정부에 반환했습니다. 초특급 매국노였던 송병준의 후손은 그 부지가 자기네 것이라고 주장하며 국가를 상대로 소송을 냈습니다. 문제의 부평 땅은 대한제국기에도 논란거리였습니다. 본래 민영환의 땅이었는데, 민영환 순국 후 송병준이 그 어머니를 속여 착복한 거였죠. 일제가 한국을 강점한 후, 민영환 일가는 땅을 돌려달라고 소송을 냈으나, 총독부 재판소는 송병준의 손을 들어줬습니다. 더구나 송병준이 죽을 무렵 이 땅은 이미 다른 사람 손에 넘어간 상태였습니다.

제가 이 사실을 언론을 통해 공개하자, 당시 부평 지역 국회의원이었던 최용규 씨가 제게 연락해 왔습니다. 저와 만난 자리에서 그는 친일파 후손들의 토지 반환 소송을 '법'으로 막는 방안을 이야기했고, 저는 몇 가지 조언했습니다. 여러 난관이 있었지만, 최용규 의원의 대표 발의로 제정된 법이 '친일반민족행위자 재산의 국가귀속에 관한 특별법' 줄여서 '친일재산환수법'입니다.

2011년, 대법원은 친일재산환수법을 근거로 송병준 후손에게 최종 패소 판결을 내렸습니다. 그런데 '권력자'가 '협력자'나 '부역자'에게 땅을 나눠 준 것이 일제 때만의 일은 아닙니다. 유사 이래 땅은 언제나 '권력집단'을 만드는 매개물이었습니다. '왕'이 '공신'들에게 땅을 주는 것은, 수천 년 된 관행입니다.

일본인들이 소유했던 광대한 땅을 마음대로 처분할 수 있었던 이승만 정권은 이 땅들을 '특혜불하' '정실불하'해서 현대의 '부동산 기득권세력'을 만드는 초석을 놓았습니다. 쿠데타로 집권한 박정희와 전두환 일당도 국유지 특혜불하, 토지구획정리를 통한 특혜불하, 특정인을 위한 개발계획 수립, 개발정보 사전 유출을 통한 이익 공유 등으로 쿠데타 가담자와 '부역자'들을 포상했습니다.

박정희, 전두환 시대에 부동산 특혜 불하나 개발 정보 사전 입수를 통한 부동산 야바위 등으로 떼부자가 된 자들이 현대 한국 '부동산 기득권 세력'의 중추가 되었습니다. 그들을 따르며 그들에게 배운 자들은 여전히 같은 방식의 '부동산 치부'를 당연시하고 있습니다.

우리 사회는 해방되고도 60년이 지난 뒤에야 겨우 '친일재산환수법'을 만들 수 있었습니다. 군사정권 시대가 끝난 지 30년쯤 됐지만,

우리는 군사쿠데타 가담자와 부역자의 재산 형성 과정에 관해서는 관심조차 기울이지 못하고 있습니다. 전두환의 재산을 환수하지 못하는 데 분노하는 사람들도 '전두환 일당'의 재산에 대해서는 말하지 못합니다.

그러는 사이에 군사독재 정권의 정신적, 정치적 후예들은 그 시절의 '부동산 야바위' 수법을 계속 사용하면서 부臺를 늘려 왔습니다. 자기 소유지가 있는 지역을 개발하는 수법, 가격 상승이 확실한 아파트를 정실 불하 받는 수법, 개발 정보를 미리 알고 땅을 사들이는 수법 등은 모두 박정희, 전두환 시대 '내부자'들이 개발하고 공유하며 자기 후예들에게 전승했던 수법입니다.

그리고 지금, 박정희 전두환 시대 '내부자'들의 '부동산 야바위' 수법을 그대로 이용하여 재산을 늘린 '후예'들이 대중 앞에 모습을 드러냈는데도 대중은 그들에게 별로 분노하지 않습니다. 군사독재의 후예들을 중심으로 형성된 '부동산 야바위 네트워크'에 분노하는 '정의감'보다도, 그 '야바위 네트워크'에 끼어들고자 하는 '욕망'이 더 강하기 때문인지도 모릅니다.

투기꾼의 품격

'정치인의 품격 보여준 윤희숙'. 윤희숙 의원 아버지가 개발 예정지 부근 농지를 미리 산 행위와 LH 직원들이 가족 명의로 개발 예정지 부근 농지를 미리 산 행위는 다르지 않습니다. 하지만 LH직원들을 맹비난했던 한국 언론은 윤희숙 의원에게는 '품격' 있다고 합니다. 이로써 국민의힘 소속 정치인의 '품격'에 대한 한국 언론의 기대치가 투기꾼의 '품격'에 대한 기대치보다 훨씬 낮다는 걸 알 수 있습니다.

'재벌'은 한국에만 있는 '특권 가족'

요즘 언론들이 '부동산 재벌 트럼프'나 '언론 재벌 허스트' 같은 말을 함부로 쓰는 탓에 미국이나 유럽에도 '재벌'이 있는 줄 아는 사람이 많습니다. 심지어 재벌이 단지 '돈이 아주 많은 사람'을 뜻하는 말인 줄 아는 사람도 많습니다. 그렇지 않습니다. 재벌은 오직 한국에만 있는 '특별한 가족'입니다.

웹스터 사전은 재벌財閥의 한국어 발음 chaebol을 '가족이 지배하는 한국의 산업 복합체'로, 일본어 발음 zaibatsu를 '일본의 강력한 금융-산업 복합체'로 정의합니다. 그런데 이 정의는 사실 본뜻과 상당히 어긋납니다. 일본에서 '자이바츠'라는 단어는 중국에서 군벌軍閥이 발호할 무렵에 등장합니다. 군벌은 '막강한 군사력을 배경으로 정치적 특권을 행사하는 군인 집단'이라는 뜻이었고, 재벌은 '막대한 재산을 배경으로 정치적 특권을 행사하는 재력가 집단'이라는 뜻이었습니다. 자이바츠는 '기업 집단'이 아니라 '재력가 집단'이라는 점에서 콘체른과 달랐습니다.

일본의 자이바츠는 막부 시대 쇼군이나 다이묘들을 상대로 장사하던 정상배政商輩들이 메이지유신 과정에서 국가권력과 결탁하여 급성장함으로써 형성됐습니다. 군국주의 시대 일본에서 자이바츠는 정치권력과 결탁하여 정책 방향에 강력한 영향력을 행사했습니다. 맥아더 사령부가 일본 점령 직후 자이바츠 해체에 착수한 것도 이들이 전쟁범죄의 주범이었기 때문입니다.

한국 사람들은 흔히 '식민지 잔재'를 운위하지만 그 핵심 중의 핵심이 재벌인 줄은 잘 모릅니다. 한국의 초기 재벌들은 일본의 자이바츠처럼 되려고 했고, 일본의 자이바츠에게 성공 방법을 배웠습니다. 예를 들어 1950년대 한국 최대 재벌로 꼽혔던 태창은 이승만이 귀국한 직후부터 4.19로 물러날 때까지 '생활비'라는 명목으로 거액의 자금을 상납하고 그 대가로 원조물자 배정 등에서 정권으로부터 엄청난 특혜를 제공받았습니다.

게다가 재벌은 식민지 잔재일 뿐 아니라 '중세 잔재'이기도 합니다. 국가권력과 결탁하여 성장하고 국가 정책에 비정상적 영향력을 행사하는 재력가 집단이라는 점에서 식민지 잔재이고, 그 '재력가 집단'이 순수하게 '가족'만으로 구성됐다는 점에서 중세 잔재입니다. 이 지구상에 한민족만큼 혈통과 세습에 집착하는 민족은 또 없을 겁니다. 북한의 조선노동당도, 한국의 재벌도, 심지어 한국 교회도, 혈통에 따른 세습을 당연하게 여깁니다. '서로 별 관계가 없는 거대 기업들을 가족 구성원들이 나누어 맡아 경영하고 그 경영권을 세습하면서 국가의 모든 영역에 강력한 영향력을 행사하는 한국의 특권 가족(들)'이 재벌의 올바른 사전적 정의입니다.

사유재산을 세습하는 게 뭐가 문제냐고들 하지만 문제는 '재산의 세습'이 아니라 '경영권의 세습'입니다. 주식회사는 개인기업이나 가족기업이 아닙니다. 한국의 거대 주식회사들에서 총수 일가의 지분은 10% 미만입니다. 그러나 그들은 경영 실패에 책임을 지는 법이 없습니다. 한진해운 사태에서 보듯, 회사를 회생 불능의 상태에 빠뜨리기 전에는 물러나지 않습니다. 회사가 망하면 그 부담은 고스란히 국민 전체의 부담으로 남습니다.

더구나 재벌의 '사유재산'조차 온전히 그들의 노력으로 축적된 게 아닙니다. 귀속재산 특혜 불하, 원조물자 특혜 배정, 저리 자금 특혜 융자, 공장 용지 특혜 분양 등 공공으로부터 온갖 특혜를 받아 축적된 겁니다. 하지만 이 '가족들'은 '공공의 기여분'까지 몽땅 '사유화'하고는 기업을 '세습 영지'처럼 취급합니다. 작금에 불거진 재벌 2세 3세들의 중세 특권 귀족 같은 작태를 보면, 저들에겐 '민주주의 시대'에 기업을 운영할 자격이 없다는 사실을 바로 알 수 있을 겁니다.

다음으로 재벌과 '재벌체제'는 구분해야 합니다. '재벌체제'란 재벌이 '정치권력과 결탁한 경제권력'을 넘어, 사회 문화 교육 예술 언론 전반에 강력한 영향력을 미치는 체제입니다. 오늘날의 한국은 세계 10위권의 경제 대국입니다. 이 거대한 경제 규모를 단 10여 개의 가족이 좌우할 뿐 아니라, 그들과 혼맥이나 그 밖의 '사적 연고'로 연결된 사람들이 사실상 사회의 모든 영역을 지배하고 있습니다. 고려 말의 권문세족이나 조선 말의 '경화벌열京華閥閱'도 이 정도의 지배력을 갖지는 못했습니다.

재벌의 본질은 '하나의 가족'일 뿐입니다. 재벌 기업이 만든 아파트에서 살고, 재벌 기업이 만든 전자제품을 쓰며, 재벌 기업이 만든 옷을 입고, 재벌 기업이 만든 음식을 먹으며, 재벌 기업이 만든 문화 콘텐츠를 소비하면서 사는 탓에 재벌을 '또 하나의 가족'으로 여기는 사람이 많지만 재벌은 그냥 '그들 가족'입니다.

5천만 명의 운명을 몇 개 가족에게 맡기는 재벌체제, 재벌 가족의 사익을 공익과 혼동하는 체제는 결코 안정적일 수 없습니다. 소수 가족 지배체제야말로 언제나 국가 공동체의 '지속 가능한 발전'을 위협하는 주범이었습니다. **재벌개혁은 이미 사회정의의 문제가 아닙니다. 국가 존립의 문제입니다.**

시기와 동경

국회의원 부동산 투기를 전수조사하자는 민주당의 제안을 국민의힘이 거부했습니다. 국민의힘으로서는 지극히 당연한 반응입니다. 이런데도 국민의힘 지지율이 높은 이유는 부동산 투기를 '혐오'하기보다는 '동경'하는 사람이 많기 때문일 겁니다. 이번 LH 사태에 대한 공분도 그들의 부동산 투기에 대한 '혐오감' 때문인지 '시기심' 때문인지 성찰할 필요가 있습니다. '시기심' 때문이라면 부동산 투기는 결코 근절되지 않을 겁니다.

공공조형물의
미적 수준

    대형 건축물을 신·증축할 때 건축비의 1% 범위에서 미술작품을 설치하는 게 의무화한 1995년 이래, '조형물 야바위'에 관한 추문은 끊이지 않았습니다. 재료비와 인건비로 1~2천만 원만 쓰고도 18억 원짜리를 만들 수 있는 게 '건축물 앞 미술품'입니다. 1억짜리 미술품이나 18억짜리 미술품이나 '그게 그거'로 보이는 건 결코 시민의 미적 수준이 낮아서가 아닙니다. LCT 앞 18억 원짜리 조형물도 박형준 씨 부인 관련 업체에서 납품했다는 사실이 밝혀졌습니다. 박형준 시장 재임 중에 부산 시내에 얼마나 수준 높고 아름다운 '공공조형물'들이 설치될지 심히 궁금합니다.

정의감과
양심의 가책

    정의는 '양심의 가책'을 없애주는 개념입니다. 아무리 나쁜 짓이라도 '정당화'하는 게 '정의'입니다. 그렇기에 자신의 '정의감'을 수시로 점검할 필요가 있습니다. 내 정의감은 억강부약(抑强扶弱, 강자를 억누르고 약자를 도움), 상선벌악(賞善罰惡, 선한 일에 상을 주고 악한 일을 처벌함), 공평무사公平無私에 부합하는가? 깊이 성찰해 보아야 할 일입니다.

"집이 없어 청약통장을 만들지 않았다"는 윤석열 씨의 발언이나 '대권주자'의 무식을 비판하지 않는 언론을 탓할 것 없습니다.

'높은 곳'에 편히 앉아 구경하는 자들에겐 번호표를 뽑을 이유가 없습니다.

'낮은 곳'에서 능력제일, 평등경쟁, 승자독식의 원칙을 믿고 경쟁하는 사람들은, 그들에겐 '말'과 다름없는 존재일 뿐입니다.

성능性能과 마력馬力을 합친 게 '능력'입니다.

사람을 기계나 동물처럼 대하는 이념이 '능력지상주의'입니다.

'오징어게임'을 보고서도 국민의힘 대표와 대선주자들이 '능력지상주의'를 표방하는 이유가 뭔지 모른다면 '말' 취급 당해도 할 말이 없을 겁니다.

"문재인 집에 금괴 1톤 있다."

"박원순이 시장 되면 시청광장에 인공기 휘날린다."

이런 게 전형적인 '네거티브'입니다.

"복수의 증인이 내곡동 땅 측량 때 오세훈을 봤다고 증언했다."

"박형준이 우연이 겹치고 겹치는 희한한 방식으로 엘시티 로얄층 두 채를 샀다."

이건 그냥 '사실'입니다. 앞의 거나 뒤의 거나 '그게 그거'라고 생각하는 사람은 '조선구마사'나 '미스터선샤인'이나 '그게 그거'라고 주장해야 할 겁니다.

살아있는 권력과 지나가는 권력

손혜원 전 의원은 목포 구시가지의 쇠락해 가는 동네를 자기 힘으로 되살려 보겠다고 나섰다가 유죄 판결을 받았습니다. 그가 수십 배 차익을 올렸다고 주장했던 언론매체 중 그가 실제로 얻은 이익이 얼마인지 알려준 곳은 하나도 없습니다.

국민의힘 몇몇 의원은 서울 강남에 투자한 부동산으로 수십억 원에서 수백억 원에 이르는 이익을 보았습니다. 국민의힘 지자체장 한 명은 부산 엘시티를 석연찮은 경위로 분양받아 수십억 원에 달하는 이익을 보았습니다. 또 다른 지자체장에게는 '셀프 보상'으로 수십억 원을 받았다는 혐의가 있습니다. 하지만 이들 중 처벌받은 사람은 없습니다.

조국 전 장관의 부인은 표창장 위조 등의 혐의로 징역 4년을 선고받고 복역 중입니다. 최강욱 열린민주당 의원은 인턴증명서에 도장 찍어줬다는 이유로 당선 무효형을 선고받았습니다. 나경원 전 의원은 딸의 부정 입학과 아들의 논문 제1저자 부정 등재 혐의로 여러 차례 고발되었으나 검찰은 전부 무혐의 처리했습니다.

동아일보사 주인 딸은 고등학교 부정 편입학과 동아일보사 부정

취업 혐의를 받고 있으나 오히려 의혹을 제기한 사람들이 고발당했습니다. 성폭행을 하거나 성접대를 받아도, 거액의 향응을 받아도, 처벌받지 않은 검사들이 있습니다. 사소한 잘못으로도 큰벌을 받는 사람들이 있는 반면 큰 잘못을 범하고도 처벌받지 않는 사람들이 있습니다.

진짜 '살아있는 권력'은 죄를 지어도 처벌받지 않는 권력입니다. 재벌, 언론사주, 검찰, 법원 등 세습이나 시험으로 얻은 권력이 '살아있는 권력'이고, 선출 권력은 '지나가는 권력'일 뿐입니다.

비유하자면, '살아있는 권력'은 적폐로 단단히 뭉친 바위이고, '지나가는 권력'은 잘해야 바위 깨는 망치가 될 수 있을 뿐입니다. 잘못하면 '지나가는 권력'이 '살아있는 권력'의 보호막이 될 수도 있습니다. 한두 번 망치질하고는 바위가 깨지지 않는다고 망치를 탓하는 사람이 많습니다. 망치로 바위를 깨는 방법은 깨질 때까지 두들기는 것뿐입니다.

부모찬스와
실력 제일주의

사람은 누구나 갓난아기 때부터 어른이 될 때까지 부모가 주는 것을 먹고 부모가 사 주는 것을 입으며, 부모의 집에서 살고 부모가 사 주는 책을 읽으며, 부모가 보내주는 학원에 다니고 부모가 주는 용돈을 받습니다. 성격, 지능, 소질, 외모까지도 부모에게 물려받습니다. 친인척 관계 등의 사회적 네트워크도 상당 부분 부모 덕에 구축

됩니다.

상속 재산을 제외하더라도 이 모든 것이 '부모찬스'에 해당합니다. '부모찬스'가 없는 사회를 만드는 방법은 '완전한 평등사회'를 만드는 것과 '가족제도 해체' 두 가지밖에 없습니다. 하지만 이 두 가지 모두 인류가 실현 방도를 찾지 못했거나 자기의 과제라고 생각하지 않는 것들입니다.

문제는 부모들 사이의 격차가 자식들에게 세습되는 현상을 조장할 것이냐 억제할 것이냐에 있습니다. 특목고와 자사고 증설, 과외활동과 스펙 중시 등 이명박 정권의 교육정책은 '격차의 세습'을 조장하는 것이었고, 사회적 배려 대상자 특별 전형, 농어촌 출신자 특별전형 등의 할당제는 '격차의 세습'을 억제하려는 것입니다.

알바하면서 등록금 버는 대학생과 취업준비학원까지 다니며 공부하는 대학생의 '실력 차이'가 오롯이 개인의 노력에 따른 결과일 수는 없습니다. 젊은이들이 '자기 실력'이라고 생각하는 것 중에서 '부모 덕'과 무관한 것의 비중은 아주 낮습니다. '부모찬스'를 없애야 한다면서도 '실력 제일주의'에 빠져드는 젊은이가 아주 많습니다. '실력 제일주의'는 부모들 사이의 격차를 자식들에게 세습하여 사회 불평등을 확대하려는 이데올로기입니다.

미덕과
미련

농촌 인구 감소와 고령화 때문에 방치되는 밭이 많습니다. 그런 밭을 사서 묘를 만드는 사람도 많습니다. 그러나 자기 어머니 묘지를 팔아 시세차익을 남기는 사람은 없습니다. 조국 씨에게나 우상호 씨에게나 민주당이 너무 가혹합니다. 자기에게 엄격한 건 '미덕'이지만 자기에게 가혹한 건 '미련'입니다.

불공정의
화신

국민의힘 대선후보인 윤희숙 씨는 KDI(한국개발연구원) 출신입니다. KDI는 '세종 스마트 국가산업단지'와 관련한 일들을 맡았습니다. 윤희숙 씨가 KDI에 근무할 때, 그의 아버지는 세종시 인근에 3천여 평의 농지를 사들였습니다. 국민권익위 조사로 그 사실이 드러나자 윤희숙 씨는 의원직 사퇴와 대선 경선 포기를 선언했습니다.

'개발 정보의 불공정 거래'를 이용하는 부동산 투기는 가장 질 나쁜 '불공정 행위'입니다. 국민권익위가 투기 혐의자로 지목한 국민의힘 의원 12명 중 5명이 윤석열 캠프에 있답니다. '불공정'을 유지, 확대하는 방도가 무엇인지는 불공정을 이용하는 사람들이 가장 잘 압니다. 주변에 '불공정'이 모여드는 사람이 '불공정의 화신'입니다.

딸 찬스

　　KDI에 근무했던 딸 덕에 개발 정보를 미리 알고 세종시 인근 땅을 매입했다면, '딸 찬스'라고 할 수 있습니다. 땅 소유자가 고령이라 딸이 곧 상속받을 예정이라면, '차명 투기'라고도 할 수 있습니다. 지난 5년 새 그 땅값은 2~3배가 올랐답니다. 그런데 당사자가 의원직에서 사퇴하겠다고 하자, 언론들은 무슨 '의거'라도 되는 양 칭송합니다. 개발 정보를 불공정하게 이용했다면 당사자에게 그 죄를 묻고 땅 매입은 '취소'하는 게 요즘 시류에 맞을 겁니다.

손실의_공유화와_이익의_사유화

'공적 개발로 인한 땅값 상승분은 공공에 귀속한다'는 '개발이익 환수제'를 '사회주의 정책'이니 '빨갱이 제도'라며 비난하는 사람이 많습니다. 하지만 '공적 개발'이 누군가의 '사익'으로 귀결되는 상황이 계속되는 한, 개발정보를 이용한 '부동산 야바위'를 막을 수는 없습니다. 오세훈 씨는 서울시장으로 재직하던 시기에 처가의 땅이 있던 내곡동 그린벨트를 아파트 단지로 바꾸며 토지 보상금으로 36억 원 이상을 받았습니다.

민영과
공영

조선 후기에도 경제정책을 두고 당파에 따라 상반된 태도를 보였습니다. 기득권자 집단이었던 노론은 '재부민산財富民散' 즉 재화와 부富는 백성들에게 흩어줘야 한다고 주장했습니다. 백성들이 부유해야 나라가 부유해지는 법이니 백성들과 재산을 두고 다투는 건 왕도에 어긋난다는 논리였습니다. 일견 그럴듯하지만 사실은 노론 기득권층에게 유리하게 편제된 경제 질서에 국가가 개입해서는 안 된다는 주장이었습니다.

권력에서 소외돼 있던 남인들은 '화권재상貨權在上' 즉 재화에 대한 모든 권리는 왕에게 있다고 주장했습니다. 천하가 모두 왕의 것인 만큼 왕이 적극적으로 경제에 개입해야 한다는 논리였죠. 왕을 '개인'이라고 생각하면 전제군주론 같지만 여기에서 '왕'이란 현대적 개념에선 '국가'나 '공公'에 가깝습니다. 국가는 돈 있고 힘 있는 자들이 백성을 함부로 수탈하도록 놔둬서는 안 된다는 주장이었습니다.

300년 전에도 공공公共의 경제 개입을 최소화할 것이냐 적극화할 것이냐를 두고 논란이 있었습니다. 그때나 지금이나 각각의 주장이 진짜로 원하는 바는 같습니다. 성남시 대장동 개발을 앞두고, 이명박은 '공기업인 LH가 민간 사업자의 이익을 빼앗으려 해서는 안 된다'고 주장했습니다. '돈 되는 일'은 전부 민영화하는 것이 '경제를 살리고 국민을 부유하게 하는 길'이라는 '민영화' 논리 뒤에는 '현재의 경제적 기득권자들이 더 많은 돈을 벌 수 있게 해주자'는 목적이 있었습니다.

전면 민간사업으로 추진될 뻔했던 대장동 개발을 '민民-공公' 합동으로 바꾼 건 가능한 범위에서나마 '공적 개입'을 적극화한 사례입니다. 그 덕에 성남시민들은 5천500억 원 이상의 이익을 얻었습니다. 공적 개입이 없었다면 개발이익이 얼마가 되었든 전부 민간 사업자들과 그들의 뒤를 봐주는 '정치적 유력자'들에게 돌아갔을 겁니다.

일개 소도시 시장이 '공기업은 민간 사업자와 경쟁해선 안 된다'는 중앙정부의 방침을 어기는 것은 매우 어려운 일이었을 겁니다. 경제적 기득권층의 나팔수이자 신자유주의와 민영화 논리의 전도

사였던 정당과 언론사들이 "왜 민간이 그렇게 많은 이익을 얻었느냐?"는 둥 "개발이익을 왜 그 정도밖에 공적으로 환수하지 못했느냐"는 둥 대장동 개발을 비난합니다.

300년 전에는 그래도 '당파의 논리'라는 게 있었는데, 지금의 국민의힘과 족벌언론들은 자기들의 논리가 뭐였는지조차도 모르는 듯합니다. 그런 자들에게 휘둘리는 사람들에게는 기억도 논리도 무의미합니다. '기억과 논리'가 없으면 사람이 아닙니다.

이명박의 시대

LH직원 A는 개발정보를 알고 개발예정지 주변 땅을 직접 샀습니다. B는 직접 땅을 사지는 않았으나 친척과 친구들에게 개발정보를 알려 줬습니다. C는 새 정보가 나올 때마다 부동산 업자에게 알려줬고, 업자는 그에게 사례했습니다.

처벌할 수 있는 '범죄'는 무엇이고 적발할 수 없는 '부도덕'은 무엇일까요? '공적 개발'은 공공의 재원이 투입되는 일이지만 '공적 개발에 관한 정보'는 사사로이 유통되며 '사익 추구'의 수단이 됩니다. 이 불공정한 정보 유통을 근본적으로 차단할 방법이 있을까요?

'공적 개발로 인한 땅값 상승분은 공공에 귀속한다'는 '개발이익 환수제'를 두고서는 '사회주의 정책'이니 '빨갱이 제도'니 하며 비난하는 사람이 많습니다. 하지만 '공적 개발'이 누군가의 '사익'으로 귀결되는 상황이 계속되는 한 개발정보를 이용한 '부동산 야바위'

를 막을 수는 없습니다.

남이 해서 부당한 건, 내가 해도 부당합니다. 공적 개발로 사익을 얻으려는 욕심을 버려야, 공적 개발이 누군가의 사익으로 귀결되는 상황을 끝낼 수 있습니다. LH 직원들의 '부동산 야바위'를 부추긴 건, '공적 개발'이 '사익'으로 이어지는 걸 당연시하는 한국의 문화입니다.

'손실의 공유화와 이익의 사유화'는 이명박이 내세웠던 '시대정신'입니다. 사람들이 이명박의 정신을 버리지 않는 한, 이명박의 시대는 끝나지 않습니다.

공정한 게임

"LH사태는 공정한 게임룰 조작한 것… 청년들 절망할 수밖에 없어."

김학의 얼굴 사진이 온 세상에 공개됐어도 검찰은 얼굴을 알아볼 수 없다며 무혐의 처리했습니다. 엘시티 시행사 실소유주가 "전직 검사장에게 3억 원 줬다"고 진술했는데도 검찰은 그 검사장을 무혐의 처리했습니다. 검사가 한명숙 전 총리에게 누명을 씌우기 위해 위증을 시켰다는 증언이 나왔지만 검찰은 그 검사도 무혐의 처리했습니다. '반칙'한 사람은 처벌하면 됩니다. 공정한 게임룰을 파괴하는 자는 '반칙하는 선수'가 아니라 한쪽 팀의 '반칙'만 일방적으로 봐주는 '편파적 심판'입니다. '편파적 심판'을 퇴장시켜야 게임이 공정해집니다.

민생
문제

  LH 임직원들의 부동산 투기 관행은 반드시 개혁해야 한다던 사람들이 검찰의 '유전무죄 무전유죄' 관행은 '민생'과 무관하니 그대로 두자고 합니다. 공적 기관이 종사자들의 사익을 중심으로 운영되면 언제나 '민폐民弊'가 생깁니다. 민폐에도 여러 종류가 있습니다. 부동산 투기는 '민부民富'에 관한 문제지만 '유전무죄 무전유죄' 관행이야말로 진짜 '민생民生'에 관한 문제입니다.

한강의
기적

  땅은 본래 생산이 불가능한 상품이지만 가끔은 '생산'되기도 합니다. 보통은 바다를 흙으로 덮어 생산하는데 1970년대에는 한강에서도 이런 일이 일어났습니다. '공유수면매립사업'이라는 거였죠. 1969년, 서울시는 잠실 주변 한강을 메워 택지로 만드는 공사를 직접 하겠다고 건설부에 신청했습니다. 그러나 건설부는 이런저런 핑계를 대고 결정을 미루다가 1970년 8월에 '민자사업으로 하는 게 바람직하다'고 통보했습니다. 이 직후 토건회사들이 합작하여 '잠실개발주식회사'를 설립하고 공사에 착수했습니다. 연탄재와 흙만 쏟아붓는 '경제적 공사'의 결과 75만 평의 육지가 생겼습니다. 이 중 11만 평은 제방과 도로로 국가에 귀속됐고, 나머지 64만 평은 토건회사들이 나눠 가졌습니다.

토건회사들은 이 땅에 아파트를 지어 엄청난 돈을 벌었습니다. 대동강물 팔아먹은 봉이 김선달은 명함도 내밀지 못할 진짜 '한강의 기적'이었습니다. 유신 선포 직전에 사업 인가가 났기 때문에 당시에 토건회사들이 엄청난 액수의 '통치자금'과 뇌물을 바쳤을 거란 소문이 돌았습니다. '뇌물'이 어떤 곳으로 어떻게 흘러갔는지 아는 사람이 공개적으로 얘기하기는 어려웠습니다. 게다가 언론들도 모른체했죠. 당시 뇌물을 받았을 것으로 '추정'되는 사람 또는 집단은 다음과 같습니다.

① 서울시의 계획을 백지화하고 민간기업들에 엄청난 이권을 넘겨줄 수 있는 정책 결정권자들

② 자체 개발계획을 수립해 추진하던 서울시 관계자들

③ 터무니없는 특혜를 비판할 가능성이 있는 언론인들

그 시절 관행으로 보면 현금, 아파트 분양권, 주식, 취직자리 등이 '뇌물'로 제공됐을 겁니다. 성남시의 대장동 개발의 초기 전개는 '공유수면매립사업'과 흡사했습니다. 처음에는 LH가 담당할 예정이었으나, 새누리당 국회의원 등의 압력으로 '민간 개발'로 바뀌었습니다. 후일 LH에 사업계획을 철회하라고 압박한 새누리당 의원의 동생, 사업을 철회한 LH 간부 등이 뇌물 받은 사실이 밝혀졌습니다. 그러나 이재명씨가 성남시장이 된 뒤에는 '역의 과정'이 진행됐습니다. 민간 개발업자가 '독식'하려던 개발 이익 중 일부를 성남시가

환수한 거죠.

추석을 앞두고 대장동 개발 관련 논란이 뜨겁습니다. 개발 관련 비리는 우리 현대사의 고질병이라고도 할 수 있습니다. 그만큼 많이 겪었고, 패턴도 유사하며, 누가 비리의 주역인가를 아는 방법도 그리 어렵지 않습니다. 먼저 의심할 대상은 다음과 같은 사람들입니다.

① 공영개발 계획을 철회시키고 민간개발로 전환하도록 한 자

② 개발지 부근에 땅을 가졌거나 가지고 있는 자

③ 개발지에 건립된 아파트를 분양받았거나 거주 중인 자

④ 개발업체에 친척이나 지인이 취업해 있는 자

⑤ 언론매체를 통해 공영개발보다 민간개발이 낫다고 주장했던 자

'부동산 개발'은 겉보기에 이익 보는 사람만 있고 손해 보는 사람은 없는 사업입니다. '사돈이 땅을 사면 배가 아프다'는 말이 괜히 생긴 게 아닙니다. 부동산 개발 이익에 관한 이야기를 들으면 화가 나고 배가 아픈 게 인지상정입니다. 그러나 배가 아프다고 머리까지 나빠져선 안 됩니다. 공영개발을 중단시키고 민간개발로 전환시키는 건 '부패한 자들의 주머니를 채우기 위해서'인 경우가 많습니다. 비리는 '공적 검증'이 없는 영역에서 생겨납니다.

반복과 기억

윤희숙 의원 부친과 이준석 대표 부친이 농사짓지 않으면서 농지를 소유한 사실이 알려지자 "가족일과 본인이 무슨 상관이냐? 정치인이 되기 전의 일이다."라고 하는 사람이 많습니다. 할 수는 있는 주장이나 저들은 자기가 지난 2년 내내 어떤 말을 반복했는지도 모르는 자들입니다. 짐승도 2년 내내 반복한 건 기억합니다.

호로胡虜

자기 아버지가 제주도에 땅 산 줄도 몰랐다던 사람이, 이재명 씨더러는 시장이었으면서 옛 부하직원의 비리를 몰랐다는 건 말이 안 된다고 주장합니다. 부자 관계보다 이미 끊어진 '상사-부하' 관계가 훨씬 더 친밀해야 한다고 믿는가 봅니다. 옛날에는 이렇게 부자 관계를 하찮게 여기는 사람더러 '호로胡虜 자식'이라고 했습니다. '호로胡虜'는 '북방 오랑캐'라는 뜻입니다. 거란족, 몽골족, 여진족 등.

후레자식

'호로胡虜 자식'과 '후레자식'은 같은 뜻입니다. 호초胡椒가 변해 후추가 된 것처럼, '호로胡虜'가 변해 '후레'가 된 겁니다. 참고로 옛 '서울 사투리'의 특징은 '오'를 '우'로 발음하는 거였습니다. '삼촌三寸'을 '삼춘'으로, '하고요'를 '하구요'라고 발음하는 식이었죠. 옛날에는 '돈'도 '둔'으로 발음했다고 합니다.

우리나라는 워낙 '북방 오랑캐' = '호로胡虜'의 침략을 자주 받았기 때문에 생물학적 아버지가 '북방 오랑캐'인 사람이 많았습니다. '호로자식'은 문자 그대로 '북방 오랑캐의 자식'이라는 뜻입니다. 그런데 단어의 의미가 확장되는 건 일반적인 현상이라 먼저 '제 아버지가 누군지도 모르는 놈'으로, '부자지간에 지켜야 할 도리도 모르는 놈'으로, 나아가 '삼강오륜을 모르는 놈'이라는 의미로까지 확장됐습니다.

삼강오륜 중 오륜의 첫 번째가 '부자유친父子有親'입니다. 옛날 사람들은 부자관계가 다른 어떤 관계보다도 '친밀親密'해야 한다고 생각했습니다. 자기 아버지가 뭐 하는지도 모르면서 남의 일에 대해 잘 아는 듯 나서는 사람보고 '호로자식'이라고 했던 건 이 때문입니다. 오늘날 경상도 일원에서 쓰는 "느그 아버지 머하시노?"라는 말도 '호로자식'을 순화한 말이라고 할 수 있습니다.

자기 아버지가 땅을 샀는지 몰랐다는 사람, 자기 자식이 무슨 일을 하고 50억 원을 받았는지 몰랐다는 사람, 자기 장모가 무슨 짓을 해도 자기랑 관계 없다는 사람들이 남의 일에 대해서는 누구보다 잘 아는 듯 큰소리칩니다. '부자유친父子有親'의 도리를 모르는 사람들에게 할 말이 "느그 아부지 머하시노?"입니다.

토지 사유권과 토지 공개념

각 도시에 신축되는 대형 건물들은 먼저 환경영향평가와 교통영향평가를 거친 뒤에 다시 각 지자체 건축위원회의 심의를 받습니다. 지자체가 건축행위에 이런 행정 절차를 요구하는 건 바로 '토지공개념' 때문입니다. 그러니 지금 "자기 땅에 자기 돈으로 자기 건물 짓는데 공공이 뭔 상관이냐?"고 난리 치는 자들은 진짜 땅 부자도 아닙니다. 땅 부자들은 못 마땅해 하면서도 '토지공개념'에 적응해 왔습니다.

도시 거리를 걷다 보면, 신축 대형 빌딩 앞이 갑자기 넓어지는 걸 볼 수 있습니다. 그 자리에 초고층 빌딩을 짓는 대가로 건물주가 자기 땅의 일부를 시민이 자유롭게 이용할 수 있도록 내놓은 겁니다. 물론 그들이 '자발적 선의'로 그렇게 한 건 아닙니다. 관련 법규와 절차에 의해 어쩔 수 없이 내놓은 거죠. 그 법규와 절차는 기본적으로 '토지공개념'에 입각해 있습니다.

시민은 돈 한 푼 내지 않고 '사유지'였던 곳을 '공유지'로 이용할 수 있게 된 것 같지만 그렇지 않습니다. 초고층 빌딩이 새로 생기면 주변 교통량이 늘어나기 마련입니다. 늘어난 교통량 때문에 이 일대를 통과하는 차량 속도가 평균 2분 정도 느려진다고 가정하고, 하루에 차량으로 이 주변을 통과하는 인구를 1만 명으로 잡으면 이들이 손해 보는 시간은 하루 2만 분, 300시간 이상입니다. 이 시간을 최저임금으로 환산하면 하루 200만 원, 1년이면 7억 원이 넘습니다.

시민들이 도심부에서 하늘과 맞닿은 자연을 볼 권리도 침해당합니다. 이 '조망권 침해'는 돈으로 환산할 수 없지만, 문화재나 명승지 관람료를 생각하면 결코 무시할 수준은 아닐 겁니다. 초대형 건물의 에어컨과 보일러에서 내뿜는 열기와 오염 물질도 도시 환경에 상당한 악영향을 미칩니다. 심산유곡에 움막 같은 집 한 채를 짓는 행위조차도 계곡물을 조금이나마 오염시킵니다. 이 모든 것이 '공공의 손실'입니다. 하다못해 자기 아파트 내부 수리할 때조차 이웃 주민의 동의서를 받아야 하는 것도 그 행위가 다수 주민에게 적으나마 피해를 주기 때문입니다.

토지를 이용한 '사익 추구'는 많든 적든 '공공의 손실'을 유발하기 마련입니다. 그러면 '공공'은 이 손실을 어떻게 보상받아야 할까요? 지금은 도심에 초고층 건물을 짓는 대가로 소유 토지의 일부를 공공에 내놓는 일을 '기부채납' 또는 '공공기여'라고 하지만 이건 부당한 작명입니다. 그보다는 '공공보상'이나 '공공배상'이라고 하는 게 더 옳을 겁니다.

그럼에도 "내 땅에 내 돈 들여 내 건물 짓고 세금 낼 거 다 내는데 땅까지 내놓으라고? 이런 공산당 같은 놈들."이라고 길길이 뛰는 지주들도 많습니다. 이런 자들은 자기의 사익 추구 행위가 공공에 손실을 입힌다는 사실을 알 만한 지능이 없거나, 알면서도 무시할 정도로 양심이 없는 자들입니다. 사실 한국인들 모두가 '토지는 공공재라는 개념' 즉 '토지공개념'을 갖고 있습니다. 얼마 전 서울 강서구에서는 주민들이 한방병원을 지어야 한다며 장애인 특수학교 설립에 반대하는 시위를 벌였습니다. 비록 자기 땅은 아니지만 그 이용에 대해서는 발언할 권리가 있다고 생각하는 게 바로 '토지공개념'입니다.

저는 몇 해 전 헌법 개정이 논의될 때 개정안에 '토지공개념'을 명기하겠다고 한 건 일차적으로 헌법과 보편적 상식 사이의 불일치를 해소하기 위한 것이라고 봤습니다. 현재는 헌법에 토지의 공공성에 대한 규정이 없어 상식에 어긋나는 헌법 소원도 잦습니다. 부차적으로는, 토지를 이용하여 사익을 추구하는 행위가 공익과 밀접한 관계가 있다는 사실을 천명함으로써 저런 생각과 태도가 '저지능 비양심'의 소산임을 분명히 밝히는 의미도 있습니다.

'토지공개념'은 사유재산에 배치되는 개념이 아니라 오히려 사유재산을 전제로 하는 개념입니다. 사유 토지를 이용한 사익 추구가 '공공의 이익'을 침해하기 때문에, 공공은 사익을 얻은 자에게 보상을 요구할 권리를 얻는 겁니다. '토지는 사유재산이나 그를 이용하여 사익을 추구하는 과정에서 공공의 이익을 침해할 경우, 그에 합당한 책임을 져야 한다'가 '토지공개념'의 핵심입니다. 이거야말로 공정한 '자본주의적' 거래 관계입니다. 그럼에도 헌법에 '토지공개념'을 명기하는 건 '사회주의'라거나 '사회주의로 가기 위한 속임수'라고 우기는 자들이 너무 많습니다. 족벌언론들이 앞장서서 저런 '저지능 비양심' 논리를 설파하고, 그들의 이성적 감성적 포로가 되어 '저지능 비양심'에서 헤어나지 못하는 사람이 많다는 게 이 시대의 비극입니다.

큰 도적이
어찌 청백리의 마음을 알리오

'연작안지홍곡지지燕雀安知鴻鵠之志'. 중국 고사에 나오는 말로 '제 비와 참새 따위가 어찌 기러기와 고니의 뜻을 알리오'라는 뜻입니 다. 오늘 국감장에서 국민의힘 의원이 이재명 지사에게 물었습니다. "50원도 못 받아서 서운하지 않았나요?" 윗글의 댓구對句가 하나 생 겼습니다. '도척하량청리지심盜跖何量淸吏之心' 큰 도적이 어찌 청백리 의 마음을 헤아리리오.

내로남불의
전형

윤석열 씨 부인의 이력서는 통째로 '위조문서'인 셈이네요. 입시에 참고하지도 않은 '표창장 위조'가 징역 4년 형이면, 취업의 1차 자료 인 '이력서 위조'는 몇 년형이 적당할까요? 이 사람들 눈에는 이력 서에 적을 스펙 쌓느라 고생하는 젊은이들이 얼마나 하찮게 보였을 까요? 이력서를 통째로 위조하는 부인을 옆에 두고도, 표창장이나 체험활동증명서의 위조 또는 과장 여부를 조사해서 기소하라고 시 키는 심보를 '사람의 마음'이라고 할 수 있을까요?

이명박의 창의력

가덕도 신공항을 '문재인 정권의 사대강'이라고 비난하는 사람이 많습니다. 아무래도 '사대강'의 본질을 잘못 아는 듯합니다. 이명박은 서울시장 임기 초에 청계천 공사를 시작해 임기 중에 끝냈습니다. 대통령 임기 초에 사대강 공사를 시작해 임기 중에 끝냈습니다. '해먹는' 공사는 임기 중에 끝내고 장부 정리까지 마무리해야 뒤탈이 적습니다. 임기 중에 못 끝낼 공사를 시작하는 건, '해먹을 생각이 없다'는 뜻으로 보는 게 옳을 겁니다. 가덕도 신공항을 '제2의 인천공항'이라고 비난한다면 이해할 수 있지만 '문재인 정권의 사대강'이라고 비난하는 건 이명박의 '창의력'을 모독하는 일입니다.

권력과_사익

내곡동 그린벨트가 아파트 단지로 바뀐 건 오세훈 시장 때 서울시가 적극 추진하고 실현
시켰기 때문이라는 사실이 KBS 취재로 밝혀졌습니다. 삼류는 자기 땅이 개발되기를 기
다리고, 이류는 개발 정보를 알고 땅을 사며, 일류는 자기 땅이 개발되게 만듭니다

**진실과
의혹**

서울시가 중앙 정부의 반대를 꺾고 내곡동 그린벨트를 보금자리
주택지구로 지정한 것은 오세훈 시정의 방향에 비추어 보면 '자랑거
리'라고 할 만한 일입니다. 당시 오세훈 시장이 '내곡지구'를 공무원
성과 지표로 선정하여 매달 보고받았다는 사실도 밝혀졌습니다. 하
지만 오세훈 씨는 이 사안에 관해 처음부터 '노무현 정부가 한 일'이
라며 자기와 무관하다고 주장했습니다. 상식 있는 '언론인'이라면
자기 재임 중의 '업적'을 노무현 정부의 '공'으로 돌린 행위 자체를
'의심'할 만한 일이었습니다.

내곡동 그린벨트가 해제된 건 이명박 정부-오세훈 시장 때 일이라는 '사실'이 밝혀지자, 오세훈 씨는 '국장 전결 사안'이라 자기는 몰랐다고 주장했고, 당시 국장도 같은 증언을 했습니다. 하지만 그린벨트 해제는 시장 직권으로도 할 수 없는 일입니다. 담당 국장은 오세훈 취임 직후 3급 국장으로 승진했고, 보상 액수가 결정된 뒤 2급으로 승진했으며, 다시 5개월 만에 1급으로 승진했습니다. 세곡동 보상비가 공시지가의 70%였던 데 반해 내곡동 보상비는 90%였습니다. 오세훈 시장의 담당 국장에 대한 '파격 인사'와 '그린벨트 해제' 사이에 '모종의 관계'가 있다고 의심할 만도 한데, 이 문제를 취재, 보도한 언론사는 한 곳도 없습니다.

내곡동 땅 측량 현장에서 오세훈 씨를 봤다는 증언은 KBS가 먼저 보도했습니다. 처음에는 마을 주민 두 사람, 다음에는 당시 측량팀장이 모두 오세훈 씨를 봤다고 증언했습니다. 오세훈 씨 일행이 '생태탕'을 먹었다는 증언도 이들에게서 나왔습니다. 생태탕집 주인과 그 아들이 TBS 뉴스공장에 나와 증언한 건 그다음 일입니다. 현장에서 오세훈 씨를 봤다는 목격자가 5명이나 되며 그들 모두 선글라스, 백바지, 생태탕이라는 '공통'의 증언을 하고 있음에도 언론사들은 이 '증언의 일관성'을 일부러 외면합니다. 오히려 사진이나 영수증 등 '물적 증거'가 없으면 목격자 다섯 명의 '증언'은 무의미하다는 식으로 몰아갑니다. '표창장 준 적 없다'는 한 사람의 '증언'만으로 표창장 위조를 '기정사실'로 취급했던 과거의 언론은 한국언론이 아니었던가요?

오세훈씨와 박형준씨가 '공적 직위'를 이용해 사익을 실현했다는

'의혹'은 '의혹'이라는 말을 붙이기에도 민망할 정도입니다. 반면 박주민씨나 김영춘씨의 '공적 직위'는 임대차 계약에 아무런 영향을 미치지 않았습니다. 그들은 오히려 임차인에게 유리한 임대차 계약을 맺었지만 언론의 집중 포화를 맞고 있습니다. '진실'을 '의혹'의 영역 안에 묶어 두고, 의혹거리도 아닌 것을 의혹거리로 만들어 내는 것이 '살아 있는 권력'입니다. 동시에 '죽어가는 권력'이기도 합니다.

거짓말과 말바꾸기

오세훈 씨는 처음 자기 처가 땅이 그린벨트에서 해제된 건 노무현 정권 때 일이라고 했다가, 거짓임이 드러나자 '사실상' 노무현 정권 때 일이라고 했다가, 그조차 거짓임이 드러나자 '국장 전결 사항이라 자기는 모르는 일'이며 '오히려 손해를 봤다'고 했습니다.

박형준 씨는 처음 엘시티에 산다는 걸 숨기고 후보 등록했다가, 주소지가 드러나자 '서민적인 모습 못 보여 송구하다'고 했다가, 아들한테 윗돈 주고 산 사실이 드러나자 '불법 특혜 없는 게 본질'이라고 했습니다. 그런데도 "오세훈 박형준의 거듭되는 말 바꾸기, 거짓말이 본질"이라고 쓴 기사가 하나도 안 보입니다. '거듭되는 말 바꾸기와 거짓말'이 '한국 언론의 본질'에 너무 가까워서 그런 걸까요?

일류와 이류와 삼류의 차이

내곡동 그린벨트가 아파트 단지로 바뀐 건, 오세훈 시장 때 서울시가 적극 추진하고 실현시켰기 때문이라는 사실이 KBS 취재로 밝혀졌습니다. 오세훈 일가는 이 덕에 36억 원 이상을 받았습니다. 삼류 검사는 간첩이 나오길 기다리고, 이류 검사는 간첩을 찾아다니며, 일류 검사는 간첩을 만들어낸다는 옛말이 있습니다. '부동산 야바위'도 마찬가지입니다. 삼류는 자기 땅이 개발되기를 기다리고, 이류는 개발 정보를 알고 땅을 사며, 일류는 자기 땅이 개발되게 만듭니다. 일류 야바위꾼들은 LH 직원들의 '이류 야바위'를 한심하게 여길 겁니다. 이류에게 분노하면서 일류를 지지하는 사람은 그들에게 어떻게 보일까요?

용산참사와 내곡동

2009년 1월, 불충분한 보상에 항의하던 철거민 6명이 사망하고 24명이 부상당한 '용산참사'가 일어났습니다. 당시 시장은 오세훈이었습니다. 그는 이 참사에 대해 직접 사과조차 하지 않았습니다. 그로부터 불과 열 달 뒤, 오세훈의 서울시와 이명박의 행정부가 협의한 끝에 오세훈 씨 처가 땅이 포함된 내곡동 그린벨트를 택지로 개발하는 계획이 확정됐습니다. 오세훈 씨 처가는 보상비로 36억여 원을 받았습니다.

오세훈 씨가 내곡동 개발이 노무현 정부 때 확정됐다고 한 건 '혼선'이 있었기 때문이라며 관련 내용을 '정정'했습니다. 그러면서 보상비 36억여 원을 받은 게 '오히려 손해'라고 주장했습니다. 오세훈의 서울시가 오세훈의 처가 땅 보상비와 관련된 업무를 진행하고 있을 때 목숨을 잃은 '용산참사' 희생자들이 저승에서 어떤 표정을 지을지 궁금합니다.

지주가 소작인이나 세입자, 철거민들을 사람 취급하지 않는 거야말로 수천 년 된 '적폐'입니다. 철거민은 보상비 때문에 목숨을 잃고 지주는 보상비 덕에 떼돈을 버는 것도 수십 년 된 '적폐'입니다. 지주가 되는 것이 현대 한국인의 공통 욕망이라 할지라도 '지주의 정신'이 다시 세상을 지배하게 해서는 안 될 겁니다. 사람은 땅을 '밟고' 살아야지 땅을 '이고' 살아선 안 됩니다.

선택적 박탈감

오세훈 시장의 서울시가 내곡동 그린벨트를 택지로 바꿔준 덕에 오세훈 일가가 받은 돈이 36억 5천만 원. 박형준 일가가 엘시티 분양으로 얻은 차익이 40억 원. "불법 여부를 떠나 서민들에게 상대적 박탈감을 안겨준 게 문제"라던 한국 언론 대다수는 오히려 이들의 '해명'만 실어줍니다. 30~40억 원 정도의 '불로소득'은 서민 눈에 안 보이는 '자외선 영역'에 두고 싶은가 봅니다.

이명박 정신과
박원순 정신

청계천 복원공사가 시작될 무렵 황학동 주변 거리는 노점상들의 절규가 담긴 현수막들로 덮여 있었지만 그들을 돕는 단체는 하나도 없었습니다. 그때 저는 '민중운동의 시대'가 저물었다고 느꼈습니다. 환경, 생태, 교통, 문화 등 부문별 '시민단체'들은 오히려 서울시에 만들어진 청계천위원회에서 활동하고 있었습니다. '시민운동의 시대'가 열린 거죠. 하지만 결과적으로 시민단체들은 이명박의 일방 행정에 들러리만 서고 말았습니다.

나중에 이명박은 이때의 일을 이렇게 자랑했습니다. "농민들이 데모하면 처음에 군수가 만나주고, 또 데모하면 도지사가 만나주고, 또 데모하면 장관이 가서 만나줍니다. 그러니 농민들은 떼쓰면 되는구나 생각하고 데모할 때마다 요구가 늘어나요. 노무현 정권이 한 일이라곤 떼쓰는 문화를 정착시킨 것밖에 없습니다. 내가 청계천 복원할 때도 주변 상가와 노점 상인들이 매일 시청 앞에 와서 데모했어요. 그때 나는 아예 들은 체도 안 했어요. 그러니까 자기들도 떼써봐야 소용없다는 걸 알게 됐죠. 내가 데모하는 사람들 말을 들은 체라도 했다면 청계천 복원 못 했을 겁니다."

청계천은 시민단체들이 원하는 방식과 형태로 '복원'된 게 아니라, 이명박과 청계천변 지주들이 원하는 방식과 형태로 '개발'됐습니다. 당시 이명박의 최측근은 청계천 변 건축물 고도제한을 완화해 주는 대가로 거액의 뇌물을 받았습니다. 이 사실이 발각되어 징역형을 선고받았지만 이명박이 당선된 뒤 풀려나 이명박 정권에서 고위직을 지냈습니다. 청계천변 지주들이 얼마나 큰 이익을 얻었는지, 이명박 측근 중에 뇌물 받은 사람이 더 없는지는, 그저 짐작만 할 뿐입니다.

'친환경 무상급식 반대'를 오세훈의 최대 실정이라고 하는 사람이 많지만 저는 '용산참사'가 더 큰 일이었다고 봅니다. 오세훈은 이명박의 정신을 계승했고, 이명박처럼 되려고 했습니다. 가난한 사람들은 무시하고 지주와 토건업자들의 시선으로 서울 땅과 강을 본 게 이명박-오세훈의 정신이었습니다. 그런 정신이 '용산참사'를 낳았습니다.

박원순 시장은 여러 '시민단체'들의 상충하는 주장들을 충분히 듣기 위해 노력했고, 지주나 토건업자보다는 생활하는 사람들의 처지를 더 중시했습니다. 옥바라지 골목 재개발 당시 '내가 손해배상 소송 당해도 좋다'며 철거민 편에 선 게, 이명박-오세훈의 정신과 확연히 대비되는 박원순의 정신이었습니다. 대권에 도전하려면 큰 공사를 해야 한다고 조언하는 주변인도 많았으나 박원순은 이런 말을 듣지 않았습니다.

그는 자기 업적을 쌓는 것보다는 시민들끼리 충분히 토론할 수 있는 기회를 많이 만드는 게 중요하며, 그게 민주적 도시 행정의 근본이라고 생각했습니다. 이해관계가 상충하는 사람들에게 이견을 조정할 시간과 기회를 충분히 주는 것, 더불어 가급적 약자 편에 서는 것이 박원순의 정신이었습니다.

우상호 서울시장 예비후보가 박원순 정신을 '계승'하겠다고 하자, 야당과 여성단체들이 일제히 그를 성토하며 시장 후보에서 사퇴하라고 요구했습니다. 박원순의 정신은 김재련의 잣대로는 감히 재단할 수 없으며, 김재련의 잣대가 모든 시민의 표준 잣대도 아닙니다. '서로 관점이 다르고 이해관계가 충돌하는 사람들 사이의 이견을 충분한 토론을 통해 조정하려는 정신'이 박원순 정신입니다. '내 관점만이 유일하게 옳은 관점'이라고 주장하는 사람은 절대로 이해할 수 없는 정신이 박원순 정신입니다. '박원순 정신'마저 죽이려 드는 이 광기에 휩쓸리면, 민주주의마저 죽이게 될 겁니다.

검증과 네거티브

오세훈, 박형준과 관련된 '의혹'들이 제기되고 '진실'들이 밝혀지는 데 대해 '네거티브'라고 쓰는 언론사가 많습니다. '검증'과 '네거티브'의 차이가 무엇인지 언론사들 스스로 '기준'을 밝혀주기 바랍니다. 당신들이 죽이기로 맘먹으면 '검증'이고, 눈감아주기로 작정하면 '네거티브'인가요?

중증 치매

내곡동 땅 측량 현장에서 오세훈 씨를 봤다는 복수의 증인이 나왔습니다. '내곡동에 처가 땅이 있다는 사실 자체'를 기억하지 못했던 오세훈 씨는 '측량 현장에 갔다는 사실'도 기억하지 못한답니다. 복수의 증인이 본 사람은 자기가 아니라 '처가의 양아버지'와 처남이라고 주장합니다.

오세훈 씨도 모르는 땅을 측량하는 현장에서 누군지도 모르는 사람을 보고, 그를 오세훈 씨로 착각할 가능성은 얼마나 될까요? 자기 가족의 땅도 기억 못하고, 자기가 간 곳도 기억 못하며, 심지어 자기가 갔는지 자기 처남이 갔는지도 기억 못하는 증상을 뭐라고 하나요?

멀쩡한 대통령더러 '중증 치매환자'라고 욕한다고 해서 나라가 망하지는 않습니다. 그러나 '중증 치매' 증상이 확연한 사람을 시장으로 뽑으면 도시가 망할 수 있습니다.

피해자가 되는 경로

- 내가 내곡동 땅으로 이익을 봤다면 정계 은퇴하겠다. 내곡동 그린벨트 해제는 노무현 정부 때 결정된 일이다.
- 노무현 정부는 그런 결정한 적 없다.
- '사실상' 결정됐다는 뜻이다.
- '사실상' 결정한 건 이명박 정부와 오세훈의 서울시다.
- 보상비를 적게 받아 오히려 손해를 봤다.
- 그린벨트가 해제됐는데 손해 봤다는 건 말이 안 된다.
- 사실은 거기에 처가 땅이 있는지도 몰랐다.
- 측량할 때 오세훈 씨를 봤다는 복수의 증인이 있다.
- 입회한 건 처가집 양아버지와 큰처남이다.

- 경희대 학과장인 큰처남은 그 시간대에 자기학과 행사에 참석했다. 당시 측량팀장도 오세훈 씨에게 인사했다고 증언했다.
- KBS를 고발했다.

오세훈 씨와 국민의힘이 '피해자'가 되는 경로입니다.

'본질적 문제'는 '본질'을 모르는 것 ·

"측량 현장에 내가 있었다 없었다는 이 사건의 본질이 아니다."

― 오세훈

이 사건의 '본질'은 "내곡동 땅으로 이익을 봤다면 정계에서 영원히 은퇴하겠다"는 '약속'의 '전제'인 "내곡동에 처가 땅이 있는지도 몰랐다"가 사실인 지의 여부입니다. 세빛둥둥섬, 경인아라뱃길, 양화대교 등에 혈세를 낭비했던 것도, 광화문과 강남에 물난리가 나고 우면산에 산사태가 났던 것도, '용산참사'가 일어났던 것도, '친환경 무상급식'에 반대해놓고 반대하지 않았다고 주장하는 것도, v는 VIP의 약자라고 주장했던 것도, 모두 사건의 '본질'을 몰랐기 때문입니다. 일반 시민이 사건의 '본질'을 모르면 엉뚱한 소리나 하고 말지만 시장이 사건의 '본질'을 모르면 사람이 죽고 도시가 망가지며 혈세가 낭비됩니다.

사건의 '본질'을 모른다는 점이 오세훈씨의 '본질적 문제'일 겁니다.

지리적 구분과
사회적 구분

강남과 강북은 '지리적' 구분입니다. 서울 한강 이남이 강남이고 이북이 강북입니다. 강남과 비강남은 '사회적' 구분입니다. 강남 서초 송파구가 강남이고, 그 밖의 22개 구가 비강남입니다. 우리 사회에는 '강남 부잣집 자제분'과 '비강남 가난한 집 아이들'을 무의식적으로 차별하는 '특수계급'이 있습니다.

거짓말을
수습하는 법

"내가 내곡동 땅으로 이익을 봤다면 영원히 정계에서 은퇴하겠다."

"내곡동 처가 땅이 그린벨트에서 해제된 건 노무현 정권 때 일이다."

"혼선이 있었다. '사실상' 노무현 정권 때 일이다."

"국장 전결이라 나는 몰랐다."

"이익을 본 게 아니라 오히려 손해를 봤다."

"내곡동에 처가 땅이 있다는 사실 자체를 몰랐다."

"측량 현장에 간 건 처가의 양아버지와 큰처남이다."

"내곡동 땅 자체가 내 의식 속에 없다."

"기억 앞에서는 겸손해야 한다."

오세훈 후보는 단 한마디만 하면 이 모든 말을 '수습'할 수 있을 겁니다.

"사실은 내가 중증 치매를 앓고 있다."

양심마비
증상

보증금 3억 원에 월세 100만 원으로 임대했던 아파트를 보증금 1억 원에 월세 185만 원으로 신규 계약한 민주당 박주민 의원은 '모두 제 탓'이라며 공개 사죄했습니다. 평창에 축구장 38개 넓이의 농지를 가진 국민의힘 한무경 의원은 "물과 공기, 자연을 중시해서" 그랬다고 당당하게 주장합니다. 양심에 가책을 느끼는 사람이나 아예 양심이 없는 사람이나 '그놈이 그놈'이라고 여기는 것도 양심 마비 증상입니다.

역사의
후진 기어

안철수 씨는 80년대 말에 시작된 IT 혁명으로 재산을 모으고 경력을 쌓았습니다. 공교롭게도 그 시기는 국내에서 민주화운동이 승리하고 소련 동구 사회주의가 몰락하며 중국이 개혁 개방을 본격화한 시기와 겹칩니다. 일상이 새로워지고 나라가 새로워지며 세계가 새로워지던 때였습니다. 안철수 씨가 '새'라는 글자에 집착했던 것도, 자기가 새롭게 변하던 세계에 가장 잘 적용했다고 생각했기 때문인지도 모릅니다.

문제는 국가와 세계의 '새로움'은 그의 의지나 능력과는 무관했다는 데 있습니다. 그는 80~90년대에는 새로웠지만 2000년대 이후에는 결코 새롭지 않은 '어떤 것'을 '새로움'으로 포장했을 뿐, IT 분야의 '새로움'과 국가와 세계의 '새로움'을 연결할 수 있는 '역사적 철학적' 식견을 보여주지 못했습니다. 그가 빌 게이츠나 스티브 잡스처럼 살았다면 사람들은 그를 사랑하고 존경했을 겁니다. 그러나 그는 '한국의 트럼프'가 되기를 원했고, 그 때문에 그의 '새 정치'는 한국인 일부에게 '조롱의 대상'이 됐습니다. 비록 '권력욕'에 압도되어 국민의힘과 합당하겠다고 선언했지만 그는 기본적으로 민주화 이후 시대의 사람입니다. 형식적 민주화 이후의 역사적 과제에 대해 갈피를 못 잡는 문제는 있어도 그에게 '권력을 이용한 재산 축적' 혐의는 없습니다.

오세훈 씨는 노태우 정권 때 군 보안사 정보처에서 정훈장교로 근무했습니다. 보안사가 불법으로 민간인을 사찰한다는 사실이 드러났을 때 그는 보안사 장교였습니다. 비록 87년 민주화 이후였지만 권력 집단 내에서는 여전히 '군사주의'와 '군사주의적 부패'가 성행하던 때였습니다. 1995년 노태우는 재임 중 5천억 원의 '비자금'을 조성한 사실이 드러나 '대국민 사과'를 했습니다.

오세훈 씨는 민정당과 민자당의 후계 정당에서 정치를 시작했고, 이명박 정권 때 서울시장이 됐습니다. 그가 시장일 때 '용산참사'가 일어났으며, '경인 아라뱃길'과 '세빛둥둥섬'이 만들어졌고, '뉴타운'으로 시민들의 투기 욕망이 고조됐으며, 그 부인의 내곡동 땅이 그린벨트에서 해제됐습니다. 오세훈 씨 부인의 땅을 그린벨트에서 해제하는 업무를 담당했던 공무원이 오세훈 시장 재임 중 4급에서 1급으로 '초고속 승진'했다는 사실도 밝혀졌습니다. 그는 '친환경 무상급식'을 막기 위해 주민투표를 실시했다가 시장직에서 물러났습니다. 사회적 약자와 가난한 사람들을 차별했고, 부동산 투기를 향한 시민의 욕망을 부추겼으며, 쓸모없는 전시용 시설들을 만들었고, 사익을 얻었다는 점에서, 그의 행정은 군사독재 시절 임명직 시장들의 행정과 그리 다르지 않았습니다.

그는 최근 광주학살의 진상을 호도하는 전광훈 등과 함께 활동했습니다. 그는 안철수와 동년배이지만 민주주의보다는 '군사주의'와 '군사주의적 부패 문화'에 훨씬 더 익숙한 사람입니다. 서울시장 야권 후보 단일화 여론조사에서 오세훈씨가 이겼습니다. 야권을 지지하는 서울시민들이 30년 전의 '새로움' 보다는 40~50년 전의 '익숙함'을 선택했다는 생각이 듭니다.

2018년 브라질에서 법조계와 언론이 공모하여 룰라를 투옥했을 때, 그 행위를 지지하는 시민도 많았습니다. 지금 미얀마에서는 수많은 시민이 목숨을 걸고 군사 쿠데타 세력과 싸우고 있지만, 쿠데타 세력을 지지하는 시민도 많습니다. 민주주의는 '군사적 엘리트주의'와 결별한 정치라기보다는 그와 '동거'하는 정치입니다. 시민들의 선택에 따라서는, 박정희 전두환 노태우의 시대가 언제든 재현될 수 있습니다. 시민이 운행하는 역사에도, '후진 기어'가 있습니다.

#한국은_이미_선진국

이른바 '선진국' 또는 '열강의 일원'이 되는 것은 20세기 이후 우리 국가의 궁극 목표였습니다. 역대 독재정권은 '지금의 고통을 참아야 선진국민이 된다'는 논리로 독재를 정당화했습니다. 이명박 정권도 '민영화'에 '선진화'라는 이름을 붙여 대국민 사기를 정당화했습니다. 하지만 우리 국민 대다수가 의식하지 못하는 사이에 우리나라는 이미 선진국이 됐습니다.

인간사냥
게임의 룰

　　노무현 정권 말기, TV 토론에 나온 한나라당 측 패널 — 이름은 밝히지 않겠습니다 — 은 당당하게 "우리나라 국민은 부자를 존경하지 않는 게 문제"라며 "부자를 존경하는 나라가 선진국"이라고 주장했습니다. 사기를 쳤든 투기를 했든 탈세를 했든 기타 다른 범죄를 저질렀든, 일단 부자가 되면 존경받을 자격이 생긴다는 천박한 인간관이었죠. 이 직후 "여러분, 부자 되세요"라는 광고가 선풍적인 인기를 끌었습니다.

　　뉴라이트는 적자생존, 우승열패, 약육상식이라는 동물 세계의 경쟁 논리를 인간 사회에 적용한 19세기 사회진화론의 인간관을 그대로 수용했습니다. "부자는 남보다 우월한 인간이기 때문에 존경받아야 하며, 부자가 가난한 사람들을 '사냥'하는 것은 자연법칙"이라는 것이 이명박 정권과 한나라당의 인간관이자 세계관이었습니다. 이런 인간관과 세계관은 1%의 인간이 99%의 재원과 자원을 독점하는 신자유주의 세계 체제와 아주 잘 어울렸습니다. 일베 등의 극우 커뮤니티는 이런 논리를 확산시키는 데 큰 구실을 했습니다. 그들은 부자와 강자를 숭배하면서 가난하고 약한 사람들을 '루저'라고 조롱, 멸시, 모욕하곤 했습니다.

젊은이들이 즐기는 게임 중에도 이런 인간관과 세계관을 강화하는 것이 많습니다. 어떤 캐릭터가 레벨업이 되면 새로운 무기 아이템을 장착하여 하위 레벨의 캐릭터들을 '사냥'할 수 있게 됩니다. 사용자들은 레벨업을 위해 시간과 돈을 투자하며 상위 레벨 캐릭터가 하위 레벨 캐릭터를 '사냥'하는 '가상현실'을 즐깁니다. 이런 세계관과 인간관에 익숙해진 사람들은 레벨업 과정의 공정성 여부만을 문제 삼을 뿐 레벨 사이의 불공평한 관계는 인식하지 못하게 됩니다. 그들은 오히려 자기 캐릭터가 하위 레벨 캐릭터를 '사냥'하는 게 노력에 대한 당연한 보상이라고 생각합니다. 저는 요즘 젊은이들이 '게임의 룰'에만 집착하면서 사회 현실의 '총체적 불공평성'에는 대체로 무감각한 것도 이런 게임의 논리에 익숙해졌기 때문일 가능성이 크다고 봅니다.

9수 끝에 검사가 된 윤석열 씨가 자기 일가와 검사들의 부당한 특권을 지키기 위해 조국 일가를 '사냥'하는 만행을 저지른 것도, 한국 검사 대다수가 이런 만행에 동조한 것도, 조국 씨 딸의 의전원 입학 과정에 분노한 사람들이 검찰과 친적폐 성향 언론들의 잔인무도한 '인간사냥'을 당연시한 것도, 모두 이런 인간관과 세계관 때문일 겁니다.

망해서 선진국

한국의 구매력 기준 1인당 국민소득이 일본을 앞질렀습니다. 한국의 1인당 국민소득이 이탈리아를 앞질렀습니다. 한국의 주가지수는 최근 3300을 넘었습니다. 한진해운과 함께 망했던 한국 해운산업이 재건됐습니다. 일본의 경제 도발에 대응하는 과정에서 소재 부품 장비 산업의 자립도가 비약적으로 높아졌습니다. 박근혜 정부 때 잃었던 '완전한 민주국가' 지위도 회복했습니다. UN 무역개발협의회(UNCTAD)는 마침내 한국을 '선진국'으로 공인했습니다. 해방 이후 우리 민족의 양대 소원이었던 '통일'과 '선진국화' 중 하나가 달성됐습니다.

우리는 분명 역사적으로 대단히 중요한 시대를 경과하고 있습니다. 그러나 문 정부의 좌파 이념 때문에 나라가 망했다고 주장하는 자들이 있습니다. 문 정부가 일본에 굴복하지 않아 경제가 망했다고 주장하는 자들도 있습니다. 심지어 문 정부가 자기 업적을 내세우기 위해 무리하게 '선진국'이 됨으로서 개도국의 혜택을 잃게 됐다고 주장하는 '기자'들도 있습니다. 흥興과 망亡을 거꾸로 인식하는 자가 많습니다. 그런 자들에게 어울리는 옛날 욕이 '망할놈'입니다. 망할놈들의 말을 믿으면 망亡하는 길로 갈 수밖에 없습니다.

열강의 일원이 된 한국

1899년 5월, 네덜란드 헤이그에서 26개국 대표가 참석한 가운데 제1차 만국평화회의가 열렸습니다. 아시아에서는 중국과 일본 대표만 참석했지만 국내의 독립신문과 황성신문 등은 이 회의의 경과를 며칠에 걸쳐 대서특필했습니다. 독립신문은 이 국제회의와 관련해 '평화론'이라는 논설을 실었고, 이는 안중근의 '동양평화론'에 큰 영향을 미쳤습니다. 좀 과장해서 말하자면 당시 독립신문이 만국평화회의의 역사적 의의에 관해 상세히 보도했기 때문에 '안중근 사상'이 정립되었다고도 할 수 있습니다.

1907년 제2차 만국평화회의는 44개국 대표가 참가한 가운데 역시 헤이그에서 열렸습니다. 대한제국 특사 3인도 이 회의에 참가하려고 했으나 실패했습니다. 그 3년 뒤 한국은 일본의 식민지가 되었습니다. 우리나라에서 열강列强 즉 '여러 강한 나라'라는 개념을 사용하기 시작한 것은 제1차 만국평화회의가 열리던 무렵부터였습니다. 그때부터 '열강'에 속하는 나라는 대략 10개 남짓이었습니다. '약소국' 중 하나인 우리나라의 운명은 열강의 뜻에 달려 있다는 것이 한국인 대다수의 국제 정세 인식이었습니다. 실제로도 우리나라가 '열강'의 회의에서 발언권을 가진 적은 없었습니다.

이른바 '선진국' 또는 '열강의 일원'이 되는 것은 20세기 이후 우리 국가의 궁극 목표였습니다. 역대 독재정권은 '지금의 고통을 참아야 선진국민이 된다'는 논리로 독재를 정당화했습니다. 이명박 정권도 '민영화'에 '선진화'라는 이름을 붙여 대국민 사기를 정당화했습니다. 하지만 우리 국민 대다수가 의식하지 못하는 사이에 우리나라는 이미 선진국이 됐습니다.

　우리나라는 민주주의, 경제규모, 1인당 GDP, 군사력, 평균 교육수준, 보건 위생 상태 등 여러 면에서 세계 평균 수준을 훨씬 앞서고 있습니다. 서방 '열강' 회의라 할 수 있는 G7 정상회담에 한국 대통령이 초청받아 참석한 것은 열강이 우리나라를 '선진국'의 일원으로 공인公認한 '역사적 사건'이라고 보아도 무방할 겁니다. 그러나 이명박 정권이 G20 회의를 서울에 유치했을 때 '경제효과 40조 원'이라고 떠들어댔던 한국 언론들은 이번 G7 회의의 '역사적 의의'와 '경제효과', '상징적 의미' 등에 대해서는 거의 언급하지 않습니다. 요즘 언론사들의 기사는 젊은 세대에게 자기들의 '역사적 과제'에 대해 숙고할 기회를 조금도 주지 않습니다.

　어떻게든 정권의 흠을 잡으려는 '졸렬한 편파성' 탓이 크겠지만 한국인들 스스로 '선진국민'이라는 자의식을 갖는 것이 두렵기 때문이기도 할 겁니다. 저들은 우리 국민 한사람 한사람이 스스로 '선진국민'이라는 자부심을 갖고 '선진국민'의 권리를 주장하게 되면 식민지 시기와 군사독재 시기에 만들어져서 여태 살아 있는 식민지적, 독재국가적 관행과 문화의 붕괴 속도가 빨라지리라는 것을 본능으로 압니다.

친親 부패 성향의 언론인들이 뭐라고 떠들든, 우리나라는 이미 선진국이고 우리는 이미 선진국민입니다. 그 자격을 확고히 하려면 식민지 시기와 독재정권 시기에 만들어진 관행과 문화, 의식들을 하루속히 청산해야 합니다. 세계 굴지의 기업들을 한 가족이 세습해서 경영하는 시스템, 법률 전문가들이 자기 이익에 따라 없는 죄를 만들고 있는 죄를 덮어주는 중세적 형사 사법 체계, 세계 최고 수준의 언론 자유를 누리면서 쓰레기같은 기사들을 양산하는 세계 최저질의 언론 풍토, 이런 것들을 '청산'하는 게 우리가 새로운 '역사적 시대'에 '자부심'을 지키며 사는 길일 겁니다.

재난과 정치

한국전쟁 중 백만 명 이상이 사망했고 수십만 명이 부상했으며, 역시 백만 명 이상의 전쟁고아와 과부가 생겼습니다. 수백만 명이 전쟁 난민으로 떠도는 동안 전시 인플레로 인해 물가는 천정부지로 치솟았습니다. 휴전 이후 한국은 세계에서 가장 가난한 나라였고, 인구의 태반이 꿀꿀이죽조차 제때 먹지 못하는 상태에 놓였습니다. 이승만 정부는 전쟁이 일어날 줄도 몰랐고, 전쟁이 나자 백만 서울 시민을 남겨두고 먼저 도망간 뒤 한강 다리를 끊었습니다. 그들은 단지 의심스럽다는 이유만으로 수만 명을 재판도 없이 학살했으며, 엄청난 규모의 횡령으로 수만 명의 국민방위군을 굶어 죽도록 만들었습니다. 미국이 원조한 군수품을 빼돌려 암시장에 내다 파는 불법행위조차 '후생사업'으로 미화했습니다. 서울 수복 이후에는 자기들이 한강 다리를 끊어 서울에 남을 수밖에 없었던 사람들에게 '부역 혐의'를 씌웠습니다. 이들이 '부역 혐의자'를 조사하고 풀어주는 과정에서 얼마나 많은 비행을 저질렀는지는 그저 짐작만 할 수 있을 뿐입니다. 그랬는데도 이승만을 '국부'로 칭송하는 자가 많습니다.

전쟁에 버금가는 재앙이 역병입니다. 이번 코로나 팬데믹으로 미국 75만 명, 브라질 60만 명, 인도 46만 명, 멕시코 29만 명, 러시아 24만 명 등 전 세계에서 500만 명 이상이 사망했습니다. 한국의 사망자 수는 3천 명, 사망률은 0.8%로 세계 최저 수준입니다. 백신 접종률은 인구 5천만 명 이상 국가 중 1위입니다. 팬데믹 상황에서도 한국의 1인당 소득은 이탈리아를 추월했고, 무역 규모도 영국을 제쳤습니다. 가요, 영화, 드라마 등 한국의 문화 콘텐츠가 세계를 휩쓸었으며, 유엔은 한국을 '선진국'으로 공인했습니다. 코로나 팬데믹과의 싸움에서 한국은 전 세계 최고의 성적을 거뒀다고 해도 과언이 아닙니다. 그런데도, 문재인 정부 때문에 '나라가 망했다'고 주장하는 사람이 많습니다.

물론 예상치 못한 재난은 수많은 사람을 예상치 못한 곤경에 빠뜨리기 마련입니다. 전쟁 중에 죽거나 다치고 집이 폭격당한 사람이 나오는 것처럼 역병 중에도 죽거나 후유증을 앓고 사업이 망하는 사람도 나오기 마련입니다. 하지만 그 '피해의 불균등'을 '나라가 망한' 증거로 삼을 수는 없습니다. '평시'와 '비상시'에 대한 평가 기준은 달라야 합니다. 팬데믹이 1년 안에 종식되더라도 그와 싸우는 과정에서 입은 피해를 복구하는 데에는 10년 이상이 걸릴 겁니다. 휴전

직후 국민 대다수가 극빈 상태에 놓인 것은 '전쟁' 탓이지만 지금 국민 상당수가 고통을 겪는 것은 '정부' 탓이라고 생각하는 걸 '판단력 상실'이나 '의식의 혼돈' 말고 다른 말로 표현하기는 어렵습니다.

인구 대비 코로나 사망률 1위인 나라가 브라질입니다. 보우소나루 집권 중 브라질의 팬데믹 대처는 세계 최하위, 빈곤과 범죄 증가율은 세계 최상위가 되었습니다. 이 정도는 돼야 '나라가 망했다'는 말을 할 수 있겠죠. 나라를 망치는 건, 언제나 시민들의 의식을 혼돈 상태에 빠뜨리고 판단력을 마비시키는 세력입니다. 브라질을 망하게 만든 건 부패한 법조-언론 카르텔이었습니다. 이 점에선 우리나라도 예외가 될 수 없을 겁니다.

나라가 망했다?

유엔은 올해 한국을 '선진국'으로 인정했습니다. 마침내 한국민의 오랜 소원이 이루어졌습니다. 그런데도 '나라가 망했다'고 주장하는 자가 많습니다. 1945년 8월 15일에도, "나라가 망했다"고 울부짖은 한국인들이 있었습니다. 그들이 자기 나라라고 믿은 게 '대일본 제국'이었기 때문입니다. 지금 "한국이 망했다"고 주장하는 자들은 1945년 '나라가 망했다"고 울부짖은 자들의 정신적 후손입니다. 이런 자들을 척결하는 것이, 역사가 우리 세대에 미뤄놓은 숙제입니다.

후진국으로
후퇴하지 않는 길

　　작년 우리나라 GDP 순위가 세계 10위로 올라섰습니다. 1인당 국민 총소득도 G7 국가 중 하나인 이탈리아를 추월했습니다. 인구는 적고 땅은 넓은 호주와 뉴질랜드를 빼면 코로나 감염률도 세계 최저입니다. 우리는 의식하지 못하는 사이에 이미 '선진국민'이 됐습니다.

　　물론 미국에도 인종차별주의에 찌든 '중세의 미개인'이 있고, 의사당에 난입해 총을 쏘는 '저질 후진국민'이 있습니다. 우리나라에도 '백신 맞으면 노예 된다'고 믿는 '중세의 미개인'이 있고, '친일파는 열심히 산 사람'이라고 주장하는 '식민지 노예'도 있습니다. 아무리 '선진국민'이라도 '미개인'이나 '후진국민'과 같이 살 수밖에 없습니다. 저런 자들과 그 정치적 대변자들을 계속해서 '소수파'로 묶어 두는 것이 다시 '후진국'으로 떨어지지 않는 길입니다.

대표 없이
과세 없다

　　"재정 운용은 정치 결정 따르는 것 아니다." —홍남기

　　의회를 만든 기본 정신은 '대표 없이 과세 없다'였습니다. 납세자의 뜻이 국회의 뜻이고, 국회의 뜻에 따라 재정 운용을 하는 곳이 기재부입니다. 국회의 결정에 따라 재정을 운용하는 게 민주주의 정치입니다.

충성하지 않는 자

현대차 임원으로 있다가 토요타 사장으로 가는 사람더러 '소신 있다'고 하지는 않습니다. '돈과 지위를 탐하는 사람'이라고 하죠. 이런 사람들은 사람에게 충성하지도, 공동체에 충성하지도 않습니다. 돈과 지위를 탐하는 사람에게 '공동체에 대한 헌신'을 기대하는 건 친일파에게 독립운동을 기대하는 것과 같습니다.

과거로 걷는 길

우리나라가 구매력 기준 1인당 GDP, 국가 신용등급, 국가 경쟁력에서 일본을 앞섰습니다. 불가능할 것 같았던 일이 실현됐습니다. 군국주의 부활을 꿈꾸는 극우 세력이 정권을 잡은 기간 동안 일본은 정체하거나 퇴보했습니다. 1940년대를 '영광의 시대'로 기억하는 사람들은 그 시대로 되돌아가려는 충동을 느낄 수밖에 없습니다. 과거로 되돌아가는 것이 퇴보입니다.

우리나라에도 이승만, 박정희의 정신이 지배했던 1950~70년대를 '좋았던 시대'로 기억하는 사람이 많습니다. 그들도 이승만 박정희 시대로 되돌아가려는 충동을 느낍니다. 역사는 많은 사람이 바라보는 방향으로 진행합니다. 과거를 기억하되 되돌아가려는 충동에서 벗어나야 역사를 전진시킬 수 있습니다.

얼마 전 윤석열 씨는 육영수 생가에 가서 '참배'했습니다. 박근혜를 구속, 기소했던 윤석열에서 박근혜 어머니를 존경하는 윤석열로 가는 길이 그가 걷는 길입니다. 윤석열 씨가 걷는 길을 따라 걷는 사람이 많으면 우리나라가 도달할 곳도 미래가 아니라 과거가 될 겁니다.

#시민 #실천

6장 시대 앞으로 나서다

자기가 지지하는 후보를 위해 다른 후보의 행적과 발언 취지 등을 왜곡하여 비방하면서, 남에게도 그러라고 요구하는 사람이 많습니다. 왜곡에 맞서 '객관적 진실'을 찾으려 노력하는 건 시민의 의무입니다. 그래야 '진실의 승리'를 바랄 자격이 있습니다.

#무너지는_정의와_상식

조국 딸이 포르쉐 탄다는 '거짓말'에는 그토록 흥분했던 사람들이 박형준 딸이 40억짜리 엘시티 산다는 '참말'에는 반응하지 않습니다. 이런 게 바로 윤석열 씨가 말한 '어렵게 쌓아올린 정의와 상식이 무너져가는' 현상입니다.

21세기 시민과 지혜

지금까지 드러난 바로는 대장동에서 거액을 '해먹은' 집단은 검사-판사-언론인으로 구성된 부패 엘리트 카르텔입니다. 부산 엘시티에서 거액을 '해먹고' 묻어버린 집단도 검사-판사-언론인으로 구성된 부패 엘리트 카르텔이라는 혐의가 짙습니다. 이제 이 부패 엘리트 카르텔은 대한민국 전체를 '해먹기' 위해 단단히 결속하고 있습니다. 부패한 법조-언론 카르텔이 자기들의 부정한 치부致富에 방해가 되는 후보를 모함하고 여론을 조작하여 선거를 '요식행위'로 만든 브라질식 연성 쿠데타는 이미 이 땅에서도 진행 중입니다.

브라질에서 성공한 21세기형 쿠데타의 행동대원은 언론인들이었습니다. 그들은 있는 사실을 감추고 없는 사실을 조작하여 대중을 선동했습니다. 대중이 그들의 선동에 넘어간 결과, 한때 BRICs라는 말이 생길 정도로 발전하던 브라질은 빈곤과 범죄가 만연한 나라가 됐습니다. 브라질은 망하지 않았지만 브라질의 서민 다수는 망했습니다.

재작년 표창장 의혹 관련 언론 보도량과 최근의 고발사주, 주가 조작, 요양급여 부정 수급, 부산저축은행 부실 수사, 양평 아파트 사업 특혜, 엉터리 박사학위논문과 허위 경력 등등에 대한 보도량을 비교해 보면, 한국언론이 어느 지경으로까지 타락했는지 알 수 있습니다. 언론자유는 시민들이 피로써 얻어낸 민주주의의 핵심 가치 중 하나입니다. 한국 언론인들이 세계 최고 수준의 자유를 누리는 것은 시민들이 피 흘리며 싸워 이긴 덕분이지 그들이 잘나서 얻은 게 아닙니다. 그러나 오늘날의 한국 언론인 다수는 언론자유가 자기들의 사익 추구를 위한 발판인 줄 압니다. 부패한 검사들이 공권력을 사유화한 것처럼, 부패한 언론인들도 시민이 준 언론자유를 사유화했습니다. 그들은 외부의 압력에 의해서가 아니라 '자발적'으로 부패한 국가를 만들고 그 지배 세력의 일부가 되려고 합니다. 화천대유에서 거액을 해먹은 '언론인' 출신들이 언론인의 '수치'인지 '동경의 대상'인지는 그들 스스로가 잘 알 겁니다.

이제 대선 후보가 다 정해졌으니 사람들의 의식을 조종하여 자기들의 사익 실현에 유리한 나라로 만들려는 부패한 언론인들의 책동은 더 극악스러워질 겁니다. 민주주의는 사회의 재부를 독점하고 국민을 노예처럼 만들려는 부패한 특권 세력에 맞서 싸워가는 '과정'입니다. 21세기형 쿠데타를 저지하려면 21세기형 민주시민이 탄생해야 합니다. 20세기의 시민들은 군사독재와 싸워서 민주주의를 쟁취했지만, 21세기 시민들은 부패한 엘리트 카르텔과 싸워서 민주주의를 지켜내야 합니다. 21세기 시민들에게 가장 중요한 덕목은 부패한 언론인들이 마음대로 조종할 수 없는 '의식'입니다. 20세기의 시민들에겐 군인들의 총칼에 맞설 용기가 필요했지만, 21세기의 시민들에겐 부패한 언론인들의 '펜'에 맞설 지혜가 더 필요합니다.

브라질식 연성 쿠데타

2019년 브라질에서는 대선을 앞두고 '진보' 세력의 유력 후보였던 룰라가 투옥됐고, 그 결과 '보수' 후보인 보우소나루가 당선됐습니다. 형식면에서는 합법적 '정권교체'였죠. 보우소나루 정권은 전기, 우편, 공항, 석유, 은행 등 수백 개의 공기업을 '민영화'하여 자본권력에 나눠줬습니다. 그러면서도 코로나 방역에는 세계 최악의 무능을 드러냈습니다. 브라질 국민의 67%가 민영화에 반대했지만, '합법적으로' 선출된 권력은 자본권력에 먹잇감을 나눠주는 데 아무런 거리낌이 없습니다.

2019년 브라질에서 룰라가 투옥되는 과정은 외부자의 눈으로 볼 때는 그야말로 한 편의 코미디였습니다. 브라질에서 '반부패 판사'라는 명성을 얻었던 세루지우 모루가 룰라를 부패혐의로 수사했고,

브라질 언론은 룰라의 혐의를 기정사실화했습니다. 브라질 사법부는 룰라에게 유죄판결을 내렸습니다. **"증거를 인멸했기 때문에 증거가 없다"**는 희대의 억지 주장이 나온 것도 이 재판에서였습니다.

보우소나루 정권이 지난 2년 반 동안 해온 일들을 보면, 이 '사건들'의 역사적 맥락과 의미를 알 수 있습니다. 보우소나루 정권은 국가재산, 즉 국민의 재산을 '민영화'하여 자본권력 및 그와 결탁한 엘리트 권력에 나눠줬습니다. 브라질의 법조-언론 엘리트들은 룰라를 죄인으로 만들어 보우소나루를 당선시킨 공로에 대한 보상을 받았습니다. 반면 브라질 국민들은 자기들 재산이 자본권력에 고스란히 넘어가는 걸 지켜보는 수밖에 없었습니다. 브라질 대법원은 보우소나루 당선 1년쯤 지난 뒤 룰라를 석방하여 '법치'의 체면을 세웠습니다.

법조-언론 카르텔을 동원한 '정권교체'는 군부 쿠데타보다 비용이 훨씬 덜 듭니다. 군부 쿠데타가 일어나면 군인들에게 큰몫을 떼줘야 하지만, 연성 쿠데타는 기존의 '엘리트 카르텔'을 유지하면서 이권 분배의 몫만 조정하면 되기 때문입니다. 브라질은 21세기형 쿠데타의 선례를 보였을 뿐입니다.

"노동자가 1주 120시간 일할 수 있어야 한다."나 "가난한 사람이 부정식품을 사 먹을 수 있게 해야 한다."는 윤석열 씨의 발언은 브라질에서 일어난 엘리트 쿠데타의 지향점을 한국말로 표현한 것이라고 할 수 있습니다. 이런 쿠데타는 민주주의 역사가 짧고 시민사회의 성숙도가 낮은 나라에서는 언제든 일어날 수 있습니다.

무의미하지만 이런 가정을 해 봅니다. 2019년 여름 조국씨가 법무장관직을 맡지 않고 지난 총선에서 국회의원이 되었다면, 그리고 민주당의 유력 대선 후보가 되었다면, 그런 상태에서 검찰과 언론의 의혹 제기와 난도질이 시작되었다면, 지금 우리 앞에는 어떤 상황이 펼쳐져 있을까요? 윤석열 검찰과 언론이 조국씨의 법무장관 취임을 막기 위해 일찍 칼을 빼 들었기 때문에 지금은 오히려 '고발 사주 의혹' 등 윤석열 검찰의 불의, 부당, 불공정 행위에 대해 인식하고 논의할 수 있게 됐습니다. 그런 점에서 당시 검찰과 언론의 '조국 일가 사냥'은 일종의 백신이라고도 할 수 있습니다.

물론 어떤 백신이든 100% 효과를 보이지는 않습니다. 우리 사회의 언론 지형은 여전히 자본권력의 휘하에 있거나 그의 사주를 받는 세력이 장악하고 있습니다. 그들에게 영향을 받아 윤석열씨를 '정의, 공정, 상식의 아이콘'으로 보는 사람도 많습니다. 이제 선진국이 된 우리나라가 브라질의 뒤를 밟을 것인지, 아니면 그와 다른 길로 갈 것인지는 이 '백신'의 효과가 어느 정도이냐에 달렸습니다.

거의 모든 사람의 일상이 '돈'에 지배받고 있습니다. 돈 앞에 굴복하지 않는 사람은 없다고 보아도 무방합니다. 진짜 '살아 있는 권력'은 돈을 장악한 자본권력이며 이 권력은 앞으로 수십 년간, 어쩌면 영원히 무너지지 않을 겁니다. '살아있는 권력'의 노예로 살 것이냐 그와 그럭저럭 협상하면서 살 것이냐는 앞으로도 오랫동안 시민들이 고민하고 선택해야 할 문제입니다.

정상적인 절차

"검증을 하려면 정상적인 자료와 절차를 통해서 문제를 제기해야 한다." ―윤석열

윤석열 씨가 요구하는 대로 검찰은 즉각 압수수색과 증인 소환이라는 '정상적인 절차'를 통해 '정상적인 자료'들을 확보해야 할 겁니다.

피의자와 검사의 대화

"내가 전달한 것일 수도, 아닐 수도 있다. 기억하는 게 부자연스러울 수도 있다." ―국민의힘 김웅

"당신 내가 탈탈 털어서 최하 15년 이상 살게 해줄게. 구속 재판만 3~4년 받게 해줄게. 변호사비만 수억 쓰게 해줄게."
　―이재명 표적수사 담당 검사

다른 때 다른 곳에서 나온 말이지만, 서로 대화하는 것 같네요. 검사 시절의 김웅 씨도 피의자에게 저런 말을 들었으면 화가 났겠죠.

변절해서
돈 번 경험

일본 우익의 공작 자금이 한국의 댓글부대와 일부 유튜버에게 유입된 정황이 공개됐습니다. 내정 개입에 해당하지만, 일본이 지난 150년간 늘 해왔던 일이니 새삼스럽지는 않습니다. 다만, 그렇게 오랫동안 일본의 침략과 지배를 당하고도 일본의 '매국노 제조법'을 모르는 사람이 많은 게 안타깝습니다.

110여 년 전에도 일본의 사주를 받은 일진회원들은 떼로 몰려다니며 사람들을 괴롭혔습니다. 자발적 친일파였다가 독립운동가로 전향한 사람은 거의 없습니다. 그러나 독립운동을 지지하다가 갑자기 변절한 자들의 절대다수는 일본에 협박받았거나 매수당한 자들이었습니다. 매국노 다수가 공유한 게 '변절해서 돈 번' 경험이었습니다.

돈이나 감투를 받고 매국노가 된 자들은 그나마 나았습니다. 그들을 추종하다가 저도 모르게 매국노 대열에 합류한 자들은 그저 한심할 따름입니다. 이 '한심함'에서 벗어나야만 '선진국' 다운 나라를 만들 수 있습니다.

검찰의 정치공작과
초원복국 사건

1992년, 경남 지역 검찰 등 정부 기관장들이 초원복국이라는 음식점에 모여 지역감정 조장 등의 '정치공작'을 모의한 적이 있습니다. "우리가 남이가"라는 지역감정 조장 발언은 이 자리에서 나왔습니다. 당시 언론들은 이 '정치공작'을 외면하고 발언 내용을 도청해서 폭로한 정주영 씨 측에 '정치공작' 혐의를 덮어씌웠습니다.

최강욱 의원 등에 대한 고발장을 대신 써주고 미통당에 고발하라고 사주했던 검찰은 미통당 원내대표였던 나경원 씨의 입시 비리 관련 고소 고발 사건을 전부 무혐의 처리했습니다. 이 역시 "우리가 남이가"라는 생각에 따른 처사일 겁니다. 30년 전에도 일부 검사는 '정치공작'의 주역이었습니다. 그런 점에서 '고발사주' 사건은 2021년판 '초원복국' 사건이라고 할 수 있습니다.

다만 언론이 진짜 '정치공작'을 외면하고 국정원장에게 '정치공작' 혐의를 뒤집어씌우는 건, 그때보다 훨씬 저열합니다. '도청'은 불법이지만, 밥 먹는 건 불법이 아닙니다. 30년 전에 써먹었던 '정치공작'보다 더 저열한 '정치공작'이 또 통한다면, 우리 사회는 30년 이상 후퇴할 수밖에 없습니다. 윤석열 씨가 '손발 노동은 아프리카나 하는 것'이라고 말한 그 아프리카는 지나온 과거가 아니라 다가올 미래일 수 있습니다.

무속인과 개신교

윤석열 씨가 '무속열'이라는 새 별명을 얻음으로써, 한국 개신교계의 일방적 윤석열 지지가 흔들릴 것으로 예측하는 사람이 많습니다. 이 예측이 맞을지 틀릴지는 한국 대형교회 목사들의 성향이 '무속인'과 얼마나 다른지 같은지에 따라 결정될 겁니다.

무속의
냄새

최순실 부탁으로 박근혜 사주 봐준 사람, 최순실 이름을 최서원으로 바꿔준 사람, 김명신 이름을 김건희로 바꿔준 사람, 화천대유 천화동인 이름 지어준 사람, 윤석열에게 손바닥에 '王' 자 쓰라고 가르쳐준 사람. '동일인'은 아닐지라도 '동업자'일 겁니다. 역술의 전통, 무속의 냄새, 역사의 퇴보.

대처법을
알아야

"돈 줬다고만 해라. 나머지는 우리가 알아서 한다."

이 공작 수법은, 2019년 브라질 대선 직전 법조-언론 카르텔이 지지율 1위 후보였던 룰라를 투옥하고 보우소나루에게 정권을 안겨준 방식이기도 합니다. 보우소나루는 수많은 공기업을 '민영화'하는 것으로 기득권 카르텔에게 입은 은혜를 갚았습니다.

이 수법은 우리나라에서도 이미 몇 차례 시도된 바 있어 일부는 성공했고 일부는 실패했지만, 그 과정에서 법조-언론 카르텔의 실체가 개략적으로 드러났습니다. 하지만 누가 왜 이런 수법을 쓰는지 아는 것만으로는 '안다'고 할 수 없습니다. '당하지 않는 법'을 알아야 비로소 그 수법에 대해 '안다'고 할 수 있습니다. 알고도 당하는 건 대처법을 모르기 때문입니다.

혐의, 망발, 기행

윤석열 씨가 이재명 씨에게 "지사직과 후보직을 내려놓고 특검 수사를 받으라"고 요구했습니다.

최강욱 의원 등에 대한 고발 사주, 대검의 윤석열 장모 변호 문건 작성, 부인 김건희의 논문 표절과 도이치 모터스 주가 조작, 윤우진 스폰서 의혹, 화천대유 김만배 누나와 윤석열 부친 간 부동산 거래, 기타 숱한 '혐의'들.

노동자가 주 120시간도 일할 수 있게 해야, 없는 사람들은 부정식 품 이하라도 사먹을 수 있어야, 후쿠시마에서 방사능 검출된 적 없 다, 손발 노동은 아프리카에서나 하는 것, 집이 없어서 청약통장 안 만들었다, 기타 숱한 '망발'들.

도리도리, 다리 벌리기, 사타구니 긁기, 손바닥에 '王' 자 쓰기, 기 타 숱한 '기행奇行'들.

지금 윤석열 씨가 급히 받아봐야 할 건, '특검수사'보다도 '인성검 사'일 겁니다.

적폐의 모범

"윤석열 장모 최은순, 보석 허가 조건 묵살하고 주거지 이탈"
— 열린공감 TV

"양평군, 윤석열 장모 아파트 개발에 석연치 않은 인허가. 분양 수입 800억" — MBC

'박근혜와 최순실'의 국정농단을 '전무후무'하다고 할 수는 없습니다. '박근혜 최순실'은 '적폐 기득권 세력의 모범'이었습니다. 그 수법을 모방하는 사람들이 있기에 '모범'인 겁니다.

전직 검찰총장의 구형량

"윤석열 측, 이재명 무기징역 면하기 어려워."

윤석열 씨는 조중동 기사만 보고도 재판 없이 형량을 정할 능력이 있나 봅니다. 대통령 인사권을 무력화하기 위한 억지 수사, 총선에 영향을 미치기 위한 고발 사주, 장모 변론서 대리 작성 지시, 주가 조작 은폐, 부동산 거래를 빙자한 뇌물 수수…… 이 모든 혐의가 '사실'이라면 '주범'의 형량은 얼마나 될까요?

충신과 충견

'살아있는 권력에 맞선 공정과 정의의 화신'이라며 윤석열 씨를 추켜세우던 사람들 중 지금도 "윤석열 씨가 그랬을 리 없다"거나 "그랬더라도 무슨 상관이냐"며 목소리 높이는 자들이 있습니다. 주군의 잘못이 드러났을 때 대신 책임지겠다고 나서는 사람을 '충신'이라고 합니다. 주인의 잘못이 드러나도 계속 주인을 위해 짖어대는 물건은 '충견'이라고 합니다.

직업인의 도덕성

신경정신과 전문의인 원희룡씨 부인이 모 언론사 유튜브 방송에서 "이재명, 소시오 장애 경향 보인다"고 '진단'했습니다. 당사자나 가족이 '접수'도 안 했고, 본인이 직접 '진료'도 안 했으면서 전문의라는 사람이 함부로 '진단'하고 그 결과를 언론에 공표했습니다. 대한의사협회는 즉각 이 사람에 대한 징계 절차에 착수해야 할 겁니다.

의사라는 사람이 진료도 하지 않고 제 맘대로 진단해서 언론에 함부로 공표하는 건, 어떤 의미에서는 '고발사주'보다 더 부도덕하고 악질적인 행위입니다. '접수사주'부터 하고 '진단'하든지. 원희룡 씨 부인은 남편을 돕기 전에 직업인으로서의 자기 '도덕성'에 대해 생각해 봐야 할 겁니다.

낮은 도덕성과
신기한 전문성

신경정신과 전문의로서 진료도 하지 않고 진단할 정도의 낮은 도덕성과 신기한 전문성을 가진 국민의힘 원희룡 씨 부인에게 묻습니다.

"전두환이 정치 잘했다"고 했다가 '사과'하라는 요구를 받자, 자기 인스타그램에 '사과' 사진을 올려놓고 '사과를 가장 좋아한다'고 쓴 윤석열 씨의 '정신과적 질환명'은 무엇인가요?

전문가적 식견과
사람의 식견

"현근택 변호사는 원희룡 후보 배우자 강윤형 박사의 견해를 허위사실이라고 면전에서 마타도어했다." —원희룡 캠프 입장문

그러니까 시장실에서 기념사진 찍은 영어 강사를 보고 자기 법률적 판단에 따라 '조폭'이라고 단정한 어떤 변호사에게 허위사실이라고 반박하는 것도 마타도어가 되는 거군요. '전문가적 식견' 이전에 '사람의 식견'부터 갖춰야 할 겁니다.

사과 않는
정체성

'개사과' 사건 이후 국민의힘 내부에서도 윤석열 씨 사퇴나 후보 자격 박탈을 요구하는 목소리가 나오고 있답니다. 하지만 국민의힘 정체성에는 윤석열 씨가 가장 잘 어울립니다. 곽상도의 50억에 대해서도, 김용판의 가짜 돈다발 사진에 대해서도 국민의힘은 사과 한 마디 하지 않았습니다.

개에게
사과 주는 사진

"노동자가 주 120시간이라도 일하게 해야"
"가난한 사람들은 부정식품 이하라도 사 먹을 수 있게 해야."
"암 걸려 죽을 사람은 임상시험 전이라도 신약 쓸 수 있어야."
윤석열 씨가 국민 대다수를 가축이나 실험용 쥐로 취급한다는 건, 그가 대선 출마를 선언한 직후에도 알 수 있는 일이었습니다. 이번 '개에게 사과 주는 사진'은 그의 평소 생각을 직관적으로 표현한 것일 뿐입니다. 말로 하면 모르고 사진으로 보여줘야 겨우 아는 것도 일종의 '현대병'입니다.

안중근과 김구의
정신

1998년 조선일보는 다소 갑작스럽게 '영어 공용화'를 주창했습니다. 5천만 명밖에 사용하지 않는 한국어와 한글로는 우리 문화 콘텐츠를 세계화할 수 없다는 게 이유였죠. 한국 작가들이 영문으로 소설을 쓰고, 한국 감독들이 영어로 영화를 만들면 한국인의 문화 시장이 10배 이상 커질 거라는 주장이었습니다.

그런데 말은 '영어 공용화'였지만, 사실은 영어 전용론이었습니다. 일제강점기 일본어만 쓰게 한 '국어상용'도 실제로는 '일본어만 쓸 수 있는 친일파 상류층'과 '한국어밖에 못 쓰는 보통의 조선인'에 대한 차별을 정당화하는 구실을 했으니까요.

조선일보의 '영어 공용화' 주장을 수용하려 했던 것이 이명박 정권의 이른바 '어린쥐 정책'이었습니다. 우리말도 모르는 아이들에게 '영어 몰입 교육'을 해서 '세계시민'이자 '상류층'으로 만들고야 말겠다는 부모들의 욕망이 그를 뒷받침했고요.

1940년 이광수는 "조선인은 전연 조선인인 것을 잊어야 한다. 아주 피와 살과 뼈가 일본인이 되어버려야 한다."고 주장했습니다. 그는 스스로 언어, 의복, 주거, 생활습관 등 모든 면에서 일본인이 되기 위해 노력했고, 자기처럼 해야 조선민족에게 살길이 열린다고 주장했습니다. 일제강점기 '자발적 친일파'를 대표했던 그의 정신은 해방 후에도 살아남았습니다.

오늘날 가요, 영화, 드라마 등 한국어로 된 문화 콘텐츠가 세계인의 관심을 끄는 걸 보면 저승의 이광수는 뭐라고 변명할까요? 백범 김구는 우리나라가 '문화강국'이 되어 세계의 모범이 되는 미래를 꿈꿨습니다. 반면 이광수를 추종했던 비루한 친일파는 우리 민족의 문화 자체를 없애 버리고 강대국 문화에 흡수돼야 살길이 열린다고 주장했습니다. 상반되는 두 주장은 당연히 정치이념으로도 표현됩니다. 1998년 조선일보의 '영어공용화' 주장과 이명박 정권의 '어린 쥐 교육'은 이광수의 사상을 그대로 계승한 겁니다.

안중근 의사는 '안응칠역사'에 "무릇 문명이란 것은 동서양, 잘난이 못난이, 남녀노소를 물을 것 없이 각각 천부天賦의 성품을 지키고 도덕을 숭상하며 서로 다투는 마음이 없이 제 땅에서 편안히 생업을 즐기면서, 같이 태평을 누리는 바로 그것"이라고 썼습니다. 그는 세계인에게 경쟁 만능의 이데올로기와 지배욕에 따른 '전쟁의 위협'을 경고하기 위해 이토를 척살했습니다. 안중근, 김구의 당당한 정신과 이광수 조선일보류의 비루한 정신은 아직도 서로 싸우는 중입니다.

"돈을 벌기 위해서는 우리의 언어나 문화 따위는 다 버려야 한다"고 주장했던 이광수의 정신이 어떤 정치적 지향으로 표현되고 있는지 생각해 보시기 바랍니다. '대한국인 안중근'이라는 글자가 새겨진 스티커를 차 뒷유리에 붙인다고 안중근 정신이 살아나는 건 아닙니다. 오직 돈과 힘만을 바랐던 이광수식 욕망을 청산해야 안중근 정신이 살아납니다.

#바른_선택을_위한_실천_의지

대통령 주변에는 각 분야의 전문가를 자처하는 사람들이 몰려들게 마련입니다. 대통령이
전혀 모르는 분야가 있으면, 전문가를 자처하는 사기꾼에게 휘둘리기 쉽습니다.

대통령의
자격 조건

대통령 선거를 앞두고 저 나름의 채점표를 만들어 봤습니다. 나라
의 운명과 직결된 중요한 일이니, 투표할 유권자 모두가 각자의 채
점표를 만들 수밖에 없을 겁니다. 다른 분들의 채점표 작성에 도움
이 되기를 바랍니다.

1. 역사의식이 있을 것
'이승만 시대'나 '박정희 시대'라는 말을 쓰는 데에서 알 수 있듯,
대통령은 '자기 시대'를 만드는 직책입니다. 대통령은 우리 공동체

가 어떤 역사를 거쳐 왔으며 어떤 역사적 과제를 앞에 두고 있는지, 자기 견해를 명확히 제시하고 대중의 동의를 얻을 수 있어야 합니다. 대통령에게 역사의식이 없으면 불필요한 시행착오를 반복할 뿐 아니라 시간을 과거로 되돌릴 수도 있습니다. 역사의식이 없는 사람들은 시대의 변화에 맞는 비전을 제시하지 못하고 낡은 구호에 집착하곤 합니다. 그런 사람들이 기대는 것은 주로 대중의 익숙하면서도 막연한 '공포감'입니다. 하지만 시간은 모든 것을 상대화합니다. 역사의식이 있는 사람이라야 어떤 변화에도 대처할 수 있습니다.

2. 박식할 것

대통령이라고 해서 세상 모든 일에 통달할 필요는 없습니다. 그러나 각 분야의 주요 의제가 무엇인지 정도는 알아야 합니다. 대통령 주변에는 각 분야의 전문가를 자처하는 사람들이 몰려들게 마련입니다. 대통령이 전혀 모르는 분야가 있으면, 전문가를 자처하는 사기꾼에게 휘둘리기 쉽습니다. 예컨대 대통령이 원전의 안전성과 경제성 논쟁의 쟁점을 모른다면, 자기와 가까운 사람의 주장만을 믿고 따르는 위험천만한 일을 저지르게 됩니다. 무식한 지도자는 주술에 의존하기 쉽습니다. '원전 조기 폐쇄 반대는 하나님의 확신'이라고 주장한 최재형 감사원장이 그 예입니다. 또 특정 분야의 전문가라고 자처하는 사람도 대통령으로서는 부적격이라고 봅니다. 특정 분야의 전문가는 자기 분야의 중요성을 과도하게 평가하는 경향이 있습니다. '전문가의 견해'라는 말에 종종 '현실성 없는'이나 '균형 감각을 상실한' 등의 수식어가 따라붙는 이유입니다. 어떤 분야의 최고 전문가는 대학이나 연구소에 있어야 합니다. 어설프게 전문가 행세하는 정치인은 오히려 진짜 전문가를 배척합니다. 전문성에 경도되면 통찰력을 갖기도 어렵습니다. 통찰력은 여러 분야를 넘나들어야 생깁니다. 윤석열 씨가 '김대중 전 대통령님의 성찰'이라고 쓴 것은, '통찰'이 뭔지 모르기 때문입니다.

3. 부지런할 것

대통령은 나라 안에서 일어나는 모든 일에 책임져야 하는 직책입니다. **사건과 사고는 대통령의 생활리듬을 배려하지 않습니다.** 대통령은 수많은 사람을 만나야 하고 수많은 결정을 내려야 합니다. '부지런'도 생활 습관입니다. 게으른 사람이 대통령이 되었다고 해서 하루아침에 부지런해지지는 않습니다. 박근혜가 부지런했다면, '박근혜의 7시간'은 논란거리가 되지 않았을 겁니다. 물론 '부지런'을 검증하기는 어렵습니다. 그래도 밤에 술자리에서만 부지런한 생활 습관을 기른 사람을 짚어내기는 어렵지 않을 겁니다.

4. 신중하되 과감할 것

대통령의 명령은 법률에 준합니다. 대통령은 어떤 사안이든 많은 사람의 이야기를 듣고 심사숙고한 뒤에 결정해야 합니다. 그러나 결정하기 어려운 일들의 결정권이 최종적으로 모여드는 곳이 대통령직입니다. 몇 달씩 숙의와 고민을 거친 뒤에 결정할 수 있는 일도 있지만 문제가 발생한 즉시 결정해야 하는 일도 많습니다. 대통령은 누구에게도 결정을 미룰 수 없습니다. 그런 경우에는 직감에 의존하는 수밖에 없습니다. 물론 직감은 타고 나는 게 아닙니다. 어려운 결단을 수없이 내려본 사람만이 키울 수 있는 감각입니다. 다만 신중과 우유부단, 과감과 경박은 서로 혼동될 수 있습니다. '그'가 심사숙고하는 것인지 '간'을 보는 것인지는 주권자가 판단할 문제입니다.

5. 약자 편에서 살아왔을 것

"내가 돈버는 데 나라가 보태준 것 있냐?"고 하는 부자들을 가끔 봅니다. 이런 사람들은 국가를 거추장스럽게 여기거나 자기 이익을 극대화하기 위한 수단 정도로 생각하는 경향이 있습니다. 사회에서 벌어지는 무한경쟁을 방치하거나 부추기는 정부라면, 사회적 약자에게는 정부가 곧 맹수입니다. 국가는 부자와 강자보다 빈자와 약자에게 더 절실히 필요합니다. 빈자와 약자는 국가가 편을 들어주어야 겨우 '인간답게' 살 수 있습니다. 빈자와 약자 편에서 살아본 사람이 아니면 이 이치를 모르기 쉽습니다. 게다가 '사회지도층'이라는 사람들은 거의가 부자와 강자들입니다. 이런 사람들 사이에서 빈자와 약자의 사정을 생각하려면, 인생과 철학이 서로 결합해 있어야 합니다. 그래서 '자기 성공은 순전히 자기 능력의 결과'라고 생각하는 사람도 부적격입니다. '능력 지상주의'는 '성공한 자'들만의 이념입니다. 어느 나라에든 '성공한 사람'보다 그렇지 못한 사람이 훨씬 많습니다. 이런 이념은 사회 구성원 사이의 대립을 심화하고 국가 공동체의 기반을 와해시킵니다.

6. 후덕厚德할 것

덕德은 카리스마와는 다른 동양적 리더십입니다. 덕을 명료히 정의하기는 어려우나, 자신을 낮추고 자기 공을 내세우지 않으며 어려운 사람 돕기를 반복함으로써 생기는 평판 또는 이미지라고 해도 좋을 겁니다. 대통령은 국민 모두의 머슴이라는 민주주의적 원칙과는 별도로 '덕치德治'를 중시하는 동양적 정치관은 여전히 시민 다수의 의식에 영향을 미치고 있습니다. 억울함이 없는 나라를 꿈꿀 수는 있으나 만들 수는 없습니다. 대통령은 어떤 하소연이든 들어줄 것 같은 사람, 억울함을 풀어주진 못해도 진심으로 위로는 해 줄 것 같은 사람이어야 한다고 봅니다. 갑작스레 해고당한 뒤 사정하는 테니스장 관리인에게 귀찮다는 듯 2만 원을 집어 주는 대통령을 다시 보고 싶지는 않습니다.

시대의 문제

노동자들이 주 4일만 일해도 모두가 행복한 미래를 지향할 것이냐, 아니면 노동자들은 주 120시간 일하고 가난한 사람은 부정식품 이하라도 사 먹어야 하지만 가진 자들은 50억을 성과급으로 받는 미래를 지향할 것이냐 중에서 하나를 선택하는 것이 '시대의 문제'가 됐습니다. 사람답게 살 것이냐, 개 취급받으며 살 것이냐 그것이 문제로다.

사법거래와 언론인들

사기꾼에게 뇌물 받은 혐의로 수사받는 윤석열 씨 전 대변인이자 조선일보 전 기자 이동훈 씨가 아무런 근거도 제시하지 않고 "여권 사람이 자기를 찾아와 Y를 치고 우리를 도우면 없던 일로 만들어주겠다고 했다"고 주장했습니다. 윤석열 씨 측은 "사실이라면 공작정치이자 수사권을 이용한 선거개입이며 사법거래"라고 단언했습니다.

채널A 전 기자가 수감자의 대리인에게 "유시민을 칠 수 있게 해주면 검찰총장 최측근 검사가 도와줄 것"이라고 말한 것은 윤석열 씨가 검찰총장일 때의 일입니다. 그가 이렇게 말했다는 것은 녹취록을 통해 이미 사실로 입증됐습니다. 윤석열 씨 측의 주장에 따르면 공작정치, 수사권을 이용한 선거개입, 사법거래 혐의로 당장 수사를 받아야 할 사람은 윤석열 씨 본인입니다.

엉터리 학위논문, 엉터리 공소장

유시민 씨를 모해하기 위해 수감자에게 허위진술을 강요했던 채널A 기자가 무죄 판결을 받았습니다. 엉터리 논문 써서 박사학위 받는 신공神功이 있듯, 엉터리 공소장으로 무죄 판결을 유도하는 신공도 있을 겁니다. 표창장 사건이 '국정농단과 유사'하다는 검찰 논리대로라면 이 사건은 '쿠데타와 유사'하다고 해야 할 겁니다.

K-Democracy

한국전쟁 중이던 1952년 1월, 국회에서 대통령 직선제 개헌안이 부결됐습니다. 전쟁이 터질지 까맣게 모르고 있던 무능함, 먼저 서울을 탈출한 뒤 한강 다리를 폭파한 야비함, 서울 수복 후 부역자를 색출한답시고 수많은 사람을 고문한 파렴치, 국민방위군 사건으로 수많은 사람을 얼려 죽이고 굶겨 죽인 부패, 거창 등지에서 수많은 양민을 학살한 잔인함. 이승만이 대통령을 한 번 더하겠다고 나설 명분은 전혀 없었습니다. 국회에서 개헌안이 부결된 건 당연한 '민심의 반영'이었습니다. 그러나 이승만 일파는 개헌안에 반대하는 국회의원들을 체포했고, 백골단, 땃벌떼, 민중자결단 등의 이름을 가진 이승만 추종 집단을 국회의사당에 난입시켜 국회의원들을 협박했습니다. 새로 제출된 직선제 개헌안은 공포 분위기 속에서 통과됐습니다.

2021년 1월, 미국에서 트럼프의 재집권을 바라는 추종자들이 의사당에 난입하여 총기를 난사, 4명이 사망했습니다. 70년 전 한국에서 일어났던 것과 비슷한 일이 지금 미국에서 일어났습니다. 한국인들이 '민주주의'라는 단어를 처음 알았을 때부터 미국은 '민주주의의 모범'이었습니다. 하지만 이번 일로 미국은 '민주주의의 모범' 지위를 잃었습니다. **미국의 추락은 이미 트럼프가 당선됐을 때부터 시작된 일이었습니다.**

'세계의 모범'이던 미국 민주주의가 엉망이 되었다고 해서 민주주의 자체를 회의해서는 안 될 겁니다. 이제부터는 다른 나라를 '모범' 삼지 말고 우리가 '세계의 모범'이 되어야 합니다. K-Democracy를 세계의 모범으로 만드는 건 이 시대 한국인 모두에게 영광스러운 일입니다.

4차 산업혁명과 공동체의 위기

며칠 전 어떤 식당에서 흥미로운 경험을 했습니다. 종업원에게 주문한 지 얼마 되지 않아 칸칸이 쟁반을 얹은 선반형 로봇이 식탁 옆으로 다가와 섰습니다. 로봇 상단부에는 '음식을 다 내린 뒤 확인 버튼을 눌러주세요'라고 씌어 있었습니다. 시키는 대로 하고 나자, 로봇은 당당하게 주방으로 굴러갔습니다. 비접촉 시대에 괜찮은 아이디어라는 감탄보다도 저런 로봇이 빼앗을 일자리들에 대한 걱정이 앞섰습니다.

재작년 고속도로 톨게이트 요금 수납원들이 정규직화를 요구하며 삼보일배 투쟁을 벌인 적이 있습니다. 그들은 결국 승리했지만, 해당 업종의 '마지막' 직원이 될 가능성이 큽니다. 역사적으로 보자면 이들의 승리는 아주 드문 '예외'에 해당합니다. 이 투쟁의 현상적 상대는 거대 공기업이었지만 본질적 상대는 자동 기계였습니다. '하이패스' 시스템이 처음 나왔을 때 이들의 일자리가 계속 줄어들다가 끝내 사라지리라는 것은 충분히 예견할 수 있었습니다. 지금 '4차 산업혁명'이라는 말이 널리 유행하지만 '산업혁명'과 '일자리 파괴'는 서로 다른 말이 아닙니다. 근대 이후 우리나라에서도 수많은 사람이 기계 때문에 일자리를 잃었습니다.

기계가 사람의 일자리를 빼앗는 현상이 본격화한 19세기 초, 영국에서 노동자들이 공장에 뛰어들어 기계를 부수는 일이 발생했습니다. 그러나 기계를 부순다고 해서 '기계 생산 시스템'까지 부수지는 못했습니다. 기계 생산 중심의 경제는 본래 '사람다운 속성'들을 무가치하거나 비생산적인 것으로 취급합니다. 기계는 사람보다 정확하고 사람보다 빠르며 사람보다 강하고 사람보다 부지런합니다. 기계의 초인적超人的 능력과 발전 속도에 대한 두려움은 때로 기계가 인간을 지배하는 디스토피아적 미래에 대한 상상으로 이어지곤 했습니다. 공포의 근저根底에는 '인간보다 똑똑한 기계'가 자리 잡고 있었죠. 기계가 인간과 바둑을 두어 이긴 최근의 사건은 이런 기계에 대한 막연한 두려움을 현실화했습니다.

역사상 사람이 기계와 싸워 이긴 예는 없었습니다. 자기 정체성의 핵심인 직업을 잃은 사람들이 다른 직업을 찾아 헤매는 일은 자본주의 시대의 일상 풍경이었죠. 지금의 문제는 그 속도와 범위가 이제껏 겪어보지 못한 정도라는 데에 있습니다. 이제 사람만 할 수 있던 일과 기계도 할 수 있는 일 사이의 경계는 아주 빠르게 흐릿해지고 있습니다. 여기에 팬데믹 상황에서 '비대면 활동'의 경험까지 축적됨에 따라, 직업 세계의 변화 속도는 우리의 상상을 뛰어넘을 겁니다. 재작년 OECD는 자동화로 인해 현존 직업의 최소 14%가 소멸 위험에 처했으며, 32%는 급진적 변화에 직면했다고 발표했습니다.

다음 정권 임기 중에는 분명 자동 기계화에 따른 직업 소멸이 심각한 사회 문제로 부상할 겁니다. 물론 새로운 직업들이 생기겠지만, '직업 훈련 알선' 정도로 '직업 소멸'로 인한 위기를 해소할 수는 없을 겁니다. '소멸하는 직업'을 가진 사람들이 생각하는 '공정'과 안정적 직업을 가진 사람들이 주장하는 '공정'이 같을 수는 없습니다. 직업 위기는 곧 공동체의 위기입니다. 이 문제를 어떻게 해결할 것인지에 대한 청사진이 필요하고, 이번 대선은 그를 평가하는 기회가 되어야 할 거라고 봅니다.

해명과 고발

선거를 앞두고 후보자들에 관한 수많은 '소문'이 돌아다니고 있습니다. '상식'만으로 판단할 수 있는 것도 있고, 시간이 밝혀줄 것도 있으며, 영영 밝혀지지 않을 것도 있을 겁니다. 시민들이 모든 '소문'들의 진실을 확인할 수는 없습니다. 더구나 자칭 '기자'들이 특정 진영이나 후보의 선거 운동원 노릇을 하느라 '인간의 상식'조차 내팽개치는 상황에서는.

저는 시민들이 공직 후보자의 자격을 판단하는 데에서 중요하게 고려해야 할 것 중의 하나가 '해명을 먼저 하느냐, 고발을 먼저 하느냐'라고 봅니다. 정치인도 인간이기에, 충분히 소명했는데도 계속 거짓말을 반복하는 사람들을 고소·고발할 수 있습니다. 하지만 해명은 하지 않고 다짜고짜 시민들을 고소·고발하는 사람에게 '공적公的 권한'을 주는 것은 매우 위험합니다.

'해명은 하지 않고 겁박만 하는 것'이 바로 '독재의 정신'이기 때문입니다. 요즘 후보들의 행태를 보면 해명을 하는 것인지 겁박을 하는 것인지 쉽게 알 수 있을 겁니다. 이재명 씨더러 '바지 내렸다'고 조롱하는 사람들도 있지만 시민들이 의심을 품는다면 이런 일조차도 해야 하는 게 공직자 또는 공직 후보자의 도리입니다.

물론 "이재명 치니 아수라 떴다… 넷플릭스, 너 뭐 좀 아는 거니?" 같은 기사는 후보자가 해명할 수 있는 게 아닙니다. '인간의 상식' 척도를 넘어서는 악랄함과 저열성의 영역에 있는 '주장'들에 대해서는 시민들이 스스로 판단하는 수밖에 없습니다. 시민들의 상식이 저토록 비열한 자들의 '상식' 수준에 수렴하지 않도록 하는 것이 민주주의의 과제입니다.

다툼과 싸움

워낙 '극단적 사고'가 일반화하다 보니 '다르다'와 '틀리다'를 '같은 뜻'으로 쓰는 것처럼 다툼과 싸움도 '같은 뜻'으로 쓰는 경우가 많습니다. 스포츠에 비유하자면, 다툼은 기록 경기이고 싸움은 격투기입니다. '앞다투다'라는 말은 있으나 '앞싸우다'라는 말은 없으며, 국어사전 표제어에 '몸싸움'은 있어도 '몸다툼'은 없습니다. 일부 개념 없는 기자들이 '몸다툼'이라는 말을 쓰기는 하지만.

의형제를 맺은 관우와 장비는 공을 다투고 선봉을 다투기는 했으나 서로 싸우지는 않았습니다. 다툼은 상대를 해치지 않는 경쟁이고 싸움은 상대를 해쳐야 하는 전쟁입니다. 다툼은 같은 편끼리 하는 거고, 싸움은 적과 하는 겁니다. 대선 후보 경선 일정이 다가오자 일부 지지자가 '싸움모드'로 전환하고 있습니다. 어느 당이든 당내 경선은 '다툼'에 그쳐야 합니다. 물론 외계인이 침략해 오면 다툼과 싸움의 대상이 달라지겠지만. 이 다툼에서 시민은 선수나 응원단이 아니라 심판이자 평가위원입니다. '다툼'이 '싸움'으로 이어지지 않게 하는 것도 심판과 평가위원의 일입니다.

공평한 세상

1. **그의 취미는 골동품과 미술품 수집이었습니다.** 그의 수집품 중에는 도굴품과 장물도 있었고, 그가 수집품 거래로 자금세탁을 했다는 의혹도 있었습니다. 그의 취미는 아들과 며느리에게로 이어졌습니다. 그 일가의 수집품 가액은 수조 원에 달합니다. 그의 아들이 죽자, 언론들은 그의 손자가 미술품으로 상속세를 낼 수 있게 해줘야 한다고 주장했습니다. 국회의원 일부도 그에 동조했습니다. 그는 삼성 그룹 창업자입니다.

2. **그의 취미는 생활자기 수집이었습니다.** 그가 외국에 거주하면서 사 모은 생활자기는 다 해야 2천만 원어치도 안 됐습니다. 그는 자기 수집품을 이삿짐에 넣어 귀국했습니다. 귀국 후 카페를 차린 그는 자기 수집품을 사용하면서 전시, 판매도 했습니다. 판매한 총액은 320만 원어치. 그가 남긴 이익은 기껏해야 100만 원이 될까 말까 했습니다. 하지만 언론들은 그를 밀수꾼, 부정축재자로 몰았고

국회의원 일부도 그에 동조했습니다. 결국 그의 남편은 장관 후보에서 사퇴했습니다. 그는 박준영 해수부 장관 후보의 부인입니다. 세상 참 공평합니다.

어느 대선 후보의 채점표

앞에서 제가 생각하는 대통령 후보 채점 기준표를 제시한 바 있습니다. 유력 대선 후보의 최근 언행을 보기로 제시하니 직접 채점해 보시기 바랍니다.

1. 역사의식이 있을 것 — 그는 1987년 6월 민주항쟁과 1979년 부마항쟁을 분간하지 못했습니다. 그는 우리 정부가 이념편향적 죽창가를 부른 탓에 한일관계가 이 지경이 됐다고 말했습니다.

2. 박식할 것 — 그는 '지평'과 '지평선', '통찰'과 '성찰'을 구분하지 못했습니다. 그는 일본 후쿠시마에서 방사능이 유출되지 않았다고 했고, 손발 노동은 아프리카에서나 하는 것이라고도 했습니다. 심지어 중병 환자에게는 임상시험을 거치지 않은 약이라도 쓰게 해줘야 한다고 주장했습니다.

3. 부지런할 것 — 그는 낮술을 즐겨 마십니다. 그는 언론에 공개되는 중요한 모임도 술집에서 갖습니다. 그는 유명한 지식인들에게 몇 달간 족집게 과외를 받았다는데, '1일 1망언'이라는 지적을 받습니다.

4. 신중하되 과감할 것 — 그가 "내 장모는 누구한테 10원 한 장

피해준 일 없다"고 한 직후, 그의 장모는 유죄 판결을 받았습니다. 그는 종로에 문제의 벽화가 등장한 직후, 올림픽에 국민의 시선이 집중된 상태에서 당 대표와 협의도 없이 야당에 기습적으로 입당했습니다. 그는 전두환 미화 발언으로 여론이 악화하자, 마지못해 사과한 후 SNS에 '개에게 사과 주는' 사진을 올렸습니다.

5. 약자 편에서 살아왔을 것 — 그는 "노동자들이 1주에 120시간씩 일할 수 있게 해야 한다", "없는 사람은 부정식품 이하라도 사 먹을 수 있게 해야 한다", '최저임금 이하로도 일할 사람 많다" 등 노동자와 서민들에게 장시간 저임금 노동과 인간 이하의 생활을 '허용'하자는 취지의 발언들을 했습니다.

6. 후덕厚德할 것 — 그는 제 맘에 안 드는 장관의 취임을 막기 위해, 장관 후보자가 공직자도 아니던 시절에 그 자녀들이 받은 표창장, 장학금, 체험활동증명서 등까지 잔인하게 트집 잡아 그 후보자의 일가에 멸문지화를 안겼습니다. 그가 대변인으로 임명한 사람은 사기꾼에게 뇌물 받은 혐의로 경찰 수사를 받았습니다.

게임의 룰

윤석열 측, "박지원 게이트 될 수도… 휴대폰 압수수색해야."

국가 기밀을 관장하는 국정원장 휴대폰을 압수수색하라고 요구하려면 일단 한동훈 씨 휴대폰 비번부터 풀고 윤석열, 김웅, 정점식은 물론 '고발 사주'를 전후한 기간 중 그들이 만났던 사람 모두의 휴대폰부터 내놓아야 할 겁니다. 이게 상식적인 '게임의 룰'입니다.

귀신 씻나락 까먹는 소리

봄에 파종하기 위해 보관해 둔 볍씨를 씻나락이라고 합니다. 이게 없으면 다음 해 농사를 못 짓기 때문에 절대로 먹어서는 안 되는 것 이었습니다. 옛날 옛적 어느날, 어느 농가에서 신주단지처럼 모셔두 었던 씻나락이 왕창 줄어들었습니다. 농가의 안주인이 아이들에게 물었더니 아버지가 먹는 걸 보았다고 했습니다. 아낙은 남편을 추궁 했습니다.

"내가 먹었을 수도 있고, 아닐 수도 있다. 기억나지 않는다. 먹었 다는 사실이 밝혀지면 사과할 용의도 있다."며 횡설수설하던 남편 은 갑자기 생각났다는 듯 손뼉을 치며 큰 소리로 말했습니다. "이게 다 귀신의 소행이다. 귀신이 못 할 일이 뭐가 있느냐?" '귀신 씻나락 까먹는 소리'라는 속담이 생긴 연유입니다.

윤석열 씨 측에서 '제보자 조성은은 박지원의 정치적 수양딸'이 라며 '고발사주'가 국정원의 공작이라고 주장했습니다. 국정원장을 고발하겠다고까지 합니다. 절도 현장을 목격한 사람이 사진까지 찍 어 신고했는데 신고자가 절도 피해자 지인과 친하다는 이유로 '절도 피해자 지인'의 소행이라고 주장하는 셈입니다.

'귀신 씻나락 까먹는 소리'라는 속담에 이렇게 어울리기도 어려 울 겁니다. '귀신 씻나락 까먹는 소리'는 '씻나락 까먹은' 범인이 하

는 말입니다. 그런데 '귀신 씻나락 까먹는 소리'를 믿을 만한 이야기
인 양 보도하는 언론사가 많습니다. 언론이 아니라 '귀신 들린 것들'
이라고 해야 옳을 겁니다.

조변석개, 조령모개

오전엔 '조문 가겠다'고 했다가 오후에 '조문을 안 간다'고 하는
걸 '조변석개朝變夕改'라고 합니다. '조변석개'는 철학도 신념도 원칙
도 지조도 없이 눈앞의 사익만 탐하는 기회주의자의 고유 속성입니
다. '조변석개'하는 자가 권력을 잡으면 '조령모개朝令暮改'하게 됩니
다. 아침에 내린 명령과 지시를 저녁에 바꾸는 게 '조령모개'입니다.
'조변석개'하는 자가 옆에 있으면 짜증 나지만 '조령모개'하는 자가
위에 있으면 죽어납니다.

팬데믹 이후의 미래

대규모 역병은 언제나 역사의 흐름을 바꿨습니다. 이기심, 혼란,
공포가 지배하던 시대가 끝나면 반성과 성찰의 시대가 열리기 마련
입니다. 코로나 대유행이 끝나면 우리는 분명 이제까지와는 다른 세
계와 만날 겁니다. 방역, 경제, 문화, 시민의식 등 여러 면에서 한국
의 국제적 위상은 이미 달라졌습니다. 미국, 유럽, 일본에서 일어나

는 일들과 비교해 보면 우리나라는 이미 다른 나라들의 '모범'이 되어 있습니다. 국내에서 어떤 변화가 일어날지는 우리 선택에 달렸습니다. 옛날 유럽에서 페스트가 유행하던 때도 방역을 방해하면서 공포심을 조장하던 무리가 있었습니다. 그 무리를 어떻게 대하느냐가 팬데믹 이후의 미래를 결정할 겁니다.

미래가 늘 희망인 건 아니다

정의당 류호정 의원이 자기 등짝에 그림 붙인 사진을 공개하며 '청년정치의 정수'를 보여줬습니다. 2020년대의 '청년'들이 중요하고 시급한 일이라고 생각하는 게 뭔지, 자못 궁금합니다. 청년이 '미래'이긴 하지만, 미래가 늘 '희망'인 건 아닙니다.

자기혐오

순우리말보다는 한자어가, 한자어보다는 영어가 더 고급스럽다고 생각하는 '언어 사대주의'는 우리 사회의 오래된 병폐입니다. 정의당 장혜영 의원이 특정 장애를 지칭하는 순우리말 단어들을 '혐오단어'로 규정한 데 이어 같은 당 류호정 의원도 '문신'이라는 말을 버리고 '타투'라고 해야 한다고 주장했습니다. 지금의 청년 세대가 자기 언어와 역사, 문화를 혐오하는 의식이 보편적이라면 상당히 걱정스럽습니다. 그게 아니라 정의당 청년의원들에게서만 보이는 현상이라면 정의당은 앞으로 국어시험 정도는 치르고 비례대표를 선발해야 할 겁니다. 우리의 언어와 역사, 문화를 혐오하는 사람들에게 우리의 미래를 맡길 수는 없습니다.

국민의 운명은 국민이 결정

한때 BRICs의 일원이었던 브라질이 끔찍한 '범죄와 빈곤의 나라'로 전락했습니다. 법조-언론 엘리트 카르텔이 진보적 후보 룰라에게 터무니없는 부패 혐의를 씌우고 진짜 부패한 자들의 대표인 보우소나루에게 정권을 안겨 준 결과입니다. 부패한 자들에게 무제한의 욕망 실현 기회를 제공하고 가난한 사람들을 극빈 상태로 내모는 것이 브라질식 '연성 쿠데타'의 애초 목표였습니다. 브라질의 연성쿠데타와 매우 흡사한 과정이 얼마 전부터 한국에서도 진행 중입니다. 국민의 운명을 결정하는 것은 결국 국민 각자의 수준입니다.

#공정과_'내로남불'

'진보'란 '인간다움'을 확장해 나가는 일입니다. 인간성을 동물성에 용해시켜 버리면 '정글 자본주의'의 논리를 극복할 수 없습니다. 요즘 일부 '진보주의자'들이 갈팡질팡하는 건 '인간다움'에 대한 고민을 그만두었기 때문인지도 모릅니다.

사람 중심

"밤 9시 이후 영업금지 비과학적. 코로나19가 야행성인가?"

― 안철수

술은 야행성이 아니지만, 음주운전 단속은 주로 야간에 합니다. 그 이유는 세상 사람이 다 압니다. 사람은 '바이러스'가 아니라 '사람' 중심으로 생각합니다. 시장이든 대통령이든 '바이러스'가 아니라 '사람'을 중심에 두어야 합니다.

원숭이와 모범

유시민 씨가 검찰이 노무현재단 계좌를 사찰한 사실을 입증하지 못했다며 공개 사과했습니다. 한국 언론사들은 유시민 씨를 헐뜯기에 바쁩니다. 언론인 여러분, 유시민 씨는 '입증할 수 없는 주장'을 했을 때 어떻게 해야 하는지 모범을 보인 겁니다. 원숭이도 모범을 보여주면 따라할 줄은 압니다.

양심의 구원

광주항쟁 40년 만에 처음으로 사실을 고백하고 참회한 공수부대원이 나왔습니다. 유족들은 그를 끌어안았습니다. 비록 그 한 사람뿐이지만 이로써 광주학살과 관련해 참회한 사람이 단 한 명도 없었던 '양심의 비극사'가 막을 내리게 됐습니다. 그는 한국인 전체의 '양심'을 구원한 셈입니다. 그가 겪었을 40년간의 마음고생에 위로를 보냅니다.

선독단체 1월 26일

'선교단체'들이 코로나 확산의 거점이 됐는데도 반성하고 사과하기는커녕 방역을 방해하는 일이 흔합니다.

심지어 대전에 있는 IEM 국제선교학교는 증상이 나타난 학생에게 검사받으라고 하지 않고 "순천에 있는 집에 가라"고 했답니다. 예전에는 세균을 '병균', 바이러스를 '병독'이라고 했습니다. 코로나가 종식될 때까지 저런 짓을 하는 선교단체들은 기독교계 스스로 '선독단체'라고 부르는 게 나을 것 같습니다. 그게 기독교가 '오해'를 사지 않으면서 사회의 경각심을 높일 수 있는 방법입니다.

안정감보다는 속도감

유교의 오상五常 '인의예지신仁義禮智信'은 각각 '동서남북중'의 오방五方에 해당합니다. 인의예지신 중 어느 하나 중요하지 않은 것이 없지만, 이들 중 가장 중요한 것이 '믿음信'입니다. 믿음이 무너지면 모든 것이 무너집니다.

믿음이 무너진 사회에서는 아무리 인의예지를 내세워도 참인지 거짓인지 알 수 없게 됩니다. 이것이 신信을 중앙 또는 중심에 배치한 이유입니다. 종로 한복판 종각鐘閣의 이름을 '보신각普信閣'으로 지은 것도 이 때문입니다. 보신각 종소리는 '의심할 수 없는 시간의 기준'이어야 했습니다.

한 사회의 '믿음'을 지탱하는 것이 사법과 언론입니다. 기소와 재판 결과를 절대다수 사람이 수긍할 수 있어야 하고, 언론에 나온 기사를 절대다수 사람이 믿을 수 있어야 합니다. 그러나 오늘날의 검찰은 집단 이익을 위해 기소권을 편파적으로 행사하며 '고발 청부'

도 서슴지 않습니다. 사법부는 상식으로 납득하기 어려운 판결 사례를 계속 쌓고 있습니다. 언론은 가짜뉴스 생산에만 열심이며 나라가 망하라고 고사를 지내면서까지 자기들 이익만 추구합니다.

지난 5년을 보내면서 우리 사회 곳곳에 똬리를 틀고 신뢰의 기반을 무너뜨리고 있는 '진짜 살아있는 권력들'을 개혁하는 게 더 중요하고 시급하다는 사실을 많은 시민이 깨달았습니다. 이게 문 정부 개혁의 성과이자 한계라고 할 수 있습니다. 중대한 개혁과제가 눈에 보이도록 한 것이 성과요, 그 개혁을 완수하지 못한 게 한계겠죠.

대전 충남 지역 민주당 경선 결과가 나왔습니다. 민주당원들이 '안정감'보다 '속도감'을 선택한 것으로 보입니다. 이번 경선에 가장 큰 영향을 미친 세력은 윤석열 검찰과 '친검찰 친국힘당' 언론들일지도 모릅니다. 신뢰가 무너진 곳에는 안정도 없습니다. 하루속히 신뢰의 기반을 새로 쌓아야 안정된 미래를 전망할 수 있을 겁니다. 어디에선가 썩는 냄새가 심하게 나면 도로 관리하는 사람보다 청소하는 사람을 먼저 부르게 마련입니다. 이게 아마 이번 민주당 경선 결과가 던지는 메시지일 겁니다.

단속을 피하는 비결

호랑이 양담배 피던 옛날 얘기입니다. 밀수품 일제단속 때마다 다른 판매업자들은 다 잡혀가고 물건을 압수당하는데, 태연히 장사하는 사람이 있었습니다. 어떤 사람이 그에게 비결이 뭐냐고 물었습니다. 잠시 좌우를 살피던 그는 자기 가슴을 두드리며 말했습니다.

"이 동네 단속반원 중에 내 돈 안 먹은 놈 있으면 나와 보라고 그래." 얼마 후, 그가 단속반원에게 걸려 잡혀갔습니다. 그가 풀려난 뒤, 전의 그 어떤 사람이 다시 물었습니다.

"이번엔 어쩌다 잡혀갔소?" 그가 말했습니다. "단속반원이 바뀌었는데 이놈은 내 돈을 안 먹더라고." 그동안 LH 직원들의 관행이던 부동산 야바위가 이제야 들통 난 데에는, 다 이유가 있을 겁니다. '돈 먹은 단속반원'은 단속하지 않습니다.

부도덕의 평범성

이명박, 박근혜 시대를 만든 건 "부도덕해도 좋다. 돈만 벌게 해다오."라는 보통사람들의 평범한 '생활철학'이었습니다. 오늘의 법조, 언론, 공기업 문화를 만든 것도 "부도덕해도 좋다. 공부만 잘해다오"라는 보통사람들의 평범한 '교육철학'입니다. 선거란, 보통 사람들의 '평범성'을 점검하는 일이기도 합니다. 보통 사람들이 이명박, 박근혜 같은 사람을 동경하면 이명박, 박근혜처럼 되는 게 아니라 그런 자들의 지배를 받게 됩니다.

유리할 땐 '우리'
불리할 땐 '나'

이겼을 때는 "우리가 일치단결해서 이겼다."고 했다가, 졌을 때는 "내 말 안들어 졌다"고 하는 사람들은 언제나 있었습니다. 유리할 땐 '우리'를 찾고 불리할 땐 '나'를 챙기는 사람들은 대체로 전리품 앞에서는 용감했으나 책임 앞에서는 비겁했습니다.

검치주의
판치주의

검사와 판사가 '법과 양심'이 아니라 '정치적 사견'에 따라 기소하고 판결한 것으로 보이는 사례가 누적되고 있습니다. 이런 건 '법치주의'가 아니라 '검치주의'나 '판치주의'라고 해야 마땅합니다. '검치주의'와 '판치주의'가 무너져야 '법치주의'가 삽니다.

나이와
혁신

이준석 씨가 당 대표가 되었으니 국민의힘 뿐 아니라 한국 정치권 전반에 '혁신의 새바람'이 불 것이라 예상하는 사람이 많습니다. '혁신'이 나이로 하는 거라면 일베도 '혁신주의자 그룹'이라고 해야 합니다.

과거제와
군주제

　시험 쳐서 얻은 권력을 평생 누리기만 했던 사람들이 야권 후보로 대선 출마를 준비 중입니다. 시험이 가장 공정한 능력 평가 방법이라는 생각이 확산하는 거야말로 민주주의 앞에 닥친 새로운 위기입니다. '시험 성적이 능력'이라는 믿음은 아주 오랫동안 '전제군주제'의 짝이었습니다.

불공정
불공평

　"그들의 재산이 순전히 친일 행위 덕에 이루어졌다고 할 수는 없지만 친일 행위 자체가 문제이기 때문에 재산을 몰수한다." 우리 사회가 이런 도덕률에 따라 운영된 적은 결단코 없었습니다.

　"대리 수술로 환자에게 피해가 생기지는 않았지만 대리수술 자체가 문제이기 때문에 의사 면허를 박탈한다." 우리 사회가 이런 도덕률에 따라 운영된 적도 없습니다.

　"검사가 피의자에게 향응을 제공받은 것이 재판 결과에 영향을 미치지는 않았으나 향응 자체가 문제이기 때문에 중징계한다." 우리 사회가 이런 도덕률에 따라 운영된 적 역시 전혀 없습니다.

　"제출서류가 입학에 영향을 미치지는 않았으나 '부정서류' 제출 자체가 문제이기 때문에 입학을 취소한다"라고요? 보편적이지 않은 원칙을 특정 대상에게 선택적으로 적용하는 것이 불공정이고 불공평입니다.

해방된 조국이
독립운동가들에게 베푼 것?

안중근 의거 112주기를 하루 앞두고 안 의사의 조카며느리 박태정 여사가 별세했다는 소식을 접했습니다. 그동안 월셋집을 전전하다가 얼마 전부터 양천구의 한 임대아파트에서 거주했고, 가난 때문에 3일장도 못 치렀답니다. 여사의 시아버지는 안중근 의사의 동생 안정근, 남편은 안진생, 시누이는 김구 선생의 며느리 안미생입니다.

블라디보스톡에서 태어난 안진생은 아버지를 따라 상하이와 베이징 등지를 전전하다가 중국인 신부의 도움으로 이탈리아에 유학, 제노아대학에서 조선공학을 공부하고 한국인 최초의 '조선공학 박사'가 됐습니다. 2차 대전 종전 후 제노아의 조선소에서 근무하다가 미국으로 이주했으며, 1953년 귀국하여 해군에 입대, 1958년 대령으로 예편했습니다. 그는 박정희 정권 때 이탈리아 대사관 참사관, 프랑스 공사, 콜롬비아 대사, 미얀마 대사 등을 지냈고, 1980년 외교안보연구원 본부 대사로 있다가 전두환 일당에게 쫓겨났습니다. 그 충격으로 뇌경색을 앓다가 1988년에 별세했습니다.

안중근 의사의 자식과 조카들은 망명 생활 중에도 동포들의 도움으로 대부분 대학을 졸업했습니다. 하지만 5촌 조카인 안춘생을 제외하면 말년을 평탄하게 보낸 사람이 거의 없습니다. 그들이 가난의 수렁에 빠져든 건 오히려 해방된 조국에서였습니다. 안진생이 친일파의 아들로 태어나 일본에서 박사학위를 받았다면 그와 가족의 말년이 이렇지는 않았을 겁니다. 그런데도 일제강점기의 친일 모리배처럼 "독립운동가와 그 후손들은 대충 살아서 가난하다"고 주장하는 자들이 활개 치고 있으니 독립운동가들이 저승에서 탄식하는 소리가 들리는 듯합니다.

초법적 기구

박원순 전 시장이 성희롱을 했다고 판단한 근거를 제시하라는 법원의 요구를 국가인권위원회가 거부했습니다. 법원의 요구를 무시할 수 있는 기구가 '초법적 기구'입니다. 법치국가는 '초법적 기구'를 인정하지 않습니다.

종전선언의 의미

만약 북미정상회담에 뒤이어 남북미 정상들이 '종전'과 '상호불가침'을 선언한다면, 지금의 휴전선 또는 군사분계선이라는 이름도 당연히 바꿔야 합니다. 그런데 뭐로 바꾸면 좋을까요? 상대를 소멸시키려는 의지가 살아 있는 상태가 '휴전'이고, 그 의지가 소멸했음을 천명하는 게 '종전선언'입니다. 앞으로도 상대를 소멸시키기 위해 공격할 의지가 없음을 공개적으로 밝히는 게 '불가침선언'입니다.

종전선언과 불가침선언을 이행하기 위해서는 남북관계를 이제까지와는 전혀 다른 관계로 바꿔야 합니다. 무슨 방법이 있을까요? 북한을 하나의 '국가'로 인정하고 휴전선을 '국경선'으로 바꾸면 될까요? 그러려면 '북한 정권은 휴전선 이북의 우리 영토를 불법 점거한 반국가단체'라고 규정한 법들을 개정 또는 폐지해야 합니다. 국가보안법뿐 아니라 헌법까지 손을 봐야 할 겁니다. 물론 북한에서도 이에 상응하는 조치들을 취해야 할 거고요.

아니면 하나의 국가 안에 두 개의 체제가 병존하는 상태임을 쌍방이 공인하는 방법도 있습니다. 우선 올림픽이나 아시안게임에 '단일팀'으로 참가하는 등 대외적으로는 하나의 국가임을 표방하면서도, 내치에는 상호 불간섭의 원칙을 견지하는 방식입니다. 이 구상은 이미 '낮은 단계의 연방제'로 표명된 바 있습니다. 이밖에 다른 길이 있어야 한다면 '민족의 총의'로 찾거나 만들어야 할 겁니다.

물론 독일의 사례처럼 북한 체제가 갑작스럽게 붕괴하여 통일이 도둑처럼 찾아올 수도 있습니다. 하지만 북핵이 폐기되고 북한 경제 사정이 좋아진다면, 빠른 시일 내에 그렇게 될 가능성은 낮아 보입니다. 지금 우리가 걷고 있는 길은 어느 분단국가도 걸어보지 못한 완전히 새로운 길입니다.

휴전은 방아쇠에서 손가락만 떼면 되는 간단한 일이었으나, 종전은 수많은 후속 조치가 필요한 복잡한 일입니다. 막상 종전선언이 이루어지면 그 뒤부터 남북관계를 재정립하기 위한 논의가 쏟아져 나올 겁니다. 새로운 제안이 나올 때마다 남북 양측 반평화 세력의 왜곡과 날조, 악의적인 중상모략이 뒤따를 겁니다. '전쟁공포'를 부추겨 권력을 강화하고 사익을 취해온 무리는 대중에게 익숙한 '통념'을 선동의 재료로 삼을 겁니다. '전쟁공포'에 기생해 온 무리에겐 '평화'가 공포입니다.

휴전체제를 평화체제로 바꾸려면, 우리 개개인의 '통념'과 '상식'도 바꿔야 합니다. 그러려면 무엇보다도 냉철함과 담대함이 필요합니다. 변화는 언제나 위태롭습니다. 게다가 남이 한 번도 걷지 않은 길을 처음 걸을 땐 "내가 길을 잘못 든 게 아닌가"하는 불안감이 순간순간 엄습하기 마련입니다. 그런 순간마다 전쟁공포가 지속되길 바라는 자들은 온 길로 되돌아가라고 속삭일 겁니다. 악마의 유혹을 이겨내려면 담대해야 합니다.

남북 평화 체제의 실질을 갖추기 위한 논의가 본격화하면 우리 사회의 갈등은 지금보다 훨씬 더 증폭될 겁니다. 그 갈등에 편승해 평화체제로 나아가지 못하게 발목을 잡으려는 세력의 준동도 심해질 겁니다. 남북 평화시대라는 새로운 길로 나아가려면 '전쟁공포'에 기생해 온 세력의 정치적 사회적 영향력을 0에 수렴할 정도로 줄여야 합니다.

올림픽 메달과 연금

1972년 10월, 박정희는 '선진복지국가 건설'과 '한국적 민주주의 토착화'를 내걸고 '유신'을 단행했습니다. '종신 독재체제'를 정당화하기 위해서는 '국위 선양'이 필요하다고 판단한 박정희 정권은 '올림픽 메달 순위'를 국력의 기준으로 삼으려 했습니다. 한국 '국가 체육'의 기본 틀은 이 무렵에 만들어졌습니다. 1974년에는 '체육 종신 연금'이 만들어져 1975년부터 손기정, 조오련 등 18명에게 지급됐습니다. 연금 액수는 물가 상승률을 반영해 조정하되 올림픽 금메달은 공무원 이사관, 은메달은 서기관, 동메달은 사무관 봉급에 준하기로 했습니다. 이 정책이 유효했음인지, 이듬해 1976년 몬트리올 올림픽에서 레슬링의 양정모 선수가 '온 국민의 여망'이던 금메달을 획득했습니다.

'체육 종신 연금' 제도가 만들어진 지 반세기 가까운 시간이 지났습니다. 그동안 스포츠 시장의 규모는 비교조차 할 수 없을 정도로 커졌습니다. 이 제도가 만들어질 때만 해도 한국이라는 나라가 어디에 있는지조차 모르는 사람이 인류의 반 이상이었으나, 지금 우리나라는 UN이 공인한 선진국입니다. 오늘날 몇몇 종목에서 국가대표로 올림픽에 참가하는 선수들에게는 '가난한 체육인'이라는 이름이 어울리지 않습니다. 일부 종목의 금메달리스트들은 국가가 제공하는 연금과 병역 면제 혜택 외에도 각 종목 협회 포상금, 때로는 광고 모델 수익까지 얻습니다.

이번 올림픽에서 우리나라 선수가 받은 금메달 수가 37년 만에 '최소치'를 기록했습니다. 그러나 올림픽에 참가한 선수들도, 그들을 응원한 국민들도, 금메달에만 매달리던 태도에서는 벗어난 듯합니다. 올림픽 메달 수가 '국위國威'나 '국력'이라는 일반적 믿음도 약해졌습니다. 이제는 올림픽 메달리스트 포상 제도도 손을 보아야 하지 않을까요?

프로 스포츠 시장이 넓은 인기 종목의 선수들에게 연금과 훈장, 병역 면제 혜택까지 주는 것이 과연 온당하고 공정한 일일까요? 국가대표 선수촌에서 몇 년을 고생하고도 메달 못 딴 선수들을 지원할 수는 없는 걸까요? 프로 선수와 아마추어 선수를 달리 대우하는 방안만이라도 생각해 볼 필요가 있을 것 같습니다. 연금과 병역 면제 등의 국가적 혜택이 없었다면, 국가대표로 올림픽에 참가한 프로야구 선수들에 대한 비난이 이 정도는 아니었을 겁니다.

알려는 의지는 본래 정치적이다

신고리원전 5, 6호기 건설 재개 문제로 '숙의' 또는 '숙의민주주의'라는 말이 새삼 화제입니다. 그런데 '숙의민주주의'라는 말은 이미 2000년대 초에 나왔고, '숙의' 절차를 행정에 본격 도입한 사람은 박원순 시장입니다. 이해관계가 첨예하게 대립하는 문제에 관해 이해당사자, 전문가, 관계 공무원들이 함께 모여 깊이 논의하고 거기서 나온 결론에 따라 일의 절차를 정해 추진하는 것이 '숙의'입니다.

서울시에서는 주로 뉴타운 재개발 문제와 관련해 여러 차례 '숙의'가 있었습니다. 저도 전문가 자격으로 서울시 숙의에 두어 번 참여한 적이 있는데, 그중 한 번은 싸움판만 구경하고 와야 했습니다. '목소리 큰 놈이 이긴다'는 신념으로 무장하고 '무식하면 용감하다'

는 속설의 산증인 노릇하는 사람은 어디에나 많습니다. 하지만 현대의 대중은 결코 '어린 백성'이거나 '무지몽매한 것들'이 아닙니다. 그들은 자기에게 이익이 되는 정보에 관해서는 전문가 뺨칠 정도로 유식한 사람들입니다. 자기에게 도움이 되지 않는 정보에 관해서만 무식할 뿐입니다.

군이 푸코를 들먹이지 않더라도 '알려는 의지'는 본래 정치적이며, 그 의지에 의해 축적된 '앎'도 정치적일 수밖에 없습니다. 알고 싶은 것만 알고 믿고 싶은 것만 믿는 건 인간의 어쩔 수 없는 습성입니다. 자기 것과 다른 '앎'에 상시적으로 노출되는 지식인/전문가조차 '앎의 당파성'에서 완전히 자유로울 수 없는데, 그럴 의무가 없는 일반 대중이야 말할 나위도 없죠. "그런 걸 알아서 뭐 하려고?" 만큼 지식에 대한 인간의 태도를 압축적으로 보여주는 말도 없습니다. 대다수 사람은 자기에게 이익이 되는 것만 '참 지식'이고, 이해관계와 무관한 지식은 '쓸데없는 지식'이며, 손해를 끼치는 지식은 '가짜 지식'으로 취급합니다.

'숙의'는 자기들에게 유리한 정보들만 긁어모아 자기들만의 '지식 세계'를 구축하고, 그것을 '신념화'한 사람들에게 자기 지식의 '상대성'을 깨닫게 해 주는 과정입니다. 이는 주장만 있고 토론은 없는 사회에 토론의 자리를 만들어주는 일이며, 자기의 앎과, 자기 주장에 반대하는 사람들의 앎과, 지식인/전문가들의 앎을 서로 비교하면서 자기 '앎'을 교정하는 일이기도 합니다.

얼마 전 광화문광장 재구조화 관련 시민 숙의가 있었는데, 처음에 "충무공 동상을 옮기는 것이 좋은가, 그대로 두는 것이 좋은가?"를 물었을 때에는 응답자의 90% 이상이 그대로 두어야 한다고 답했습니다. 그러나 광화문 광장에 충무공 동상을 세운 정치적 동기, 충무공 동상의 정치적 문화적 상징성, 광화문 광장의 역사성과 미래 변화 방향 등에 관한 학습과 숙의를 거친 뒤에는 '이전하는 것이 낫다'는 대답이 60% 이상으로 늘었습니다.

물론 숙의를 거쳐 도출되는 결론이 반드시 '옳은 결론'이라고 할 수는 없습니다. 숙의의 목적은 '정답'을 찾는 게 아니라 사회의 평균 수준보다 반 계단 정도 높은 수준의 답을 찾는 데에 있습니다. 이런 과정을 반복하면서 자칫 '중우정치'로 흐를 수 있는 데모크라시의 한계를 극복해 나가는 것이 '숙의민주주의'입니다.

데모크라시의 원뜻은 민주주의보다는 다수결에 가깝습니다. 다수의 판단이 언제나 옳지는 않습니다. 저는 신고리 5, 6호기 건설 재개 결정을 '옳은 판단'이라고 보지는 않습니다. 그러나 정치는 과학이 아닙니다. 정치는 진리나 진실보다는 국민의 '평균 수준'에 더 크게 좌우되는 인간 행위입니다. 그리고 저는 국민의 '평균 수준'을 반 계단이나마 끌어올리는 데에 '숙의'보다 더 좋은 방법이 있는지 알지 못합니다. 이게 제가 원전 관련 시민 숙의단의 결론에 동의하지 않으면서도 지지하는 이유입니다. 신고리 원전 5, 6호기 건설 재개 결정에 불복하고 문 대통령에게 공사 중단 공약을 지키라고 요구하는 사람이 많습니다. 일부는 '강경 투쟁'까지 예고합니다. 저는 원전에 관한 그들의 신념에 동조합니다. 그러나 자기 신념을 관철하기 위한 그들의 방법에는 동조하지 않습니다. 오히려 원전에 관한 사회적 합의의 수준과 내용을 바꾸기 위한 노력이 부족했음을 반성합니다. 더

불어 원전 의존도 축소라는 결론을 도출한 것만으로도, 우리 사회의 평균 수준을 반 계단 정도 끌어올린 성과라고 생각합니다.

문자폭탄

국무총리 인사청문회 과정에서 야당은 자기 당 청문위원들이 현 정권 지지자들로부터 수백 개씩의 비난, 항의 문자를 받았다며 이를 '문자폭탄 테러'라고 규정했습니다. 지금 SNS에서는 이런 행태가 '국민의 정당한 의사표현'이냐, '파시즘적 테러'냐를 두고 논란이 뜨거운데 제 경험에 비춰 그 '시대적 의미'를 짚어볼까 합니다.

SNS를 시작한 뒤 얼마 되지 않아 전혀 모르는 사람에게 "칼로 낯짝을 그어 버리겠다"는 살벌한 멘션을 받았습니다. 이유는 자기와 의견이 다르다는 것뿐이었습니다. 당연히 기분이 나빴지만, 한편으로는 사람들이 익명의 또 다른 자아를 만들어 활동하는 사이버공간에서는 이토록 내면의 악마성을 쉽게 표출할 수 있구나 싶어 흥미롭기도 했습니다. 이 일을 겪고 나서는 '실명'을 알 수 없는 사람과는 친구 관계를 맺지 않았습니다.

몇몇 인터넷 커뮤니티에 '좌표를 찍어 화력을 집중하는' 문화가 있다는 사실을 안 것은 그로부터 얼마 지나지 않은 때의 일이었습니다. 그제서야 '집중 공격'의 시대적, 사회적 의미를 이해할 수 있었습니다. 이른바 '조리돌림'이라는 집단적 조롱과 모욕은 그들에게 의미 있는 '사회적 실천'이자 '놀이'였습니다. 조리돌림의 대상이 인터넷 언론 기사냐 특정인이 SNS에 올린 글이냐는 중요하지 않았습니다. 그들의 목표는 언론사든 개별 기자든 SNS 유저든 조리돌림당하는 당사자를 모욕하고 위축시키는 것이거나, 자기감정을 제약 없이 배설하는 것이었습니다.

일반에게 공개된 국회의원 휴대전화 번호에 항의, 비난, 모욕 등의 의미를 담은 문자를 '집단적으로' 보내는 행위는 현재의 인터넷 문화에 비추어 보면 결코 특이한 일이 아닙니다. **문자를 보내는 '집단'은 서로 간에 일면식도 없이 그저 정서와 취향만으로 연대한 특이한 공동체입니다.** 인류가 여태 만들어보지 못했던 '집단'인 거죠. 한 가지 더 주목할 점은 국회의원에 대한 '항의 문자 폭주' 사태가 대중이 '정치적 의사 표현에 대한 공포감'에서 벗어난 탄핵 국면에서부터 시작됐다는 점입니다. '익명성' 뒤에 숨지 않아도 된다는 자신감이 뉴스 기사에 댓글 달던 수준을 넘어 국회의원 개개인의 휴대전화로 문자를 보낼 수 있게 만든 거죠. 그러니 민주주의가 다시 후퇴하지 않는 한 이 '집단'이 훈계나 계도로 느슨해지거나 해체될 가능성은 없습니다. 그렇다면 이런 '집단들'의 행위를 일탈이나 '테러'로 인식할 게 아니라, '정치적 담론 공간'의 불가역적 변화로 이해하는 편이 옳을 겁니다.

'신기술과 결합한 놀이'는 가장 빠르게 산업화할 뿐 아니라 가장 쉽게 '문화'로 정착합니다. 작금의 '항의 문자 폭주' 사태는 '댓글놀이'의 영역이 개별 정치인들의 휴대전화로 확장된 것이라고 봅니다. 지금은 야당 의원들이 집중 공격을 받지만, 나중에는 여당 의원들도 집중 공격을 받게 될 겁니다. 사이버공간의 확장에 따른 담론 구조의 변화가 현실 정치에 미치는 영향에 대해서는 더 지켜봐야겠지만, 사이버공간에서 만들어진 '조리돌림' 문화가 '직접 민주주의 요소' 중 하나로 자리 잡으리란 건 부정하기 어렵습니다. 물론 작용이 있으면 반작용이 있는 법이니 국회의원들도 이에 대한 대처법을 찾아내고 적응하게 되겠죠.

다만 한 가지 바람이 있다면 욕하는 문자뿐 아니라 때로 칭찬하는 문자도 '폭탄'처럼 보내는 문화가 생기는 겁니다. 그래야 '휴대전화 문자로 정치적 의사를 표현하는 문화'가 정치를 조금이라도 나은 방향으로 변화시킬 수 있을 겁니다. 칭찬은 고래도 춤추게 하니까요. 국회의원에게 직접 문자를 보내고 "칭찬해 주셔서 고맙습니다."나 "비판의 말씀 깊이 새기겠습니다." 같은 답을 받는 게 흔한 일이 되는 시대가 지금보다 나쁜 시대는 아닐 겁니다.

인간다움에 대한 고민

경향신문에 웃자고 쓴 건지 진지하게 쓴 건지 판단하기 어려운 기사가 났습니다. 인간과 동물 사이의 '평등'을 실현하기 위해 '종 차별적 언어'를 바꾸자는 모 동물보호단체의 주장을 소개한 기사인데, 바꿔 쓰자는 언어와 그 이유 설명이 재미있습니다.

물고기는 물살이로 ; 느끼고 살아 있는 존재에 동물의 살을 뜻하는 '고기'를 붙여서는 안 된다. 물에서 사는 존재이니 '물살이'라고 하자.

마리는 명命으로 : 마리는 동물의 수를 세는 단위인데 몇 마리가
죽었다보다 몇 명이 죽었다고 하면 확 와 닿는다.

암컷은 여성으로, 수컷은 남성으로, 도축은 살해로, 폐사는 사망
으로 : 암컷, 수컷, 도축, 폐사는 동물에게만 쓰는 차별적 언어다. 이
밖에 꿀팁은 귤팁으로, 개웃기다는 깨웃기다로 바꾸자는 제안도 있
습니다. 꿀은 '동물의 먹이'이고 개는 '동물'이니, 각각 식물인 '귤'
과 '깨'로 바꾸자는 건데 다분히 불교적 발상입니다.

저 단체의 주장대로라면 앞으로 '알밴 물고기 잡은 낚시꾼'은 '임
신한 여성 물살이 유인 살해자'로 바꿔 불러야 할 겁니다.

사람이 포함되면 '중생衆生'이라 하고, 사람이 포함되지 않으면
'짐승'이라고 합니다. 사람은 남녀男女로 나누고 동물은 자웅雌雄으로
나눕니다. 사람의 새끼는 '아기'라 하고 가축의 새끼는 '아지'라고
합니다. 그래서 송아지, 망아지, 도야지, 강아지입니다. 사람의 두부
頭部는 '머리'라 하고 짐승의 두부頭部는 '마리'라 합니다. 마리는 짐
승의 수를 세는 단위가 아닙니다. 인류는 언어생활을 시작할 때부터
자신을 다른 동물들과 대립하는 존재로 인식했습니다. '인간은 다른
동물과 달라야 한다'는 의지가, '인간다움'을 구축한 주요 동력이었
습니다.

근래 '모든 차별에 반대'하는 것이 진보라는 순진하거나 이상한
담론이 유행하고 있습니다. 하지만 인간과 동물이 '평등'해지면 동
물이 인간다워지는 게 아니라 인간이 동물처럼 됩니다. 인간이 동물
과 다를 바 없게 되는 걸 '타락'이라고 합니다. '개자식'은 인간이 개
와 평등한 존재가 되어서는 안 된다는 의지에서 생겨난 욕입니다.

그걸 '깨자식'으로 바꿀 수는 없습니다. '진보'란 '인간다움'을 확장해 나가는 일입니다. 인간성을 동물성에 용해시켜 버리면 '정글 자본주의'의 논리를 극복할 수 없습니다. 요즘 일부 '진보주의자'들이 갈팡질팡하는 건, '인간다움'에 대한 고민을 그만두었기 때문인지도 모릅니다.

7장 더불어 함께 사는 사회

중학생 정도의 문해력 수준도 안 되는 국회의원이 권한을 남용하여 무식을 퍼뜨리고, 일부 정치인과 언론매체가 그 무식을 지지한다고 해서 시민들이 무식에 동조하고 침묵해서는 안 됩니다. 민주주의는 시민 한 사람 한 사람이 무식과 싸울 때만 전진합니다.

중요한_것은_상식

사람은 어려서부터 '같은 뜻'이라도 상황과 상대에 따라 '다르게' 표현하는 법을 배웁니다. 오랫동안 같이 일했던 사람이 들어주기 어려운 부탁을 했을 때 매몰차게 거절하느냐 듣기 좋은 말로 다독여주고 거절하느냐는 '법과 정의'의 문제가 아니라 '인간성'의 문제입니다.

자기 편을
줄이는 법

자기들만 '진정한 충신'이라고 주장하면서 자기네와 조금이라도 의견이 다른 사람은 모두 '역적'으로 몰아 배척한 무리는 언제나 있습니다. 이런 무리의 특기는 자기편 숫자를 줄이고 상대편 숫자를 늘리는 것뿐입니다. 이런 무리를 신임하고 중용하면 자기편 숫자가 줄어드는 게 당연합니다. '역사의 교훈'을 무시하면, 역사에게 혼나는 법입니다.

주술사는
무식한 권력자의 짝

임오군란 직후 왕후는 자기의 환궁 시기를 맞춘 충주 무당을 서울로 불러올려 지금의 성균관대학교 부근에 큰 당집을 지어주고 진령군鎭寧軍이라는 이름을 하사했습니다. 그 무당의 몸주가 관우關羽였기에 그 당집은 북묘北廟로 불렸습니다. 당시 동대문 밖과 남대문 밖에는 각각 동묘, 남묘로 불린 관왕묘가 하나씩 있었습니다. 왕후가 종종 진령군을 궁으로 불러들인다는 사실을 안 사람들은 북묘 앞에 진을 쳤습니다. 진령군에게 뇌물을 바쳐 벼슬을 얻으려는 사람들이었죠. 실제로 진령군 덕에 벼슬한 자들이 많아 '진령군파'라는 말까지 생겼습니다.

주술사가 뇌물을 받고 벼슬자리를 주선하는 방법은 언제나 교묘했습니다. 직접 어떤 사람을 추천했다가는 의심받을 수 있었기 때문에 그들은 "이름에 길 도道 자가 있는 사람이면 믿을 만합니다."나 "동남방에서 인재가 나타날 겁니다." 같은 말로 자기에게 뇌물 바친 사람이 인사권자의 눈에 띄도록 만들곤 했습니다.

손바닥에 '왕王'자 새기고 돌아다니던 윤석열 씨가 대통령에 당선된다면, 당장 그에게 이 '주술'을 알려준 사람이 누군지 알아내려는 사람들이 윤석열 장모와 부인의 지인과 친척들 주변에 몰려들 겁니다. 당연히 그들의 목적은 '출세 주술'을 배우는 게 아닙니다. 이 주술사가 인사권과 정책 결정에 영향력을 행사할 게 뻔하기 때문에 그 주술사에게 뇌물을 바쳐 두었다가 나중에 벼슬자리나 퇴직금 50억 원짜리 일자리를 얻으려는 겁니다. 주술사의 힘은 언제나 권력자의 무식無識에 비례했습니다. 무식하면서 주술에 의지하는 사람이 권력을 잡으면, 대개는 나라가 망했습니다.

사사로운 의리보다 큰 결단

연산군은 자기 어머니 원수를 갚는다며 사림파를 학살했습니다. 어머니에 대한 정이 깊었다고 그가 도덕적이었던 건 아닙니다. 영조는 세자의 도리를 저버린 자기 아들을 뒤주에 가둬 죽였습니다. 자식을 죽였다고 그가 부도덕했던 것도 아닙니다. 부인과 장모의 범죄를 덮기 위해 공적 권력을 사용하는 것이, 친형의 부당한 시정 개입을 막다가 가족과 불화를 겪는 것보다 더 '도덕적'이라고 주장하는 사람들이 있습니다.

'의리에 살고 의리에 죽는다'고 해서 깡패가 '도덕적'인 건 아닙니다. 연산군은 자기 어머니에 대한 '의리'는 지켰으나, 세상에 대한 '도리'는 저버렸습니다. 게다가 연산군은 사림파만 학살하지 않았습니다. 자기의 의리와는 아무 관계도 없었던 '평민'들까지 괴롭혔습니다. 깡패는 사사로운 의리를 지키기 위해 살인합니다. 자기 가족과 자기 일당의 이익만을 중시하는 권력자는, 사사로운 의리를 지키기 위해 세상을 망치고 사람들을 해칩니다.

착하게 살아야 할 이유가
무엇인가?

신데렐라, 콩쥐팥쥐, 장화홍련 등 계모의 전실 자식 학대를 소재로 한 이야기들이 아주 긴 세월 동안 전 세계에서 '동화'로 유포됐습니다. 전쟁 중에는 어느 나라에서나 적군이 어린아이를 창에 꿰어 들고 다녔다는 이야기가 돌았습니다. 어린아이를 대상으로 한 성폭행 소문도 고대부터 현대까지 끊이지 않았습니다.

우리나라에서도 1950년대에는 자기 남편 문둥병 고치겠다고 이웃집 갓난아이를 훔쳐 술에 담근 젊은 부인이 있었습니다. 같은 이유로 이웃집 어린아이를 유괴해 배를 가르고 간을 꺼낸 부인도 있었습니다. 아동학대와 살해에 관한 별별 얘기를 들어 보았지만, 자기 의지로 입양한 아기를 온몸의 뼈가 바스라지고 내장이 터지도록 학대했다는 얘기는 처음 들었습니다. 인간 악행의 한계가 어디까지인지 모르겠습니다.

SNS에 #정인아_미안해 해시태그를 단 글들이 숱하게 올라옵니다. 하지만 저는 동참하지 못하겠습니다. 우리 사회가 함께 져야 할 책임이 분명 있을 것이나, 지금은 저 극악무도한 양부모들 책임의 사소한 일부라도 나누고 싶지 않습니다. 저런 자들에 대해서는 '이해해 보려는 의지'도 작동하지 않습니다.

법과 제도의 미비점도 살펴야겠지만 종교가 '인간성'을 고양하는 데 아무런 도움도 되지 못하는 현실을 직시해야 할 겁니다. 이제 인간은 '착하게 살아야 할 이유가 무엇인가?'라는 질문에 대한 답을 자기 안에서 찾아야 합니다. 저 세상에서는 정인이가 사람다운 부모

만나기를 빕니다.

재미동포와 조선족

교僑는 '더부살이'라는 뜻입니다. '화교華僑'는 '오랑캐 땅에서 더부살이하는 중화인'이라는 의미로서 다소 멸시하는 느낌을 담은 말입니다. 교포僑胞라는 말도 중국인들이 만들었습니다. 우리도 오랫동안 '재일교포'나 '재미교포'라는 말을 쓰다가 1990년대 말 교포僑胞에 좋지 않은 뜻이 있다는 지적에 따라 공식 명칭을 '재외동포'로 바꾸었습니다. 오세훈 씨가 '귀화한 조선족'이라는 표현을 썼습니다. '조선족'뿐 아니라 '귀화'도 문제입니다. 재외동포가 한국 국적을 취득하는 건 '귀화'라고 하지 않고 '국적 회복'이라고 합니다.

오세훈 씨야 자기의 식견이 부족하다는 걸 표현했을 뿐이지만 언론사 중에도 일본 국적을 가진 한인은 '재일교포', 미국 국적을 가진 한인은 '재미동포', 중국 국적을 가진 한인은 '조선족', 러시아 국적을 가진 한인은 '고려인'으로 차별해 쓰는 곳들이 있습니다. 거주지역에 따른 '동포 차별'을 언론이 부추기는 건 아닌지 스스로들 생각해 봤으면 합니다. 따옴표 달아 '조선족'이라고 쓰는 건 비겁한 짓입니다.

인간성의 문제

똑같은 행위에 대해서도 어떤 사람은 위로하고 어떤 사람은 질타합니다. 친구를 비난할 때 하는 말과 모르는 사람을 비난할 때 하는 말이 다릅니다. 화내지 않을 일에 화내기도 하고, 화낼 일을 웃어넘기기도 합니다. 이런 게 '사람'입니다.

사람은 어려서부터 '같은 뜻'이라도 상황과 상대에 따라 '다르게' 표현하는 법을 배웁니다. 오랫동안 같이 일했던 사람이 들어주기 어려운 부탁을 했을 때 매몰차게 거절하느냐 듣기 좋은 말로 다독여주고 거절하느냐는 '법과 정의'의 문제가 아니라 '인간성'의 문제입니다. '인간적으로' 양해할 수 있는 일인지 용납할 수 없는 일인지에 대한 판단도 '인간성'이 합니다.

조강지처

요즘 '조강지처糟糠之妻'라는 사자성어가 자주 눈에 띄는데 이 말을 '본처本妻'와 같은 뜻으로 쓰는 경우가 많습니다. 하지만 '조강지처'는 본디 '술지게미나 쌀겨죽으로 끼니를 때우며 가난한 시절을 함께 보낸 부인'이라는 뜻입니다. 옛날에는 남편이 부인을 내쫓을 수 있는 일곱 가지 사유, 즉 '칠거지악'이 있었다는 걸 모르는 사람은 없을 겁니다. 하지만 '칠거지악'을 범해도 쫓겨나지 않을 세 가지 조건, '삼불거三不去'가 있었다는 걸 아는 사람은 드문 듯합니다. 요즘

말로 하면 '면책권'쯤 되겠죠.

　'칠거지악'과 '삼불거'는 모두 『공자가어』에 나오는 말입니다. '칠거지악'은 ①불순부모不順父母 = 시부모에게 순종하지 않는 것, ②무자無子 = 아들을 낳지 못하는 것, ③부정不貞 = 정숙하지 않은 것, ④질투嫉妬, ⑤악질惡疾 = 나쁜 병, ⑥구설口說 = 말이 많은 것, ⑦절도竊盜의 7가지를 말합니다. '삼불거'는 ① 유소취무소귀有所取無所歸 = 친정 부모가 죽었거나 친정이 몰락해서 쫓아내면 갈 곳이 없을 때, ②여공경삼년상與共更三年喪 = 부인과 함께 부모의 삼년상을 치렀을 경우, ③전빈천후부귀前貧賤後富貴 = 결혼 전에 빈천했으나 결혼 후 부귀해진 경우의 셋입니다. 조강지처는 '전빈천후부귀'와 관련된 용어로서, 가난한 시절을 겪지 않은 부인에게는 쓰지 않는 말입니다. 여성 인권이 억압되었던 시대에조차, '부인이 큰 잘못을 범했더라도 가난할 때 결혼해서 함께 가산家産을 일궜을 경우에는 쫓아낼 수 없다'는 것이 기본 규범이었습니다. '조강지처'를 버리는 행위는 한 여성의 인생 전체를 착취하고 버리는 행위와 다를 바 없습니다. '설령 칠거지악을 범했어도 조강지처를 버리면 안 된다'는 규범이 만들어지고 통용되었던 건 이 때문입니다.

개인적 경험의 절대화

　○○지역 출신 사람에게 사기 피해를 당한 개인적 경험 때문에 '○○ 놈들은 전부 사기꾼'이라고 믿는 사람이 있습니다. ○○지역

출신 사람에게 폭행 피해를 당한 개인적 경험 때문에 '○○ 놈들은 전부 깡패'라고 믿는 사람도 있습니다.

개인의 경험을 '절대화'함으로써 생긴 '신념'을 남이 꺾기는 어렵습니다. 하지만 이런 '신념'을 '표준'으로 인정하면 '상호이해'와 '상호존중'의 기반은 무너지고 지역 혐오와 지역 차별이 고질화합니다.

성범죄 피해를 당한 사람이 '남성은 모두 성범죄자이거나 잠재적 성범죄자'라고 믿을 수는 있습니다. 이런 '믿음'들을 '절대화'해서 '모든 남성은 가해자와 다른 사람임을 스스로 증명하기 위해 노력해야 한다'고 주장할 수도 있습니다. 하지만 이런 믿음과 주장들이 '표준'으로 인정되면 민주주의의 기반은 무너집니다. 민주주의는 남을 나와 같은 '시민'으로 존중하는 데에서 출발합니다. 인구의 반을 향해 '범죄자가 아니라는 사실을 스스로 입증하라'고 요구하는 사회가 민주적이었던 적은 결코 없습니다.

"대한민국의 인민은 남녀 귀천 및 빈부의 계급이 무無하고 일체 평등임" — 1919년 대한민국 임시헌장 제3조

무식이 지식을 통제하는 사회

'명복'. '염라대왕이 다스리는 명토冥土에서 받는 복'이라는 뜻으로 본디 불교 용어였지만, 이제 우리 사회에서 '고인의 명복을 빕니다'는 보편적인 조문사가 됐습니다. 독실한 기독교 신자는 물론 목사 중에도 이런 인사말을 쓰는 사람이 많습니다. 그런데 어떤 사람

이 "명복은 불교 용어니 이런 말을 쓴 사람은 비非 불교 신자들에게 사과하고 다시는 쓰지 않겠다고 약속해야 한다"고 주장한다면 그를 어떻게 대해야 할까요?

장애 비하 단어 중 대표적인 게 '바보'입니다. 밥 싸는 보자기라는 뜻의 '밥보'가 변한 말이죠. 하지만 이를 혐오단어라고 단정할 수는 없습니다. '바보'라는 말에는 '비하하려는 의도'가 담겨 있으니 '지적 장애인'으로 바꿔쓰자고 주장할 수도 있습니다. 그런데 어떤 국회의원더러 '바보 같다'고 하는 것과 '지적 장애인 같다'고 하는 것 중 어느 쪽이 더 심한 말일까요?

황순원의 소설 '소나기'에는 소녀가 소년에게 조약돌을 던지며 "이 바보"라고 소리치는 장면이 나옵니다. 여기서 소녀가 '바보'라는 말에 담은 감정이 혐오인지, 멸시감인지, 서운함인지, 애정인지, 증오인지는 중학생도 압니다. 몇십 년 전이라면, "바보는 혐오단어이니 혐오감이 담긴 게 맞다"고 우기는 중학생은 꿀밤 한 대 호되게 맞았을 겁니다.

소쉬르는 언어적 기호를 기표記標와 기의記意로 구분했습니다. 소리나 문자로 표현되는 단어가 '기표'이고, 그 안에 담기는 뜻이 '기의'입니다. 비유컨대 기표가 '컵'이라면 기의는 '음료'입니다. 겉면에 '맥스웰'이라는 글자가 새겨진 컵이라고 해서 커피만 담으라는 법은 없습니다. 녹차를 담아 마셔도 되고 탄산음료를 담아 마셔도 되며 빈 컵을 장식용으로만 쓸 수도 있습니다.

인류는 같은 단어에 다양한 의미를 담는 언어생활을 통해 풍요로운 문화를 가꿔 왔습니다. 절름발이나 외눈박이는 '~한 사람'이라는 뜻으로 '바보'와는 달리 단어 자체에 비하의 의미는 없습니다. 이들 단어에는 '비하'의 의미를 담을 수도 있지만 연민, 동정, 배려 같은 감정을 담을 수도 있습니다. 국회의원이 "절름발이나 외눈박이 같은 단어는 혐오단어이니 일상 언어생활에서 퇴출시켜야 한다"고 주장하고 언론이 이런 주장을 뒷받침하니 그에 동조하는 사람이 많습니다.

'하나의 단어에는 하나의 의미만 담아야 한다'고 주장하는 건 '무식의 소치'일 뿐입니다. 이렇게 무식하고 폭력적인 주장이 횡행하는데 소설가협회나 문인협회에서 '반박성명' 하나 내지 않는 것도 참 이상한 일입니다. 파시즘의 '반反 지성주의'는 무식이 지식을 통제하려는 시도를 방치한 결과입니다.

순수와 변질

"이재명 지사의 민주당 대통령 후보 지명을 축하한다. 경선 절차가 원만하게 진행된 것을 기쁘게 생각한다."

문재인 대통령이 축하 메시지를 발표했습니다. 지난 몇 년간 '오직 문 대통령만 믿고 간다'고 했던 사람들 대다수는 '자기와의 약속'을 지킬 거라고 봅니다. 하지만 그 약속을 깨라고 하는 자들이 분명 있을 겁니다. 문 대통령의 메시지와 상반되는 주장을 펴면서 자기들이 '진정한 문파'라고 주장하는 건 야바위꾼이거나 사기꾼이라고 자백하는 것과 같습니다. '순수'는 이용당하기 쉽다고들 합니다. 자기 신념의 근원이 무엇이었는지 잊지 않는 순수라야 변질되지 않습니다. 진짜 '순수'는 야바위꾼과 사기꾼들의 실체가 드러날 때 빛을 발합니다.

설득의 언어

2018년 경기도지사 선거를 앞두고 '문파'를 자처하는 사람들 일부 — 이하 '그들'로 통칭하겠습니다 — 가 '이재명 찍느니 남경필 찍겠다'고 했을 때의 일입니다. 당시 페이스북에 그 마음은 이해하나 어렵게 살면서 얻은 상처들을 '부도덕성'으로 치환하는 건 지나치다는 취지의 글을 올렸습니다. 그 뒤 제가 겪은 일은 말 그대로 끔찍했습니다. '그들'은 저에게 '찢빠'라는 낙인을 찍었고, 제가 성남 아카데미 멤버로 이재명에게 돈을 받았다는 터무니없는 거짓말을 날조하여 자기들끼리 공유했습니다. 과거 SNS에 쓴 글의 시간을 지우는 등의 '조작'으로 제 주장의 맥락을 바꿔치기하는 야비한 짓도 서슴지 않았습니다. 부인이나 해명은 아무 소용 없었습니다.

'그들'은 자기 확신에 부합한다면 어떤 거짓말도 '사실'이라고 믿었으며, 그 거짓말을 근거로 다른 사람들을 비난했습니다. '비난의 언어'는 '인간의 언어'로 인정할 수 없는 수준이었습니다. '그들'의 악랄하고 저열한 욕설을 겪으면서 저는 '그들'이 무슨 자격으로 이재명 후보를 비난하는지 의심스러울 지경이었습니다. '그들'은 그런 방식으로 '그들'에게 우호적이었던 사람들조차 적으로 만들었으며 계속해서 '그들'의 편을 줄이고 '그들' 적의 숫자를 늘렸습니다. '그들'은 처음 '찢빠'를 적으로 삼았고, 이어 '찢털빠'를 적으로 삼았으며, 다시 '찢털찬빠'를 적으로 삼았습니다. 최근에는 여기에 추미애 후보 지지자들까지 포함시켰습니다. '그들'은 이재명 씨가 '그들'을 제외한 세상 모든 사람을 매수할 능력을 가진 초능력자라고 믿었습니다.

게다가 '그들'의 조작과 왜곡, 저열한 언어는 부패언론의 먹잇감이 되었습니다. 부패언론들은 그들을 '친문', '강성 친문', '대깨문' 등으로 호칭하며 그 외연을 편한대로 늘렸습니다. 부패언론들은 '그들'이 문 대통령 지지자들의 정서와 언어를 대표하는 것처럼 수시로 기사화하여 '친문'에 대한 대중적 혐오감을 조장하는 데 이용했습니다. 자기가 친문이었다가 반문으로 전향한 이유는 '그들'의 저열한 인신공격 때문이었다고 토로한 사람도 몇 있습니다. '그들'은 이번 민주당 경선에서도 당연히 이낙연 후보 지지를 표방했습니다.

그때 저는 이낙연 캠프가 '그들'의 지지를 받더라도 '그들'의 목소리는 억눌러야 한다고 생각했습니다. 특기라고는 제 편을 줄이고 남의 편을 늘리는 것밖에 없는 '그들'인데 '그들'의 목소리에 공식성을 부여하는 건 결코 이낙연 후보에게 득이 되지 않을 거라고 봤습니다. 그러나 결국 '그들'의 주장은 이낙연 캠프의 목소리가 되었습니다.

제가 보기에 '그들'의 행태는 성당 마당의 성모상에 알록달록 색칠하는 광신도와 비슷했습니다. '그들'은 중후함과 안정감이 장점인 후보에게 가벼운 이미지를 덧씌우는 일만 열심히 했고, 이낙연 후보의 '신사' 이미지를 자기들의 '욕쟁이' 이미지로 가렸습니다. 사찰 앞 불상에 빨간 페인트로 십자가 그려놓고 그 옆에 '예수천국 불신지옥'이라고 쓰는 사람이 있으면, 보통사람의 혐오감은 불상이 아니라 그 행위자에게 향하는 법입니다.

이런 행위는 자기의 순결한 신앙심을 증명하는 데에는 도움이 될지 몰라도 다른 사람을 설득하는 데에는 전혀 도움이 되지 않습니다. '그들'은 자기의 '순결한 신앙심'을 입증하는 데에만 주력했고, 그 '순결한 신앙심'에 동조하지 않는 사람들 모두를 '혐오'했지만, 그 '혐오'가 결과적으로 자기에게 되돌아온다는 생각은 하지 못했습니다.

그런데 최근 이재명 후보 지지자 중에도 '그들'의 행태를 본받는 일부가 다시 나타나고 있습니다. 사실 2017년 경선 때에도 '강성 지지자'들은 오히려 이재명 후보에 대한 반감을 높이는 데에만 기여했습니다. SNS에서 이재명 후보에게 불리하거나 비판적인 글을 보면 혐오감밖에 느낄 수 없는 댓글을 다는 사람이 적지 않습니다.

언론사 기자들의 '영혼 없는 글'에야 어떤 댓글을 달아도 무방하지만, SNS에서 이런 행위를 하면 자기가 지지하는 후보에게 해를 끼칠 뿐입니다. 적극적 지지자라면 먼저 '설득의 언어'에 익숙해져야 합니다. '그들'을 반면교사로 삼아, 욕설과 모욕은 절대로 '설득의 언어'가 될 수 없다는 걸 깨달아야 할 겁니다.

기러기 아빠 비하

제가 알던 사람이 실제로 겪은 일입니다. 미국 대학에서 학위를 받고 국내 대학 교수가 된 '그'는 자녀들과 부인을 놔두고 홀로 귀국했습니다. 미국에서 계속 교육받도록 하는 게 자녀들의 미래를 위해 더 나은 선택이라고 믿었기 때문이죠. '그'는 학교 인근 오피스텔을 얻어 혼자 살면서 급여 대부분을 미국에 송금했습니다.

방학 때마다 미국에 가서 가족을 만나는 게 낙이었지만, 그 비용도 만만치 않았습니다. 어느 겨울, 미국에 다녀온 그는 친구와 밤늦게까지 술을 마시고 다음 날 자기 집에서 시체로 발견됐습니다. '그'와 함께 술을 마셨던 친구는 나중에 그가 느낀 좌절감의 실체에 대해 알려 줬습니다.

먼저 그는 자기의 '희생'에도 불구하고 자식에게 무시당한다는 사실에 깊은 좌절감을 느꼈답니다. 미국에 간 김에 자식 학교 선생님을 만나 보겠다고 했더니 자식이 "아빠 영어는 촌스러워서 안 된다"며 극구 말렸답니다. 자식 학비에 보태겠다며 일자리를 구한 아내가 직장 동료와 눈이 맞은 낌새를 챈 것도 '그'에게는 견딜 수 없는 고통이었습니다. '그'가 자살했는지 여부는 밝혀지지 않았지만 이런 일은 분명 '비극'입니다. 이런 가족 단위 비극을 방지하기 위해 노력하는 건 국가의 책무에 속합니다.

그런데, 이런 이야기가 어떻게 '자녀 교육 목적의 이산가족' 또는 '기러기 아빠를 둔 가족' 비하가 될 수 있나요? '비하'해야 마땅한 건 아무 데나 '비하'라는 단어를 갖다 붙이는 '무식'입니다. '무식'을

'무식'이라 하지 못하고 '무식' 앞에 사과해야 하는 현실이 참 답답
합니다.

#보수와_진보가_공존할_때_안전한_발전

한국적 변태 보수에게 결여된 것은 '합리성'이 아니라 양심과 염치, 윤리와 도덕입니다. 보수는 세상이 '합리적'으로 돌아가지 않으며, 그래야 할 이유도 없다고 보는 세계관입니다. 한국의 변태 보수를 청산하고 정상 보수가 되려면 스스로 '양심적 보수', '염치를 아는 보수', '도덕적 보수', '패륜을 증오하는 보수'가 되기 위해 노력해야 합니다.

그래도
한때 친구

'특정인'의 언행에 대해 논평해달라는 '압력'을 받을 때가 있습니다. 그런 압력에 굴복해 글을 쓰지도 않지만, 해당자가 과거 '친구'나 '지인'일 경우에는 더더욱 언급하지 않습니다. 한때 '친구'였던 사람을 남들이 욕한다고 덩달아 공개적으로 욕하거나 심지어 앞장서서 욕하는 건 사람의 탈을 쓰고 할 짓이 아니라고 봅니다.

정의당의 포고문

정의당이 장혜영 의원에 대한 '2차 가해'에 적극 대응하겠다며 2차 가해 혐의가 있는 사이버상의 모든 글을 캡처해 제보하라는 '포고문'을 냈습니다. 장혜영 씨 본인이나 그 변호사는 할 수 있는 일이나 정당이 이러는 건 납득할 수 없습니다. 정의당이 성폭력 피해를 당한 가난한 여성 노동자를 위해 이런 포고문을 냈다는 얘기는 들어본 적 없습니다. 국회의원은 헌법기관이자 '권력자'입니다. 정당의 보호와 지원이 필요한 '약자'가 아닙니다.

강 여사의 삶

대구의 중소기업 사장 집 딸이었던 '그녀'는 대학 졸업반일 때 이종사촌 형부 소개로 젊은 검사시보를 만났습니다. **"세상의 매듭을 푸는 역할을 하고 싶다"**는 말에 깊은 인상을 받은 그녀는 이듬해 '그'와 결혼했습니다. 그가 검사직을 그만두고 변호사가 된 뒤, 재산은 빨리 불어났습니다. 수만 권의 책을 쌓아두고도 여유가 있는 번듯한 2층집도 장만했죠.

그러나 '그'는 서른 살이 되던 해부터 재산을 털어먹기 시작했습니다. 역사문제연구소에 먼저 책을 기증했고, 한남동의 57평짜리 청화아파트와 연희동의 대지를 처분해서는 건물까지 기증했습니다. 요즘의 공시지가로 환산하면 30억 원쯤 될 겁니다. 그 뒤로도 시민단체들에 퍼주는 그의 '낭비벽'은 계속됐습니다. 하지만 '그녀'는 남편이 전 재산을 남들에게 퍼주는데도 싫은 소리 한마디 하지 않았습니다.

마흔 살이 된 남편이 돈 잘 버는 변호사 일조차 그만두고 돈 못 버는 '시민단체 상근 사무처장'이 됐을 때는 가정생활은 자기가 맡겠다며 인테리어업체를 운영하기도 했습니다. '그녀'가 검사 노릇 그만두겠다는 '그'를 말렸더라면, 시민단체에 기부하겠다는 '그'를 말렸더라면, 변호사 노릇까지 그만두겠다는 '그'를 말렸더라면, 집안 살림에도 신경 좀 쓰라는 잔소리라도 자주 했더라면, 여느 검사나 변호사 부인처럼은 살았을 겁니다. 하지만 그녀는 남편 덕에 호의호식하는 삶보다는 '세상의 매듭을 푸는 역할을 하고 싶다'는 의지와 함께 하는 삶을 택했습니다. **그녀는 그와 운명으로 묶인 동지였고, 그녀보다 그를 잘 아는 사람은 없습니다.** 그녀의 말은 다른 누구의 말보다 무겁게 받아들여야 할 증언입니다.

'그'가 세상을 떠난 뒤, 평소 그의 동지를 자처했던 사람 중에서도, 심지어 그에게 큰 은혜를 입은 사람 중에서도, 그에게 손가락질 하는 사람이 나왔습니다. '그'에게 받기만 한 사람들의 '신뢰'란 그런 것인가 봅니다. 하지만 그에게 주기만 하고 받은 것은 거의 없는 사람의 신뢰는 꺾이지 않았습니다. 박원순의 평생 동지 강난희 여사의 삶에 한없는 경의를 표합니다. 더불어 남편이자 동지였던 사람에 대한 신뢰를 꺾지 않는 것조차 비난하는 잔인하고 비정한 세태에 가슴이 시립니다.

별장에서 성 접대받은 남편을 두둔하려 피해자를 협박한 부인보다 "내 남편은 그런 사람이 아닙니다"라고 호소하는 부인이 더 크게 비난받는 이 상황을 도저히 납득할 수 없습니다.

개혁은
안개낀 산을 오르는 일

일제강점기 사람들은 일본 군국주의 권력자들만 물러가면 한국인 친일 검사, 친일 판사, 친일 경찰들도 과거를 반성하고 공정해질 것이라 생각했습니다. 그러나 그들은 더 큰 권력을 얻었고, 일본 군국주의에 '봉사'하면서 체득한 가치관과 관행을 바꾸지 않았습니다. 판사들이 이른바 '인혁당' 관련자들에게 사형을 선고했을 때도, 유서를 대필했다는 터무니없는 이유로 강기훈 씨에게 유죄 판결을 내렸을 때도, 사람들은 '더 큰 권력'의 압력이나 회유가 있었기 때문일 것이라고 생각했습니다. 하지만 압력이나 회유가 사라진 뒤에도 판사들의 가치관과 관행은 그리 달라지지 않았습니다.

개혁이란 안개 낀 산길을 걷는 일과 비슷합니다. 힘겹게 걸어도 보이지 않던 바위가 보일 뿐 바로 안개가 걷히고 탄탄대로가 펼쳐지는 않습니다. 안 보이던 장애물을 볼 수 있게 된 것만으로도 보람을 느껴야 개혁을 완수할 수 있습니다.

광복회

광복회는 독립유공자와 그 유족들이 만든 단체입니다. 그동안 우리 사회는 그들의 목소리에 거의 귀 기울이지 않았습니다. 그들의 이야기에 동의하지 않더라도 경청할 수는 있습니다. 그게 독립유공자와 유족들에 대한 '광복절 예의'입니다. 머릿속을 친일모리배의 정신으로 가득 채웠더라도 최소한의 예의는 지켜야 할 겁니다.

보수와 진보

노인은 자주 '왕년'에 했던 일을 생각하고, 청년은 종종 '나중에' 할 일을 생각합니다. 살 날보다 산 날이 훨씬 긴 노인의 시선은 과거로 향하고, 그 반대인 청년의 시선은 미래로 향합니다. 과거를 더 많이 보는 시선이 보수의 세계관이고, 미래를 더 많이 보는 시선이 진보의 세계관입니다. 보수는 노인의 세계관이고, 진보는 청년의 세계관입니다. 보수는 실수가 적으나 안일安逸하며, 진보는 용감하나 서툽니다. 보수는 방어적이며, 진보는 공격적입니다.

보수는 역사, 전통, 도덕, 윤리, 규범, 책임, 품격을 중시합니다. 진보는 미래, 변화, 혁신, 저항, 파격을 좋아합니다. 보수는 비록 현재가 불합리하게 보여도 '과거에 최선을 다한 결과의 총체'이기 때문에 바꾼다고 더 나아질 가능성은 적다고 봅니다. 진보는 불합리한 현실을 그대로 두어서는 안 되며 인간 이성으로 변화시켜야 한다고 봅니다. 보수는 인간의 편견조차도 그럴만한 이유가 있어서 생긴 것이라고 믿으며, 진보는 합리적 근거 없는 편견은 깨버려야 한다고 믿습니다. 보수는 안정 중시의 세계관이고, 진보는 변화 중심의 세계관입니다. 이 둘이 공존하며 견제할 때, '안전한 변화'가 가능합니다.

보수에 대한 보편적 정의에 비추어 봤을 때 한국 보수는 결코 보수가 아닙니다. 이들은 역사와 전통에 대한 관심도 없고, 국가와 공동체보다 자기와 자기 가족의 사익을 훨씬 더 중시하며, 남의 자유와 권리를 짓밟는 데에 조금도 주저하지 않습니다. 진짜 보수는 자식 잃은 이유나 알려 달라며 단식하는 유가족 옆에서 피자와 치킨 시켜 아귀처럼 처먹는 것들을 사람 취급하지 않습니다. 보수가 가장 미워하는 것이 '패륜'입니다. '윤리'야말로 역사와 전통의 정수이며 현재를 지속시키는 힘이라고 보기 때문입니다. 보수가 끝까지 보수하려 드는 것이 윤리입니다. 그런데 한국에서는 가장 패륜적이며 극악무도한 집단이 보수를 자처하고, 자칭 '보수 정치세력'이나 자칭 '보수 언론'들이 이 무리를 자기편으로 끌어들입니다. 세상에 이런 보수는 없습니다.

한국의 자칭 보수가 변태적이면서 일본 자민당과 비슷한 건 세계관의 DNA를 공유하기 때문입니다. 현대 한국 보수의 역사적 기원은 일본 보수와 마찬가지로 '천황제 군국주의'입니다. 제2차 세계대전 이후 일본에서는 '군국주의'가 소멸했고, 한국에서는 '천황'이 사라졌습니다. 일본 보수는 군국주의 성향을 회복하려 하고, 한국 보수는 '천황'을 다시 만들려고 합니다. 한국 보수에게 박정희는 천황의 바로 아랫급인 '반인반신'입니다. 남경대학살이나 위안부 강제

동원을 자행했던 제2차 세계대전 이전 일본 천황제 군국주의의 패륜성은 현대 한국의 자칭 보수들에게도 그대로 유전됐습니다.

현대 한국의 '자칭 보수'들은 이승만 박정희 전두환의 살인 만행을 정당화합니다. 현대 일본의 보수와 한국의 '자칭 보수'는 맹목적 공포와 증오를 선동하고 그를 권력 기반으로 삼습니다. 공포와 증오는 가장 강렬하지만 가장 파괴적인 감정 에너지입니다. 자칭 보수정당이 남북간 평화를 극렬히 반대하는 건 이 파괴적인 감정 에너지를 더 이상 권력 기반으로 삼기 어렵게 되리라는 걸 본능적으로 알기 때문입니다.

한국적 변태 보수를 혁신하여 '보수의 위기'를 극복하겠다는 정치 세력도 있었습니다. 이들은 '합리적 보수'를 표방했지만 결국 자기들이 비판했던 세력과 다시 통합했습니다. 그들이 번지수를 잘못 짚어도 한참 잘못 짚었기 때문입니다. 현재 한국적 변태 보수에게 결여된 것은 '합리성'이 아니라 양심과 염치, 윤리와 도덕입니다. 보수는 세상이 '합리적'으로 돌아가지 않으며, 그래야 할 이유도 없다고 보는 세계관입니다. 보수는 '이성'과 '논리'를 중시하는 가치관이 아닙니다. 한국의 변태 보수를 청산하고 정상 보수가 되려면 스스로 '양심적 보수', '염치를 아는 보수', '도덕적 보수', '패륜을 증오하는 보수'가 되기 위해 노력해야 합니다. 물론 지금은 이런 보수의 싹조차 안 보입니다. 하지만 이런 보수가 나와 변태 보수를 소멸시켜야 비로소 '나라다운 나라'가 될 수 있습니다.

감정이입

　감정이 없는 로봇에 '감정이입'을 할 수 있다면 그건 사람이 아니라 기계이거나 괴물입니다. 감정이 없는 로봇에 '감정이입'을 해야 한다고 믿는 자가 있다면 정신과 의사의 진단 없이 '미친놈'이라고 불러도 될 겁니다.

물건만도 못한 놈

　학대虐待. 사나울 학, 기다릴 대. '대待'는 두 사람이 절 앞에 서 있는 모습을 형상화한 글자입니다. 상대의 반응을 조심스럽게 기다리는 것, 또는 법도에 맞게 상대를 대하는 것이 대待입니다. 그래서 대접待接, 대우待遇, 초대招待 등에 '대待'자를 씁니다. 타인을 공손하게 대접하는 것이 공대恭待, 특별히 잘 대우하는 것이 우대優待, 천하게 대우하는 것이 천대賤待, 소홀하게 대우하는 것이 홀대忽待, 사납고 잔인하게 대우하는 것이 학대虐待입니다.

　근래 동물을 사람만큼 귀히 여기는 사람이 늘어남에 따라 '동물학대'라는 말이 생겼지만 본래 학대든 천대든 우대든 인격체에게만 쓰는 말이었습니다. 평민을 천민처럼 대하는 게 '천대'고, 죄수나 포로를 동물처럼 대하는 게 '학대'입니다. 옛날 사람들은 동물을 대할 때 기색이나 처지를 살피고 반응을 기다려야 한다는 생각조차 못 했습니다. 동물은 인간이 부리거나 쓰는 것, 즉 사용使用하는 것이지 대우

待遇할 대상이 아니었습니다. 그래서 동물과는 공감하면서 사람과는 공감하지 못하는 인간이 있다면 그런 자를 '짐승 같은 놈'으로 취급했습니다.

얼마 전 포털 뉴스 면이 '로봇 학대'라는 해괴한 말로 도배됐습니다. 기계는 인간이 공대든 우대든 천대든 학대든 대우待遇나 대접待接할 대상이 아닙니다. 기계에는 통증이나 수치심, 자존심, 권리의식 같은 것이 없습니다. 기계에 대해서는 남용濫用이나 오용誤用 같은 말을 써야지 '학대'나 '홀대' 같은 말을 써서는 안 됩니다. 그런데 기계를 기계로 다뤘다는 이유로 '공감능력'을 문제 삼아 사람을 공격하는 해괴한 주장에 동조하는 '기레기'들이 많습니다. 감정 없는 기계에 '공감'하면서 사람에겐 공감하지 못하는 이런 것들이야말로 '물건' 취급받아 마땅합니다.

인간 닮은 기계가 인간의 일자리를 **빼앗을까** 걱정하는 사람이 많습니다. 하지만 문제는 언제나 인간에게 있습니다. 인간 닮은 짐승이 문제가 아니라, 짐승 같은 인간이 문제입니다. 인간 닮은 기계가 문제가 아니라 기계 같은 인간이 문제입니다. 기계에 공감하고 기계를 동정하면서 정작 타인의 고통에는 무감각한 것들이 너무 많습니다. 역사상 대량학살자들의 충직한 하수인 노릇을 한 자들은 기계를 물건으로 다룬 사람들이 아니라, 기계에 동질감을 느끼고 자기가 기계인 것처럼 행동한 자들이었습니다. 아무래도 '짐승만도 못한 놈'이라는 말 대신에 '물건만도 못한 놈'이라는 말이 생길 때가 된 듯합니다.

물건과 짐승

죽고 싶을 정도의 고통을 호소하는 인간에게는 '감정이입'을 못 하던 물건들이 고통이라는 감각이 아예 없는 기계에는 '감정 이입'을 합니다. 짐승도 은혜는 알지만 기계는 그런 걸 아예 모릅니다. '물건만도 못한 것'들이 '짐승만도 못한 것'을 지지, 추종하는 것도 당연한 순리입니다.

물건과 물질

로봇에 '감정이입' 못한다고 이재명 후보를 비난하던 '물건'들이 다친 아내 때문에 하루 쉬었다고 또 비난합니다. 로봇을 귀하게 여기고 사람을 하찮게 여기는 '물건'들이 인도주의와 민주주의를 혐오하는 건 당연합니다. 물건들에게 중요한 것은 '물질' 뿐입니다.

개 모양 로봇과 개

이재명 후보가 '개 모양 로봇'을 뒤집었다고 감정이입을 못한다는 둥 인성이 문제라는 둥 맹비난하던 언론인과 지식인들이 국민의힘 윤석열 예비후보의 '식용견' 발언에는 아무런 반응도 안 보입니다. 살아있는 동물의 고통에는 무감각하면서 기계에만 '감정이입'

을 하는 건 인간은 물론 동물도 할 수 없는 일입니다. 인간의 형상을 했으면서 동물 이하의 감각을 갖는 존재에겐 '괴물' 말고 달리 적당한 이름을 붙일 수 없습니다. 괴물이 괴물을 편드는 건 이상한 일이 아니지만 인간이 괴물을 편드는 건 '자해 행위'입니다.

정치의 존재 이유

윤석열 씨가 호남민에게 사과한 뒤 '개에게 사과주는 사진'을 올려야 마음이 풀리는 자들. 기계에는 '감정이입'을 하면서 고통받는 사람에게는 '감정이입'을 못하는 자들. 정치검찰에 의해 만신창이가 된 사람들을 능멸하고 조롱하는 걸 '놀이'로 삼는 자들. 전두환 일당의 총칼에 가족과 친지를 잃은 사람들을 거듭거듭 능욕하며 즐기는 자들. 이런 자들의 지지 여부가 나라의 명운을 좌우하는 현실이 참으로 참담합니다. 세상에 '정치'가 필요한 건 사람이 '금수'나 '괴물'로 타락하게 놔둬선 안 되기 때문입니다.

민주주의와 군기

"내가 민주당 대표라면 이재명 군기 잡겠다." ―이준석

안철수 후보에겐 '무운武運을 빈다'더니. 이준석이 여당 대표되면 전 국민이 군기軍紀 잡혀 '무운장구武運長久'나 비는 신세가 될 것 같

습니다. 젊은 나이에 어쩌다 군사독재의 망령에 사로잡혔는지. 아무래도 윤석열 씨에게 용한 무당 한 명 추천받아야 할 것 같습니다.

뉴라이트의 '건국절 제정'은 친일세탁

기차 승강장에서 바삐 지나던 사람이 시각장애인을 밀칩니다. 시각장애인은 철길로 떨어져 다리를 다칩니다. 기차가 곧 도착한다는 방송이 나오는 와중에 한 사람이 철길로 뛰어들어 시각장애인을 부축해서 함께 올라오려 합니다. 그런데 시각장애인이 다리를 다친 터라 쉬 올라오지 못합니다. 다른 사람이 승강장에서 손을 내밀어 그들의 손을 잡습니다. 또 다른 사람은 손 내민 사람의 허리를 잡아줍니다. 어떤 사람은 그들에게 힘내라고 응원하고 어떤 사람은 역무실에 전화 걸어 기차를 정지시키라고 합니다. 그런데 또 어떤 사람들은 못 본 척하고 제 갈 길 갑니다. 그중에는 "장님이 뭐하러 철길 가까이에 섰다가 떨어지나? 저 인간 때문에 기차가 제시간에 못 떠나잖아."라며 시각장애인을 비난하는 사람도 있습니다. 기차 승강장에 있던 사람들 가운데 '표준형 인간'은 누구일까요?

이른바 '건국절' 제정 움직임이 한창일 때, 역사학계 원로와 역사학회들이 '건국절 제정은 친일세력의 역사 세탁'이라는 취지의 성명서를 발표했습니다. 그런데 돌격대를 자처한 당시 새누리당 의원들의 생각은 어떤지 모르지만 오래전부터 이 프로젝트를 추진한 뉴라이트의 목적은 좀 더 근본적인 곳에 닿아 있습니다. 그들이 상정하는 표준적 인간은 '주어진 조건에서 자기 이익을 극대화하기 위해 합리적으로 판단하고 행동하는' 인간입니다. 그들은 이런 '사익 지상주의적 인간'이 시장을 확대시키고 경제를 성장시키며 역사를 발전시킨다고 봅니다. 그들에게 '정의를 위한 투쟁'이나 '약자에 대한 연대' 등은 사회를 혼란시키고 시장 질서를 교란함으로써 역사 발전을 지체시키는 부정적 요소입니다.

"독립운동은 건국에 실제로 기여한 바 없다"는 주장은 "대한민국을 건국하고 발전시킨 주역은 일제강점기에도, 미군정기에도, 정부 수립 후에도 묵묵히 자기 이익을 실현하기 위해 행동한 사익추구형 인간들이다"라는 인식에 기반합니다. 그들의 인식체계 안에는 정의와 불의에 대한 도덕적 윤리적 판단이 배제되어 있습니다. 그들은 도덕적 윤리적 차원의 문제조차 시장논리로 해석하려 듭니다. 그렇기에 '종군위안부는 돈 벌기 위해 자발적으로 지원한 창녀'라고 생각하는 거죠.

떨어진 시각장애인을 구하기 위해 모두가 생명의 위협을 무릅쓰고 철길로 뛰어드는 세상은 과거에도 없었고 앞으로도 없을 겁니다. 그러나 지금까지는 철길로 뛰어드는 사람을 '의인'으로 칭송하고 그들에게 감사하며, 그들을 본받아야 한다고 생각하는 사람이 압도적 다수였습니다. 아무리 세상살이가 힘겹고 더러워도 그런 사람들이 있기에 살만하다고들 생각했습니다. 투옥과 고문을 각오하고 독립선언을 한 사람들 덕에, 총칼 앞에서도 굴하지 않고 '독립선언'이 온 민족의 결연한 의지에 따른 것임을 내외에 선포한 사람들 덕에 대한민국이 건립되었다고 선언한 것이 현행 헌법정신입니다.

뉴라이트의 '건국절' 제정 주장은, 대한민국 건립의 진정한 주역을 자기 사익을 포기하고 독립운동에 헌신한 '의인'들에서 자기 사익만을 추구한 사람들로 바꾸자는 겁니다. 이렇게 되면 정의감이나 연대의식 등은 무의미해지고, '사익추구형 인간'들은 비윤리적이고 부도덕하다는 비난에서 해방될 뿐 아니라, '표준'을 넘어 '모범'으로 승격됩니다. 정의, 도덕, 윤리 등과 관련한 판단이 배제된 '주어진 조건'에서 최선을 다해 사익을 추구하는 인간들로 가득 찬 사회는 '주어진 조건'에서 최대의 혜택을 누리는 사람들에게 가장 좋은 사회입니다.

"민중의 99%를 개돼지로 보고 먹고 살게만 해 주면 된다. 신분제를 공고히 하는 방향으로 나가야 한다"는 어떤 공무원의 발언은 이런 생각을 직관적으로 표현한 것에 불과합니다. 그러니 '건국절' 제정은 '역사세탁'에 그치지 않습니다. 이건 '불의에 저항할 줄 모르는 사람들로 가득 찬 사회', '현재의 기득권자들이 영구히 권익을 누리는 사회'를 건설하고야 말겠다는 '미래에 대한 도전'이기도 합니다.

다름을_인정하고_존중하는_것

소수자들이 '해방의 시간'과 '해방의 공간'을 더 많이 갖는 건, '다수자'들의 '자아'를 넓히는 데에도 도움이 될 겁니다.

주사파와
메갈리아

트럼프에 대한 세계인의 일반적 평가가 어떻든 그가 미국 대통령이며 그의 언행이 그를 뽑고 지지하는 미국인들의 생각을 대변한다는 건 부정할 수 없습니다. 그가 미국 우선주의 또는 미국 우월주의자이자 인종차별주의자라는 건 이제 누구나 아는 사실입니다. 미국인 중에도 인종차별에 반대하는 사람이 많지만 백인의 경우 반 이상이 유색인종을 멸시, 차별하는 의식을 가졌다고 해도 무방할 겁니다. 현재의 미국은 모든 대내외 정책에서 암암리에 또는 공개적으로 차별주의가 관철되는 나라입니다. 이 차별주의는 미국 밖으로도 향합니다. 제2차 세계대전을 계기로 인류가 청산 대상으로 규정한 '악한 생각'들이 지금의 미국을 지배하고 있지만 그래도 전 세계에 대한 미국의 영향력은 압도적입니다. 특히 우리나라의 경우에는 영향력이라기보다는 지배력이라고 하는 편이 나을 겁니다. "한미 간에 이견이 노출되었다"는 말은 "나라가 곧 망하게 생겼다"는 말과 동의어처럼 통용됩니다. 미국에서 배워 온 지식이 아니면 지식이 아닌 것으로 취급받고 영어를 잘 못 하는 게 '유리천장'으로 작용합니다. 많은 사람이 '원정출산'을 통해 '명예 미국인'이 되려 하고, 역시 많은 사람이 가정 파괴의 위험을 무릅쓰고 '기러기 아빠'의 길을 선택합니다.

문화의 미국화에 대한 우려가 우리나라에만 있는 건 아닙니다. 유럽의 지식인들도 다소 경멸적인 어조로 자국민들이 미국 문화에 동화하는 현상을 걱정하곤 했습니다. 하지만 우리는 미국 문화를 경멸해 본 적이 없습니다. 오히려 미국에 동화하는 것만이 역사의 발전이고 국가의 살길이라고들 생각했죠. 6.25 전쟁 직후 미국화에 대한 열망이 사회 전반을 휩쓸던 시기에도 미국의 정치적, 경제적, 문화적, 언어적 지배로부터 '해방'되어야 한다고 생각한 사람들이 있었지만 극소수였습니다.

1970년대 중반 미국의 카터 행정부와 박정희 정권 사이의 관계가 나빠짐에 따라 '관제 민족주의'가 우리 사회 한구석에 자리 잡았고, 80년대 초에는 광주 민주화운동 당시 미국이 보인 태도에 대한 분노가 또 한 구석에 자리 잡았습니다. 80년대 말의 격렬한 '반미 자주화운동'은 후자가 주도했지만 관제 민족주의가 뿌려놓은 '자민족

우월주의'도 그 일부를 구성했다고 봅니다. 그리고 다 알다시피 이 운동의 최선봉에 섰다고 자부하는 세력이 '주사파'입니다. 이 운동에 조직적으로 참여하지 않았지만 '극단적 민족주의자'들 역시 이 운동에서 상당한 영향을 받았을 겁니다.

저는 주사파와 극단적 민족주의자들이 한국 현대사의 발전에 긍정적 역할을 했다고는 생각하지 않습니다. 저들의 등장으로 인해 한국 사회 전반의 미국화 충동이 줄어들었다고 보기는 어렵습니다. 게다가 극단적 민족주의자들은 제노포비아와 결합했고, 주사파는 미국에 대한 합리적 객관화조차 '금기'의 영역으로 내몰았습니다. 미국 우월주의나 미국 중심주의를 비판하는 사람은 모두 "종북 빨갱이 주사파'라는 비난을 들어야 했습니다. 정권이 바뀌었지만 아직도 정부는 '종북 빨갱이 주사파' 혐의를 받지 않기 위해 쓸데없는 노력을 기울여야 합니다.

물론 다른 사람에게 함부로 '종북 빨갱이 주사파' 딱지를 붙이는 자들이 나쁩니다. 그러나 극단주의는 언제나 자신을 대중으로부터 격리하였고 자신에 대한 대중의 오해를 확산시켰으며, 자신의 의도와는 반대로 대중을 위축시켰습니다. 그래서 결과적으로 '나쁜 놈들'에게 도움을 주었죠. 오늘날 유례없는 위기 상황에서 드러나는 한국민의 평균적인 대미 인식과 현실 인식을 보면, 80년대 말~90년대 초에 주사파가 앞장선 '반미 자주화 운동'의 의미를 짐작할 수 있을 겁니다. 뜬금없이 왜 철지난 '반미 자주화 운동' 타령이냐고요? 메갈리아와 그 후계조직 구성원과 지지자들이 '페미니즘 운동의 선봉대'를 자처하면서 자기들을 비판한다고 '반여성주의' '여혐종자'

라는 낙인을 찍기에 혹시라도 '타산지석' 감이 될까 해서입니다.

　미국인들의 '주류'가 공개리에 혹은 암암리에 한국인을 멸시, 차별하는 현실에서 한국인은 미국인들에게 어떤 태도를 취해야 할까요? 미국 백인들이 자기들끼리 모인 자리에서 한국인을 '옐로 몽키'라 부른다고 해서 미국 어린이들을 '미국 애벌레'나 '양놈유충'이라고 부르면 뭔가 긍정적인 효과가 발생할까요?

인정은
혐오를 거두는 것

　서울광장에서 열리는 퀴어축제를 두고 해마다 사회적 논란이 거셉니다. 이런 종류의 축제는 주체들의 '소수자성'을 드러내는 집단행동으로서, 일종의 '인정투쟁'이라는 의미 외에도 평소 움츠려 있던 자아를 일시적으로나마 신장시키는 계기가 되기도 합니다. 물론 아직 반응은 극과 극이지만 이런 종류의 '소수자 축제'들이 거듭된다면 우리 사회가 '소수자들'을 용인하는 폭도 점차 넓어질 거라고 봅니다.

　퀴어축제 소식을 처음 접하고 문득 '서울로 7017'과 관련한 에피소드 하나가 떠올랐습니다. 서울시는 낡아서 사용할 수 없게 된 서울역 고가도로를 보행로로 개조하면서 주변의 역사 문화콘텐츠 자원 조사를 병행했는데 저도 어쩌다 그 일에 관여하게 됐습니다. 그 기회에 한 가지 건의를 했습니다. '서울로 7017'에서 1년에 하루 정도 날을 잡아 '홈리스 페스티벌'을 열면 어떻겠느냐고.

눈치 빠르고 자기 이익을 밝히며 남을 배려하지 않는 사람을 흔히 '깍쟁이'라고 하는데 '깍쟁이'란 본래 '거지'란 뜻이었습니다. 서울 토박이를 '서울깍쟁이'라고도 부르는 건 조선 후기 서울에 거지들이 많았기 때문입니다. 그런데 '거지'는 초역사적인 존재가 아닙니다. '인간' 자체를 재산으로 취급하던 시대에 '잉여 노동력'이 광범위하게 존재할 수는 없었습니다. 우리 역사상 거지의 집단화가 문제시된 건 병자호란 이후의 일입니다.

숙종 23년(1697) 음력 3월 6일, 왕은 병조판서 민진장을 도성 안 거지들을 주관하는 당상관으로 삼고 쌀 1만 석으로 거지들을 구제하게 했습니다. 이것이 거지 문제 해결을 국가의 정책 과제로 삼은 최초 사례입니다. 조선 후기 청계천 다리 밑은 전부 거지 소굴이었고, 영조 대 청계천을 준설한 뒤에는 동대문 안쪽 개천 좌우 가산—청계천을 준설할 때 나온 흙을 쌓아 만든 인공 산—에서 수많은 거지들이 땅굴을 파고 살았습니다.

땅굴에서 사는 거지들을 다리 밑 거지와 구분해서 '땅거지' 또는 '땅꾼'이라고 불렀습니다. 영조가 이들에게 '도성 밖에서 뱀을 잡아 도성민에게 파는 특권'을 부여한 뒤로는 '땅꾼'에 '뱀잡이'라는 뜻이 부가됐습니다. 19세기에는 이 가산에서 1년에 하루 날을 잡아 '깍쟁이들의 잔치'가 열렸습니다. 이 날에는 도성 내 이름 난 악공과 기생들이 '무료 출연'을 했습니다. 사실은 출연료로 거지들이 '밥'을 주었는데, 출연자들이 다 사양했답니다.

1939년 염천교 옆, 지금의 서소문공원 자리에 경성중앙도매시장이 개장한 뒤, 서울 시내 거지들의 총두목은 염천교 거지 중에서 나왔습니다. 식료품 시장이었기에 먹을 게 많아 어지간해서는 여기 거지가 되기 어려웠습니다. 이 무렵에 거지 두목의 이름도 '꼭지딴'에서 '왕초'로 바뀌었습니다. 어쩌면 '왕'이 사라진 시대상을 반영한 것인지도 모를 일입니다. 옛날 거지왕 김춘삼을 다룬 드라마 '왕초'의 장소적 배경이 된 곳도 염천교 밑이었습니다.

이런 얘기들을 한 뒤, 서울시 관계자에게 서울로 7017을 '노숙인 재활 사업'의 마당으로 활용하는 한편 '거지 당상'이 생긴 날을 기념하여 매년 3월 6일에 '홈리스 페스티벌'을 열면 어떻겠느냐고 제안했습니다. 그때 돌아온 답은 "취지는 좋은데, 그렇게 하면 시민들의 반발이 클 뿐 아니라 전국의 노숙인들이 다 서울로 몰려들 겁니다." 였습니다. 현재 몇몇 나라의 '홈리스 페스티벌'은 '국제행사'로 치러지고 있습니다. 스스로 원해서 노숙인이 된 사람은 없고, 아직은 노숙인을 아주 없앨 방도도 없습니다.

그렇다면 그들의 존재를 '인정'하는 수밖에 없습니다. '인정'은 '존재한다는 사실을 아는 것'에 그쳐서는 안 됩니다. 그들에 대한 '혐오'를 거두는 것이 '인정'입니다. 사람에 따라선 '극단적'이라고 생각할 수 있는 예를 들었지만, 소수자들이 '해방의 시간'과 '해방의 공간'을 더 많이 갖는 건, '다수자'들의 '자아'를 넓히는 데에도 도움이 될 겁니다.

영화 '군함도'를 보지는 않았지만 여기저기에서 논란이 많은 김에 한마디 얹습니다. 일제 말기 군수산업체와 일본군은 조선인 징용노동자들의 동향을 파악하기 위해 수시로 '불만 사항' 또는 '애로사항'을 접수했습니다. 조사 결과 '불만 사항' 1호는 언제나 '배고픔'이었습니다. 물론 '민족차별'이나 '인권유린' 같은 사항은 입 밖으로 꺼낼 수 없었을 겁니다. 하지만 '짧은 휴식시간'이나 '저임금' 또는 '관리자의 구타'보다 '배고픔'이 앞에 있었다는 것만으로도 그들이 얼마나 '원초적인' 상황에 놓여 있었는지 알 수 있습니다.

그런데 일본군은 이 문제의 원인을 엉뚱한 데에서 찾았습니다. 그들은 "조선인은 예로부터 과식하는 습성이 있다"고 주장했습니다. 이런 진단 하에 그들이 '문제 해결'을 위해 연구한 건 "어떻게 하면 배식량을 늘릴 수 있을 것인가"가 아니라 "어떻게 하면 같은 양의 식재료로 배고픈 느낌을 덜 갖게 할 수 있을 것인가"였습니다. 그래서 '조선인 징용노동자의 위장을 속이는 방법'이 중요한 연구 테마가 됐습니다.

조선인이 일본인보다 많이 먹는 편이라는 일본인들의 지적은 개항 직후부터 반복적으로 나왔습니다. 1900년께에는 신장도 조선인이 일본인보다 평균 2cm 정도 컸기 때문에 이 지적은 사실일 가능성이 큽니다. 그러나 일제강점기, 특히 1920년대 산미증식계획 이후 조선인 1인당 쌀 소비량은 지속적으로 감소했습니다. 단백질과 지방 소비량도 일본인 평균과 비교할 수 없을 정도로 적었을 겁니다.

1940년대에 조선인이 '평균적으로' 일본인보다 많이 먹었을 가능성은 거의 없습니다. 그럼에도 일본군은 "조선인은 예로부터 과식하는 습성이 있다'는 부당 전제를 고수했습니다. 여기에는 분명 '주제에' 세 글자가 빠졌을 겁니다. "조선인 주제에 일본인만큼 먹으려 들다니……"가 저들의 기본 전제였습니다. 공관병이나 자기 자식이나 똑같은 대한민국 국군 사병인데도 남의 자식을 자기 자식의 '몸종'으로 삼고, 그것도 모자라 공관병에게 수시로 모욕과 폭행을 일삼은 '장군 부인'의 의식 안에도 "별것도 아닌 걸 부모로 둔 주제에"라는 생각이 있었을 겁니다.

민주주의의 요체는 별것 아닙니다. '~주제에'라는 생각만 지워버리면 됩니다. 가난하다고 배고픔을 더 잘 견디는 것도, 빽이 없다고 모욕을 더 잘 참는 것도 아닙니다. 그런데도 남을 대할 때 '~주제에'라는 전제를 다는 게 습관이 된 사람이 계속 늘어나는 것 같습니다. '택배 차량 진입 금지'라는 글귀를 써 붙인 아파트가 늘어나고 있다는 것도 그 방증일 겁니다.

이해하려는 의지

공간적으로 우리나라에서 멀리 떨어진 어느 나라에서는 일부다처제가 용인되고 여성들에게 히잡을 강요합니다. 그 나라의 여성 대다수도 히잡을 쓰는 게 당연한 의무인 양 생각하고 행동합니다. 이

나라에 관한 정보를 접하면, 어떤 사람들은 그냥 '미개한 나라'나 '야만 국가'라고 낙인찍어버리고 맙니다. 미개한 문화나 야만적인 풍속은 빨리 사라져야 할 것이라 여기기 때문에 더 알려고도 하지 않습니다. 이렇게 그 나라는 '이해하려는 의지가 작동하지 않는 지역'이 되고 맙니다.

이들은 그 나라를 코란, 무슬림, 히잡 등의 단어와 연결시킬 정도의 '지식'은 있으나 이런 알량한 지식은 오히려 이들을 '무지'와 '편견'의 세계에 가둘 뿐입니다. 하지만 또 어떤 사람들은 저 나라 사람들은 왜 저런 가치관과 생활태도를 형성했을까? 변화가 필요하다고 느끼지는 않을까? 변화의 조짐은 있는가? 등등의 의문을 던집니다. 이 의문이 '이해하려는 의지'를 자극하고, 그 나라에 대한 이해가 깊어지면서 자기 가치관이 '유일하게 올바른 것'은 아닐 수도 있다는 깨달음을 얻습니다.

시간적으로 현재에서 멀리 떨어진 과거를 대하는 태도도 이와 같습니다. 어떤 사람은 옛날 사람들이 현재의 자기와는 다른 가치관과 생활양식을 가졌다는 사실을 모르거나, 알더라도 '왜' 그랬는지 이해하려는 의지를 갖지 않습니다. 그래서 '현재의 자기'를 '유일하게 올바른 판단을 내리는 신神'의 자리에 놓고 '현재의 자기 가치관'에 따라 과거의 일들과 사람들을 제 마음대로 평가합니다. 이런 사람들은 '역사적 사실'에 대한 지식이 늘어날수록 오히려 편견과 무지에 더 깊이 빠져듭니다.

"부여에는 순장 제도가 있었다는데 서로 힘을 합쳐 그토록 잔인하고 악랄한 지배층에게 저항하지 않은 민중이 한심하다."

"김춘추가 이민족인 당나라 군대를 끌어들여 같은 민족의 나라인 백제와 고구려를 멸망시킨 탓에 만주 땅을 잃었다. 이놈은 우리 역사상 최악의 역적이다."

"세종대왕이 후궁을 여덟 명이나 거느렸다는데, 다른 건 잘했는지 모르지만 이렇게 부도덕한 면도 있었다는 건 기억해야 한다."

"임진왜란 때 일본군에는 종군 신부가 있었다. 이순신이 일본군을 물리치는 바람에 우리나라에 복음이 전파되는 시기가 늦어졌다. 이순신은 사탄의 부하였음에 틀림없다."

"자칭 민족대표라는 것들이 민중을 배신하고 일제 경찰에 자수했으니, 저런 자들의 공으로 3.1운동이 일어났다는 건 터무니없는 소리다. 사실은 저런 자들 때문에 3.1운동이 실패한 거다."

정도의 차이는 있지만 이런 주장들 모두 당대의 사회와 문화 상황 전반에 대한 이해를 바탕으로 특정 사건과 인물을 평가해야 한다는 '역사주의'의 기본 원칙에서 벗어났습니다. '시대적 한계'를 이해해야, 그 한계의 극복 방법과 과정을 알고 역사를 '발전적'으로 인식할 수 있습니다.

저들에게는 삶과 죽음에 대한 고대인의 태도가 현대인과 어떻게 달랐는지 이해하려는 의지가 없습니다. 민족이라는 '집단적 자의식'이 언제, 어떤 계기로 형성됐고 어떤 경로로 확산됐는지 알아보려는 의지가 없습니다. 왕이 여러 후궁을 거느리는 문화가 왜 생겼고, 왜 그토록 오래 지속됐는지 생각해 보려는 의지가 없습니다. 기독교의 전파가 과연 '유일한 선'일까를 의심하려는 의지가 없습니다. '민중'이라는 집단적 자의식은 어떻게 형성됐고, 지식인과 그들 사이의 접점과 대립점은 무엇이었으며, 어떤 변화과정을 겪었는지 고민하려는 의지가 없습니다.

역사를 공부하는 목적 중 하나는 다른 지역의 문화를 공부하는 목적과 비슷합니다. '지금 이곳'의 '나/우리'와 다른 가치관, 다른 삶의 태도를 가진 사람들이 '과거의 이곳'에 있었거나 '지금의 다른 곳'에 있다는 사실을 알고, 그들이 그런 삶의 태도와 가치관을 형성한 데에는 어떤 이유가 있는지, 그들이 그런 삶의 태도와 가치관을 타파하고 새로운 가치관과 삶의 태도를 정립하기 위해 어떤 노력을 했는지, 또는 하고 있는지를 이해하는 것. 그럼으로써 '나/우리'를 상대화하고, '나/우리'를 성찰하며, '나/우리'의 변화 발전 방향을 모색하는 것입니다.

'다름을 인정하는 것'은 '나와 다른 인간이 존재한다는 사실을 인정하는 것'이 아닙니다. 절멸시킬 능력이 없어 놔두는 것도 '존재의 인정'일 수 있습니다. '다름을 인정하는 것'은 '나와 다른 가치관과 삶의 양식을 이해하려는 의지를 꺾지 않는 것'입니다. 역사를 배우는 또 하나의 목적이 여기에 있습니다. 자기 이성 친구의 성장 과정과 생활환경도 모르면서 제 맘대로 기대를 품었다가 기대한 대로 이루어지지 않았다고 '배신감'을 토로하는 사람을 보면 누구나 '바보'라고 할 겁니다. 역사상의 인물이나 사건을 칭송하거나 비난하는 때에도 이런 '바보짓'을 해서는 안 됩니다.

혐오단어

절름발이, 외눈, 장님 등은 애초 비하 의식이나 혐오감을 표현하기 위해 만들어진 말이 아닙니다. 일베충, 한남충, 김치녀, 개저씨, 기레기 등이 특정 대상에 대한 혐오감을 표현할 목적으로 만들어진 단어들이죠. 혐오단어를 모두 폐기할 필요는 없습니다. 사회의 도덕적 기준을 지키기 위해서는 혐오단어를 사용해야 하는 경우도 있습니다.

그런데 절름발이, 외눈, 눈뜬장님 같은 관용적 표현에 대해서는 '혐오단어를 사용한 데 대해 사과하라'고 흥분하던 사람들이 남자 어린아이들을 '한남유충'으로 표현하는 특정 집단의 '관행'에 대해서는 아무런 반응을 보이지 않습니다. 이 '혐오단어'는 심지어 학술논문에까지 버젓이 실렸고, 일부 초등학교 교사들의 '일상용어'가 됐습니다.

어린아이들에 대한 혐오감을 유포하고 정당화하는 짓이야말로 용납할 수 없는 '혐오범죄'입니다. 장애인에 대한 혐오감의 '흔적'은 민감하게 포착하면서도 어린아이들에 대한 노골적 '혐오감'에는 지나치게 둔감한 사회를 '건강한 사회'라고 할 수는 없을 겁니다. 20대 남성뿐 아니라 양식 있는 사람이라면 모두가 이 현상에 분노해야 마땅합니다. 또 과거 '메갈리즘'의 패륜적 언행을 지지, 고무, 찬양했던 사람들은 상응한 책임을 져야 할 겁니다. 어쩌면 이제 '메갈리즘'을 지칭하는 '혐오단어'를 만들어 공유하는 일이 필요할지도 모르겠습니다.

메갈리아 '전술'의 재검토

GS25가 이미 사라진 지 오래인 메갈리아 페이스북 페이지의 상징물들을 사용한 포스터를 만들었다는 이유로 젊은 남성들이 불매운동을 벌이는 탓에 점주들이 매출 감소로 애를 먹고 있답니다. 과거 메갈리아를 두둔했던 언론매체들은 '메갈리아 상징도 아닌데 젊은 남자들이 과민반응 한다'는 식으로 보도합니다.

GS25를 '여성해방을 응원하는 모범 기업'으로 칭찬하는 글은 보지 못했습니다. '메갈은 여자 일베'라는 생각은 그새 상당히 넓게 퍼졌고, 초중등 학생들은 욕처럼 쓴답니다. 그토록 당당했던 '메갈리아'라는 이름이 왜 이렇게 됐을까요? 그보다 요즘 젊은이들은 왜 남녀를 '상호 적대적' 관계로 인식할까요? 드라마나 영화는 여전히 '서로 사랑하는 남녀'들의 모습을 보여주는데 젊은이들 사이에서는 왜 '서로 조롱하고 서로 증오하는 남녀'에 관한 담론이 지배적일까요?

메갈리아의 '미러링' 전술과 관련해서 우리 언론과 지식사회의 대응이 적절했는지 짚어볼 필요가 있을 듯합니다. 이제 5년이라는 시간이 흘렀으니 '메갈리아는 일베에 조직적으로 대응한 유일한 당사자'라는 주장과 '일베를 미러링하면 일베와 똑같이 된다'는 상반된 주장들의 타당성 문제를 재검토할 필요가 있을 듯합니다.

메갈리아 논란에 대한
소회所懷

아래는 한겨레신문 2016년 7월 30일자에 게재된 여성학자 정희진 씨의 '메갈은 일베에 조직적으로 대응한 유일한 당사자'라는 글을 보고 썼던 '감상문'입니다. 꽤 시일이 흘렀지만, 현재의 '젠더갈등'을 이해하는 데 참고가 되었으면 합니다.

한겨레신문에 게재된 여성학자 정희진 씨의 '메갈은 일베에 조직적으로 대응한 유일한 당사자'라는 글을 보았다. 대다수 한국 남자들이 그런 것처럼, 나 역시 여성학에 대해 무식하다. 모르는 분야에 대해서는 가르쳐 주는 대로 배우는 것이 '사람' 되기 위한 첫 번째 덕목이라는 건 잘 안다. 하지만 제대로 알기 위해 반드시 필요한 게 질문이다. 한국 남자들이 여성문제에 대해 입을 다무는 건 문제가 있음을 모르거나 문제의 공론화를 기피해서만이 아니다. 이 문제에 대해 함부로 질문했다가는 심하면 '여성의 공적共敵'이 되고 가벼워도 바보가 된다. 이런 짓은 안 하는 게 상식이다. 그런데 이 '상식'이 여성문제에 대해서는 여성만이 발언할 수 있다는 또 다른 '상식'을 낳고, 남자들의 발언을 '몰상식'과 '여성혐오'로 배척하게끔 했던 건 아닌가 하는 생각이 들었다. 발언권이 원천적으로 배제된 문제에 대해서는 인식하려는 의지도 소멸할 수밖에 없다. 남자들이 여성문제에 무식한 건 발언하지 말라는 압력이 그만큼 큰 탓도 있다는 생각이다. 이런 상황이 지속되는 한 여성문제는 언제까지나 '여성만의 문제'가 돼 버린다. 그래서 없는 용기를 짜내어 몇 가지 질문을 던져본다.

1. 정말 티셔츠 문구가 문제였는가?

내가 이 문제를 처음 접한 건 SNS에 링크된 신문 기사를 통해서였다. "Girls do not need A Prince." 이 얼마나 건전하며 훌륭하기까지 한 문구인가? 이건 '백마 타고 오는 왕자'를 고대하는 극소수 젊은 여성에게는 경구警句겠지만, 절대다수 젊은 남성에게는 오히려 구원의 메시지가 될 만한 구호였다. '금수저 왕자님'이 아니라도 좋다는데 거기에 불만을 품을 남자가 몇 명이나 될까? 그런 문구가 새겨진 티셔츠를 입었다는 이유로 게임 개발사가 녹음해 둔 성우의 목소리를 지웠다는 보도를 보고선 분노가 치솟았다. 나도 그 성우와 같은 일을 당한 바 있기에 분노는 더 컸다. 게다가 그 게임 개발사는 이 사회 최고위 엘리트들과 부당거래를 했다는 의혹을 받는 중이었다. 그래서 SNS에 넥슨이 페미니스트에게 불이익을 준 건 '자충수'라고 비판하는 짧은 글을 올렸다.

'자충수'라는 단어를 쓴 것은 우리 사회가 이 정도 메시지도 용납하지 못할 정도로 한심하지는 않다는 생각 때문이었다. 그런데 이 짧은 글에 엄청난 분노를 담은 수많은 댓글이 달렸다. 항의의 요지는 "우리가 티셔츠 문구 때문에 이러는 줄 아느냐? 저건 메갈을 지지한다는 표시다."와 "우리가 반대하는 것은 남성혐오이지 페미니즘이 아니다."였다. 그 때 '메갈'이라는 말을 처음 알았다. 도대체 메갈이 뭐기에 저러나 싶어 웹서핑을 했다. 알고 보니 내막은 이랬다. "페이스북 메갈리아(일간베스트를 일베로 줄이는 예에 따라 이하 메갈이라 줄인다) 페이지가 남성혐오적이고 패륜적인 콘텐츠 게시를 일삼다가 여러 차례 계정 삭제를 당했는데, 여성 혐오 콘텐츠를 담은 다른 페이지들에 대한 조치와 비교하면 일방적이고 차별적이었다. 이에 페이스북을 상대로 소송을 제기하면서 소송비용을 마련하기 위해 위의 문구가 새겨진 티셔츠를 만들어 판매했다." 추가로 "인신공격과 명예훼손으로 고소된 회원들의 소송비용을 마련하기 위한 것"이라는 주장도 있었다.

내게 거칠게 항의한 '젊은 남자'들은 이렇게 주장했다. "우리는 일베가 소수자와 약자에 대한 혐오감을 담은 패륜적 콘텐츠를 생산하고 공유하며 확산시키는 데 반대했다. KBS가 일베 회원을 기자로 채용했을 때도, 일베에 의해 변조된 로고가 SBS 방송 화면에 나왔을 때도 항의했다. 그런데 왜 일베와 똑같이 혐오주의적이고 패륜적인 콘텐츠를 생산, 유포하는 집단에 대한 반대는 허용되지 않는가? 왜 그런 집단 구성원들에게 불이익을 줘야 한다는 주장만이 '혐오주의자들의 폭력'으로 치부되는가? 우리가 '일베 인증' 한 남자들을 현실 세계에서 고립시키려 했을 때는 정당하다는 칭찬을 들었다. 그런데 '메갈 인증' 한 여자들을 현실 세계에서 억압하려 하자 부당하다는 비난을 받는다. 이게 정당한가?

처음에는 '발랄한 여자들의 유쾌한 반란'에 과민 반응한다고 생각했다. 하지만 곧 그렇지 않다는 판단을 내릴 수 있었다. 저들은 6.25 전쟁을 '고기파티'라 칭하고 전사한 군인들을 '육병기'라고 불렀다. 세월호가 침몰하는 상황에서 "홍어들이 제 고향 용궁에 가겠다는데 왜 막노?"라고 했던 일베의 정확한 미러링이지만, 아무리 좋게 보려 해도 자기 고통에 매몰되어 '인간 일반'의 고통에 대해서는 공감능력을 상실한 상태라고밖에는 할 수 없었다. 물론 일부의 빛나간 발언으로 치부할 수도 있으나, '홍어'도 일베 일부의 발언이었다.

산발적인 패륜 발언보다 더 큰 문제는 메갈의 대화 플랫폼이 일베와 똑같이 패륜성을 확대 강화하는 방식으로 짜여 있었다는 점이다. 그래도 남성의 언어로 짜여진 담론의 질서를 무너뜨리는 데에는 유효한 수단이 아닐까라는 생각도 해 봤다. 여성문제를 남자 대 여자의 진영 문제로 단순화한다면, '저쪽 진영에 일베가 있으니 우리에게는 메갈이 있어야 한다'는 주장을 펼 수도 있을 것 같았다. 그런데 이런 주장은 정세 인식 면에서나 문제 해결 방식에서나 사드 배치 주장과 유사한 점이 많았다. '사드는 북핵에 대응하는 유일한 수단'이라는 주장은 군사적 대응만이 유일한 해결책이라는 인식을 바탕으로 한다. 이 주장으로 인해 북핵에 반대하는 국제공조는 힘을 잃었다. 게다가 사드 배치는 '북핵을 인정하지 않는다'는 기존 주장을 뒤집고 북한의 핵 보유를 '인정'하는 역설적 결과를 낳았다.

메갈의 방식도 일베를 약화시키기는커녕 오히려 '적대적 공존'의 기반을 확대 강화하는 방식이었다. 분단체제를 무너뜨리고 통일로 가는 과정에서 절차와 방법이 중요하듯, 성차별 체제를 무너뜨리고 양성평등 체제로 가는 과정에서도 절차와 방법이 중요하다. 메갈의 방법이 남성 위주로 짜여진 담론의 질서를 무너뜨리는 데 유효한 방법이라 해도, 그건 '전쟁의 방법'이었다. 전쟁은 분노와 굴욕과 보복의 악순환을 낳을 뿐이라는 게 내 생각이다. 평화적인 해결 방식이어야, 해결 이후에도 평화가 보장된다. 그런데 공교롭게도, 정희진 씨 칼럼 제목이 '메갈은 일베에 조직적으로 대응한 유일한 당사자'였다.

2. 메갈이 조직적으로 대응하는 '일베'는 누구인가?

메갈은 소수자와 약자에 대한 혐오감을 패륜적 언어로 표현하는 일베의 행태를 뒤집어 복제해 보여주는 '미러링'이라는 방법을 택했다. 김치녀, 된장녀, 맘충, 꽃뱀이라는 용어는 이 커뮤니티에 의해 씹치남, 한남충, 애비충, 좆뱀으로 반사되어 한국 사회에 비춰졌다. 이 반사에 대한 한국 사회의 반응을 시험하는 것이 곧 여성운동이라는 말은 충분히 이해했다. 자기가 얼마나 부당하고 불공평한 현실에 놓여 있는지를 모르고서야 그런 현실을 개선, 개혁하겠다고 나설 수 없는 일이니까.

그런데 '국가와 시민사회는 일베와 같은 남성으로서 교직交織된 존재'라는 주장은 명료히 이해하기 어려웠다. 여기에서 '같은'이 사상, 취향, 정서, 태도의 동일성을 말하는 것인가, 아니면 단지 '동성'이라는 사실만을 지적한 것인가? 그것도 아니면 남성들 사이에 존재하는 사상, 취향, 정서, 태도의 차이쯤은 무시해도 좋다고 보는 것인가? 교직물에는 각 섬유의 혼용률을 기재하는 것이 원칙 아닌가? 물론 이 사회 상층부에 일베와 같은 사상과 정서를 가진 사람이 많다는 데에는 전적으로 동의한다.

"99%의 민중은 개돼지"라는 발언은 정확히 일베 사상의 핵심에 닿아있다. 공공연히 내뱉지 못할 뿐 이와 똑같은 생각을 간접적으로 표현하는 이른바 '사회지도층' 인사는 무척 많다. 게다가 일베는 박근혜 정권을 가장 열렬히 지지하는 그룹 중 하나다. 그럼에도 아직은, 한국 시민사회가 이런 발언을 용납하지 않는다. '민중은 개돼지'라고 발언한 당사자는 파면 당했고, 이런 생각을 공공연히 표출하려면 불이익을 감수해야 한다는 시민적 합의가 형성된 상태다. 일베는 시민사회의 아웃사이더이며, 그것도 사회적 제재를 받아 마땅한 범죄적 아웃사이더다. 일베의 패륜 발언들은 종종 사법적 단죄의 대상이 된다. 현재 많은 '젊은 남자'들이 일베를 패륜집단으로 취급하고 그들을 사회적으로 고립시키기 위해 각자의 위치에서 할 수 있는 일들을 하고 있다. 그들에게 '일베와 같은 남자'라는 말은 참기 어려운 욕이다.

메갈이 일베 사상에 친화적인 현재의 지배 질서와 담론 구조를 공격하려 했다는 점은 부인하지 않는다. 하지만 메갈은 일베의 패륜적 언어를 복제하면서 공격 대상까지 복제해 버렸다. 그들은 모든 한국 남자를 '일베와 같은 남자'로 규정하여 일베에게 한국 남자의 대표 자격을 부여했다. 그러고선 일베를 공격하고 조롱하는 것은 정당하다는 시민사회의 잠정적 합의에 힘입어 아무 거리낌 없이 한국 남자 일반을 조롱한다. 그들은 한국 남자들이 성적으로 무능하다고 조롱하며 남자 성기 절단 사진을 올려놓고 함께 즐기기까지 한다.

그런데 놀랍게도 그들은 월 수입 200만원 내외의 남자를 한남충 중에서도 저열한 존재인 '200충'이라고 부르고 지방대 남학생들을 지잡충이라 부르며 더치페이를 루저페이라고 한다. 그들에게 가장 좋은 남자는 백인 남자인 갓양남(God洋男)이다. 그들은 '번식탈락'으로 멸종시켜야 할 존재인 씹치남이 갓양남에게 살해당한 것을 경축한다. 그들이 씹치남을 사면하는 조건으로 '성차별의식 극복'을 내세운 것은 지극히 정당하지만 그보다 더 효과적이고 실질적인 사면 조건이 '외제 승용차'가 된 것은 참으로 유감이다. 게다가 그들은 어린이, 노인, 장애인, 성소수자까지 거리낌 없이 놀이 대상으로 삼는다. 남자 아기는 한남유충이고, 남자 어린이는 좆린이다. 일베에게 루저라고 불리는 수많은 젊은 남자들이 메갈에게는 200충이라고 불린다.

메갈이 공격하는 대상은 여성을 제외하면 일베가 공격하는 대상과 상당 부분 겹친다. 일베에 맞서 싸우는 조직이 어쩌다 일베가 공격하는 대상을 함께 공격하게 됐을까? 남성 대 여성의 문제보다는 금수저 대 흙수저의 문제를 더 예민하게 의식했기 때문은 아닐까? 메갈은 당연히 일베가 아닐 뿐더러 일베에 가장 적대적인 그룹이지만, 메갈과 일베의 연합 공격 대상이 된 '흙수저' 남자들에게는 일베의 가장 강력한 동맹군이기도 하다.

3. 현재와 미래의 경계선상에 있는 '젊은 남자'들의 분노는 무시해도 좋은가?

인식할 수 있고 인식하고 싶은 현상만을 모아서 자기를 둘러싼 세계의 이미지를 그리는 것은 인간의 태생적 한계다. 정부는 자전거 타고 행복한 웃음을 지으며 강변을 달리는 사람들로 사대강의 이미지를 구축하고, 환경운동 단체는 녹조로 뒤덮여 썩어가는 강물로 사대강의 이미지를 구축한다. 그러니 버스 안에서 집단 성폭행이 일어나고 성폭행 피해자가 가족에게 살해당하는 일이 벌어지는 인도의 성차별 현실과 한국의 성차별 현실이 본질상 다를 바 없다고 인식하는 것은 부당하지 않다. 그런데 메갈과 같은 행동이 있어야 이 현실이 바뀔까? 남자가 이해하지 못하는 여자의 문제가 있는 것처럼 현재의 중장년층이 이해하지 못하는 청년층의 문제도 있다.

사법고시, 행정고시, 외무고시, 의사고시 등 국가 엘리트 충원 시험에서 여자 합격자 수가 남자 합격자 수를 앞지른 지는 이미 10년이 넘었다. 예비 엘리트 양성 기관인 특목고 학생들은 60~80%가 여자다. 이런 학교에 다니는 남학생들은 학생회장이나 학급회장이 될 꿈도 꾸지 못한다. 그들이 얻을 수 있는 최고의 지위는 부회장이며, 부회장 선거에 출마해도 "공부 잘 하는 남자애들에게 스펙까지 쌓게 할 수는 없다"는 견제를 받는다. '이 현상이야말로 그동안 여자들이 얼마나 억압받았는지를 보여주는 증거'라는 주장을 애써 반박할 생각은 없다. 요즘 남자 중학생들은 성적이 왜 이렇게 나쁘냐고 야단치면 "내가 여자인 줄 아세요?"라고 반문한다. 이들은 이미 '여성 상위 시대'에 적응할 준비가 돼 있다. 빠르면 20년, 늦어도 30년 안에 국가와 시민사회를 이끄는 엘리트군(群)에서 여성이 과반수를 점할 것임은 거의 의심할 여지가 없다.

그런데 공정한 경쟁 조건에서는 여자가 평균적으로 남자보다 우월하다는 생각을 수용하면, 현재의 성차별 문제와는 다른 '미래의 성차별 문제'가 보이게 마련이다. 한국의 대다수 젊은 남자들은 초중고등학교 때 '평균적으로' 여자들보다 공부를 못했으며, 대학에 입학한 뒤에는 동기 여학생들이 어학연수나 인턴쉽 과정을 통해 '스펙'을 쌓는 동안 군대에서 학업 단절을 겪었고, 다시 '공정하고 평등한' 조건에서 취업 경쟁을 해야 한다. 현재와 미래의 경계에 서 있는 이들은 이 상황을 '불공정'하다고 느낀다. 그러면서도 그 느낌을 공공연히 표출하지 못한다. 그들은 유치원, 초등학교, 중학교를 다니면서 여자 선생님들(유치원 100%, 초등학교 90%, 중학교 70~80% 정도)에게 "남자가 양보해야지." "남자가 똑같이 그러면 쓰나." "남자가 배려해야 하는 거야."라는 말들을 귀에 못이 박히도록 들어온 세대다. 그들의 마음속에는 "왜 여자가 남자보다 낫다면서, 게다가 남자들에게는 군 복무라는 핸디캡까지 주면서 남자더러만 양보하라고 하는가?"라는 불만이 가득 차 있다.

게다가 이런 불만이 누적되면 자칫 혐오범죄로 이어질 수 있다. 나는 강남역 살인사건이 혐오범죄라고 생각한다. 더불어 혐오감을 칼부림으로 표현하는 것보다는 훨씬 덜 하지만, 패륜적 언어로 표현하는 것도 혐오범죄라고 본다. 그런데 "너희가 혐오하면 우리도 혐오하겠다."는 선언과 실천으로 혐오범죄를 줄일 수 있을까? 기대효과가 의심스럽더라도 "혐오범죄 저지르지 맙시다." "여성/남성에게 혐오감을 갖지 맙시다."라고 거듭거듭 간곡히 호소해야 하는 건 아닐까?

모든 범죄는 현실의 반영이며 불만과 욕망의 반윤리적 표출이다. 현존하는 불만들을 해소하고 뒤틀린 욕망들을 교정하는 건 어렵더라도 반드시 해야 할 일이다. 그와는 별도로, 이것이 반윤리적으로 표출되지 않도록 경계하고 억제하는 일도 게을리 해서는 안 된다. 패륜적 담론의 확산을 방치하면서 반윤리적 범죄가 줄어들기를 기대하는 건 어불성설이다. 일베가 한국 여성 일반을 패륜적으로 공격했기 때문에 메갈이 나온 게 정당하다면 메갈이 한국 남성 일반을 패륜적으로 공격하는 건 무엇이 나오길 기대해서인가? 그렇게 해서 일베의 영향력이 축소될까 아니면 확대될까? "저들이 다른 듯하지만 여성의 진출 앞에서는 하나로 뭉친다. 저게 남자들의 본성이다."라고 외치면, 여성의 미래가 밝아지는가? 과거 급진적 사회주의 운동가들도 똑같은 말을 한 적이 있다. "저들이 다른 것 같지만, 노동계급의 진출 앞에서는 하나로 뭉친다."고. 그렇게 상대 세력을 하나로 뭉치게 해서 좋은 결과를 본 운동은 없다.

고통은 현실에 있으나 공포는 미래를 향한다. 현실의 고통을 덜어주는 일과 미래의 공포를 씻어주는 일은 함께 해야 하고, 함께 할 수 있는 일이다. '메갈과 같은 여자로 교직된' 국가와 시민사회의 엘리트군群 일부가 "한국 남자의 99%는 번식탈락시켜야 할 씹치남"이라고 생각하는 시대가 도래한다면 '흙수저 한남충'들은 어떻게 대응할까? 이런 미래를 상상하는 건 물론 극단적이지만 공포는 언제나 극단을 상정한다. 또 이런 '극단적인 상상'은 한국 남자 일반을 '일베와 같은 남자'로 치환하는 '극단적인 상정'과 비슷한 수준이다.

게다가 한국 남자들에게 '역지사지의 공감능력'을 키워주는 것이 애초 의도였다는 주장이 옳다손 쳐도 이런 방식이 효과가 없다는 사실을 확인했다면 패륜의 미러링을 계속 해야 하는 이유는 무엇인가? 지금 우리는 이들에게 무슨 말을 해야 하는가? "일베가 그런다고 너희들도 똑같이 하면 되냐? 그러지 말고 함께 일베를 나무라자."라고 해야 하는가? 아니면 "너희들 덕에 한국 남자들은 전부 일베와 다름없다는 사실을 새삼 깨달았다. 잘하는 일이니 위축되지 말고 계속 열심히 해라."라고 해야 하는가? 모욕으로는 결코 성찰을 유도하지 못한다.

이명박 정권과 일베
그리고 메갈리아

"앞으로 문화 정책의 기본 방향은 한국 사회의 이념적 좌표를 오른쪽으로 끌어당겨 영구집권의 기반을 다지는 것."

이명박 정부 출범 직후, 정권 핵심을 잘 아는 사람에게 직접 들은 얘기입니다. 유인촌 씨가 문화부 장관 완장 차고 "이 정부와 코드가 맞지 않는 사람은 다 나가라"며 임기가 남은 여러 문화단체장들을 쫓아낸 건 다들 아는 일입니다. 그런데 국민 의식 전반을 변화시키려는 거대 프로젝트를 문화부 단독으로 수행했을 것 같지는 않습니다. 공교롭게도 그 직후 일베가 출현했습니다.

일베는 처음부터 아무 거리낌 없이 극우적 담론을 패륜적 언어로 표현했습니다. 그들은 현실 세계에서 금기시되던 욕망과 언어를 도덕적 윤리적 금제에서 해방시켰습니다. 물론 이들은 온·오프에서 벌레 취급을 받았지만 진짜 문제는 일베 밖에서 발생했습니다. 일베가 극우담론을 확산시키는 선봉대이자 방패 노릇을 한 거죠. 패륜적 표현만 제거하면 일베와 똑같이 파시스트적 욕망을 표현해도 '합리적 보수'를 자처할 수 있게 된 겁니다. 일베는 극우적 담론의 활동 범위를 넓혔을 뿐 아니라 '인간성의 최저선'을 이전보다 한참 낮은 지점으로 끌어내리는 데 성공했습니다.

제가 메갈 워마드를 비판하는 건 이 때문입니다. 그들 스스로는 자기들이 '일베에 조직적으로 대응하는 유일한 당사자'라고 생각할지 몰라도, 그들이 생산 유포하는 담론은 일베와 똑같이 욕망 표현에 대한 도덕적 윤리적 금제禁制를 부수는 역할을 하고 있습니다. 그렇다고 그들이 일베의 반대편에서 '진보의 선봉대이자 방패' 구실을 하는 것도 아닙니다. "욕망 표현의 자유를 허하라"와 "이익을 극대화하기 위해선 도덕과 윤리 따위 팽개쳐라"는 오히려 뉴라이트의 인간관에 직결되어 있습니다.

강자와 약자가 '평등하게' 경쟁하는 링 안의 승부는 이미 정해져 있습니다. 부자와 빈자가 '평등하게' 거래하는 시장은 부자에게 일방적으로 유리하기 마련입니다. '누구나 자기 욕망에 따라 말하고 행동할 수 있는 사회'가 꼭 좋은 사회는 아닙니다. 부자의 욕망이 가난한 자의 욕망보다 더 크고, 부도덕한 자의 행동반경이 도덕적인 사람의 행동반경보다 더 넓기 때문입니다. **'불평등한 존재들 간의 평등한 경쟁'을 억제하는 구실을 해온 것이 도덕과 윤리입니다.**

메갈 워마드를 비호하는 건 오히려 '벌레들의 세계'에 유폐돼 있던 패륜 담론을 석방하는 결과로 이어질 가능성이 큽니다. '강자의 약자에 대한 혐오는 부당하나 약자의 강자에 대한 혐오는 정당하다'는 주장에 수긍하는 '강자'는 없습니다. 오히려 이런 경우 강자는 "도덕적 열세조차 극복했다"고 기뻐합니다. 뉴라이트가 궁극적으로 원했던 게 바로 이런 '담론세계'입니다. "이익을 극대화하는 데 장애 요소로 작용했던 도덕과 윤리의 굴레를 벗어던지는 것", 그리고 "강자와 약자, 부자와 빈자가 평등하게 아귀다툼을 벌이는 것", 그래서 "강한 자와 부도덕한 자가 언제나 승리하는 것".

#생명과_인권에_대한_인류의_합의

제1차 세계대전의 참상을 겪은 뒤 인류를 '동물적 생존경쟁'의 틀 안에 묶어 두어서는 공멸을 피할 수 없다는 사실이 명백해졌습니다. 인간은 동물과 달라야 한다는 '인도주의'가 새로운 시대사조로 떠올랐습니다.

**인류가 지켜온
사람의 도리**

'방어권을 포기한 사람'. 전쟁에서든 격투기 경기에서든, '방어권을 포기한 상대'에게는 '공격'을 멈추는 게 인류가 만들고 지켜 온 '사람의 도리'입니다. 방어권을 포기하고 죽은 사람을 거듭거듭 공격하는 게 '정당한 권리'로 인정되는 '인간 세상'은 없습니다.

피해자
연대의식

박원순 '성희롱 피해자(국가인권위원회의 판단에 따른 호칭)'가 "박원순과 같은 당 후보가 시장이 되는 걸 막기 위해 기자회견장에 나왔다."고 말했습니다. 광주학살의 피해자들을 '폭도'로 매도했던 세력에 투신한 사람이 그의 옆에 있었습니다. '성희롱 피해'로 고통 받고 있다면 '학살 피해'로 인한 고통이 어느 정도일지 가늠할 수 있을 겁니다. 그게 '피해자 연대의식'입니다.

2차 가해와
연대

민주당 후보를 찍는 건 '성희롱 피해자'에 대한 2차 가해랍니다. 국민의힘 후보를 찍는 건 용산참사 피해자, 불법사찰 피해자, 주가조작 피해자, 세월호참사 피해자, 국정농단 피해자들과 연대하는 행위인가요?

의협의
인명 경시 사상

살인이나 성폭행 범죄를 저지른 의사라도 면허 박탈은 과하다는 게 의협의 주장이랍니다. 사람 목숨의 가치가 '면허증' 가치만도 못하다고 보는 게 '인명 경시 사상'입니다. 의사단체가 '인명 경시 사상'을 공식 표방하는 건 동서고금에 처음 있는 일일 겁니다.

의협이
해야 할 일

화이자백신 1병을 7명에게 접종하는 건 한국산 주사기 성능 때문이 아니라 식염수를 타서 묽게 만들었기 때문이라고 주장하는 언론사 '기자'가 있습니다. 이 주장에 동조하는 사람도 많습니다. 의협이 해야 할 일은 살인범과 성폭행범 면허를 지키는 게 아니라 이런 악의에 찬 몰상식으로부터 의학 지식을 지키는 겁니다.

나이 먹은
아이들

임진왜란 때, 스페인 선교사 세스페데스가 고니시 유키나가 군대를 따라 조선에 온 적이 있습니다. 이 사실을 안 어떤 교회 중등부 회원이 이렇게 주장했습니다. "이순신 때문에 우리나라에 기독교 선교가 늦어졌으니 이순신은 예수님의 적이다."

홍범도 장군 유해를 대전 현충원에 모신 것을 두고 자칭 '보수' 인사들이 이렇게 주장한답니다. "소련 공산당원인 홍범도를 현충원에 묻은 것은 공산당과 싸운 영웅인 백선엽 장군을 모욕하는 짓이다." 이 '나이 먹은 아이들'을 어떻게 하면 좋을까요?

인구감소가 시작됐습니다. 지금 추세대로라면, 앞으로 50년 동안 감소할 인구가 지난 60년 동안 증가한 인구보다 더 많을 겁니다. 이런 급속한 인구감소는 유럽에서 페스트가 창궐할 때나 우리나라에서 임진왜란이 벌어졌을 때 겪은 정도보다도 심합니다.

자급자족을 기본으로 하는 농업사회에서는 인구감소가 살아남은 사람들에게 '축복'이었습니다. 하지만 '시장 중심 경제'에서 급속한 인구감소는 곧 급속한 시장 축소를 의미합니다. 우리나라는 세계 제1의 인구감소 속도를 기록할 것이며, 이 길은 아무도 가보지 못한 길입니다. 앞으로 어떤 일들이 닥칠지 구체적으로 예상하기 어렵습니다. 당장 7년 후에는 초등학교 입학생이 올해 입학생의 반 가까이로 줄어들 겁니다. 대책을 세운다고 해도 많은 부분에서 역부족일 수밖에 없습니다. 인구감소 속도를 최대한 늦추는 것이 위기를 조금이라도 완화하는 길입니다.

창원시가 인구감소 대책으로 '결혼드림론' 정책을 마련했답니다. 결혼하면 1억원 대출, 첫 아이 낳으면 이자 면제, 둘째 낳으면 대출 원금 30% 탕감, 셋째 낳으면 전액 탕감으로, 현재 헝가리에서 시행 중인 출산 장려정책과 같습니다. 그런데 해당 지역 여성단체들이 "인구감소 문제를 결혼과 출산으로만 해결하려 해서는 안 된다."며 반대 성명을 냈습니다. 돈으로 결혼과 출산을 장려하는 정책에 대해서는 이견이 있을 수 있습니다. 하지만 '결혼과 출산 장려' 말고 '인구감소' 속도를 줄일 다른 대책이 있는지는, 아무리 생각해도 모르겠습니다.

사람의 책임과
반려견의 책임

국민의힘 조수진 의원이 "검찰총장이 특정인에 대한 고발을 사주했다면 검찰총장 잘못은 1이고 임명권자인 대통령의 잘못이 10이니 대통령이 직접 책임져야 한다"고 주장했습니다. 사람이 사람을 때리면 장본인이 책임져야지 회사 사장이나 부모에게 책임을 돌릴 수 없습니다. 물론 개가 사람을 물면 개 주인이 책임지는 게 옳습니다. 윤석열 씨가 조수진 씨 주장의 핵심을 제대로 이해했다면 화를 내는 게 정상일 겁니다.

불공정
심판

축구 심판이 A팀이 이긴다는 쪽에 베팅하고선 경기 중 공을 잡아 골문 앞에 있는 A팀 선수에게 패스했다면, 골이 들어갔건 아니건 그 심판은 영구 퇴출을 넘어 바로 구속돼야 마땅합니다. 그런 심판을 '공정과 상식의 아이콘'이라고 부르는 자가 있다면 그 자도 사기도 박꾼일 겁니다.

양심 지키기

"이재명에게 돈 줬다고만 해라. 그 뒤부터는 우리가 알아서 한다. 협조하지 않으면 가족까지 다 구속시키겠다."

— 어떤 검사가 어떤 피의자에게(KBS 뉴스 2021.9.7. 보도)

아주 익숙한 수사법修辭法이라 놀랍지는 않습니다. 다만, 이런 엄청난 협박에도 굴하지 않은 사람이 있다는 게 놀랍습니다. 이런 세상에선 '양심'만 지키며 살기도 아주 어렵습니다.

연좌제

집행유예 중인 장제원 씨 아들이 무면허 운전과 경찰관 폭행 혐의로 다시 입건됐습니다. 성인인 아들의 범법행위에 부모의 책임을 묻는 건 '연좌제'입니다. 부모에 따라 그 자식의 범법행위를 달리 처분하는 것도 '연좌제'입니다. 우리나라에는 연좌제의 반이 남아 있는 듯합니다.

인문학

사람들이 세상을 천지인天地人의 3요소로 나눈 건, 동아시아뿐 아니라 세계 보편의 현상이었습니다. 한자문화권에서는 이들 각각이 문文, 리理, 심心을 통해 본질을 드러낸다고 보았습니다. 하늘의 뜻은 밤하늘의 별자리, 즉 무늬[=문文]을 통해 알 수 있으며, 땅을 이용하는 법은 지형과 도로, 논밭, 마을의 구획[=리理]을 통해 알 수 있고, 사람의 본성은 겉모양이 아니라 마음[=심心]에 있다고 생각한 거죠.

유럽의 근대 학문 분류법이 동아시아에 전래될 때 학문명을 번역하는 작업도 진행되었는데, ASTRONOMY는 천문학, GEOGRAPHY는 지리학으로 번역됐습니다. 한자어의 어의에 따르자면 HUMANITIES는 '인심학'으로 번역하는 게 나았을 텐데, 어찌된 영문인지 '인문학'으로 번역됐습니다. 일본인의 번역인지 중국인의 번역인지는 모르나 우리나라에서는 1930년대 이후에야 '인문학'이라는 말이 쓰였습니다.

사람마다 인문학을 달리 정의할 수 있겠지만, 그 핵심은 '인간성' 또는 '인간다움'을 탐구하고 표현하는 데에 있습니다. '인문학은 **많이 배울 필요가 없는 학문**'이라는 윤석열 씨의 주장은 자기에겐 '인간성'이나 '인간다움'에 대한 생각 자체가 없다는 고백과 같습니다. '노동자가 주 120시간도 일할 수 있게 해야 한다'나 '가난한 사람들은 부정식품 이하라도 사 먹을 수 있어야 한다'는 발언은 그가 '인간성'과 '인간다움'에 대해 얼마나 무지한지를 여실히 드러냈습니다. '인간다움'에 대해 공부하고 고민하지 않으면, '인간답지 못한 인간'이 됩니다.

귀신의 도움

    사기와 협잡으로 큰 부자가 되고, 남의 글 베끼면서 Yuji라는 황당 무계한 영단어를 창안해도 박사가 되고, 이력서에 가짜 경력을 써넣어도 교수가 되고, 검찰권을 사유화해서 나라 기틀을 흔들어도 대통령 후보가 되고……

    '인간세상'에서 일어나서는 안 되는 일들이 자기 가족에게만 거듭거듭 일어나면, '귀신의 도움' 덕이라고 믿기 쉽습니다. 이런 사람들에게 '인간'은 사기, 협잡, 겁박의 대상일 뿐입니다. 인간을 경멸하고 귀신을 섬기는 자들을 '무속의 늪'에서 건져 올리는 길은 '인간 세상의 도리'를 깨닫게 해주는 것밖에 없습니다.

도덕성

    포르쉐 타는 건 자기 아들인데도 남의 딸 아반테를 포르쉐로 둔갑시키는 자, 남의 아들이 국가 지원금 받는 건 부당한 일이고 자기 아들이 50억 받는 건 당연한 일이라는 자, 남의 온 가족 주변을 탈탈 털어 '멸문지화'를 안겼으면서도 자기 가족의 비리 혐의는 자기와 무관하다는 자, 대통령더러 '북조선의 개'라고 욕하는 건 그대로 둬야 한다면서도 자기에게 불리한 얘기만 나오면 곧바로 고소 고발하는 자, 이런 정도의 '도덕성'을 가지고 정치를 한다는 자들이 '도덕성'을 입에 올리는 현실이 참담할 지경입니다.

언론자유?

　1974년 겨울, 동아일보와 동아방송의 광고가 일시에 끊겼습니다. 계약된 광고는 해지되었고, 새 광고는 들어오지 않았습니다. 박정희 정권이 유신체제에 덜 협조적이었던 동아일보사를 괴롭힐 목적으로 기업들에 압력을 가했기 때문이죠. 동아일보 신문지면에는 광고 대신 응원 성금을 낸 시민들의 이름과 메시지가 올랐고, 동아방송도 시민들의 목소리를 내보냈습니다. 당시 초등학생이었던 저도 아버지가 시키는 대로 돼지저금통을 털어 성금을 냈습니다. 제 이름이 신문지면에 실렸고, 제 목소리가 방송으로 나갔습니다. 하지만 동아일보사는 결국 정권의 압력에 굴복하여 시민들의 응원을 배반하고 양심적인 기자들을 해고했습니다.

　오세훈 서울시장이 '김어준의 뉴스공장'을 문제 삼아 TBS 예산을 대폭 삭감하겠다고 공표했습니다. 돈줄을 막아 언론을 괴롭히겠다는 발상이 박정희와 똑같습니다. 독재자의 DNA는 참 질기게도 이어집니다. 그런데 TBS 내부에는 "김어준 때문에 월급 깎이겠다"고 투덜대는 '인격체'도 있답니다.

　'언론중재법' 개정안을 두고는 '언론자유 침해'라고 그토록 목소리 높였던 '언론인' 중에도 오세훈의 박정희식 언론 탄압을 비판하는 사람은 거의 없습니다. 박정희의 언론탄압으로 해직된 언론인들의 역사를 '자기 역사'로 생각하지 않기 때문이겠죠. 아무래도 '언론자유'라는 말의 사전적 정의를 바꿔야 할 듯합니다. '언론인이 돈 벌 자유'로.

손해가 큰 사람은?

다음 중 음식점 신규 진입 장벽을 높일 경우, 손해 보거나 이익이 줄어들 가능성이 큰 사람은 누구일까요?

① 음식점을 경영하는 사람

② 음식점 창업을 생각 중인 사람

③ 건물주

④ 프랜차이즈 기업주

⑤ 일반 소비자

개가 짖을 땐 먼저 개 주인이 누군지 찾아야 합니다.

공산주의와 공멸주의

노인이 급증하는 상황이라 의사 수를 늘리자고 했을 땐 생명에 직결된 의료 서비스 질이 낮아진다는 둥, 의사의 권위가 떨어진다는 둥 하며 난리 치던 자들이 음식점 진입 장벽을 높이자고 하니 '공산주의'라고 또 난리 칩니다.

음식도 건강과 생명에 직결된 요소입니다. 가진 자들은 독과점체제의 혜택을 누리면서 없는 자들만 자유경쟁으로 밀어 넣는 건 국가 공동체를 파괴하는 '공멸주의共滅主義'입니다.

불량식품

현대 한국에는 3세대가 함께 삽니다.

1. 불량식품도 없어서 못 먹었던 세대.

2. 불량식품을 추방하기 위해 노력했던 세대.

3. 불량식품이 뭔지 잘 모르는 세대.

윤석열 씨가 자기는 '신상'인 게 강점이라고 주장했습니다. 불량식품이 뭔지 잘 모르는 세대에게는 윤석열 씨가 '신상'으로 보일지 몰라도, 박정희, 전두환, 이명박, 박근혜를 모두 겪었던 세대에게는 아주 익숙한 상품으로 보일 겁니다. 80년대에 추방됐던 '불량식품'이 '신상'으로 다시 나와도 불량식품은 불량식품일 뿐입니다.

역사의 흉악범

"부상 당한 사병을 수술하고 있는데 문이 거칠게 열렸다. 문을 연 사병은 장교가 다쳤으니 당장 수술대에서 환자를 내려놓고 장교부터 수술하라고 난리였다. 나는 그에게 수술 중인 거 안 보이냐? 밖에서 대기하고 있는 환자들 뒤에 눕히고 차례를 기다리라고 소리쳤다. 너에겐 상관이지만 나에겐 환자 중 한 명일 뿐이라고."

한국전쟁에 군의관으로 참전했던 어떤 의사의 회고입니다. 사실대로 쓴 건지 다소 과장한 건지는 단정하기 어려우나 그는 군의관도 군인이기 이전에 의사여야 한다고 믿었답니다. 그는 자기가 가장 난감했을 때는 적군 포로를 수술 중일 때였다고 했습니다. 국군 부상병들이 밀려드는데 적군을 치료하는 게 말이 되느냐는 병사들을 이해시키는 게 수술보다 더 어려웠답니다. 하지만 자기가 아군인지 적군인지 따지는 걸 당연시하면 다음엔 장교인지 사병인지를 따지게 될 것 같아 고집을 꺾지 않았답니다. 의사의 본분은 생명을 구하는 것이고 생명은 피아彼我나 귀천貴賤을 따지지 않는다는 그의 신념은 존경할 만한 것일까요, 아니면 잘못된 것일까요?

주요 언론사들이 "박원순 측 정철승, 흉악범 변호 당연"이라는 제목으로 '흉악범이라도 변호하는 것이 변호사의 당연한 책무'라는 정 변호사의 글을 비난조로 소개했습니다. 의사는 적군이라도 치료해야 하고 변호사는 흉악범이라도 변호해야 합니다. 그게 '생명과 인권'에 대해 현대 인류가 합의한 원칙입니다.

저런 기사를 쓴 기자들이라면, 전쟁 중 적군 포로를 치료한 군의관을 '이적행위자'로 단죄하고도 남을 겁니다. 인류가 어렵게 쌓아 온 상식과 원칙을 허물려고 하는 자들이야말로, '역사의 흉악범'입니다. 우리나라 기자들, 자기 심성이 왜 이토록 '흉악'해졌는지 스스로 돌아봐야 할 겁니다.

질문과 인간

인간을 인간으로 만든 대표적 행위가 '질문'입니다. 인간이 '앎'을 얻는 건 질문을 주고받으며 생각하고 답을 찾기 때문입니다. 질문을 하지도 받지도 않으면 나이가 들수록 오히려 무식해집니다.

서울대생 한 명이 윤석열 씨에게 "삼국지에 나오는 인물 중 누구를 좋아하냐?"고 질문했습니다. 그 학생은 윤석열 씨의 리더십이 조조, 유비, 손권 중 어떤 유형에 가까운지 판단할 수 있는 대답을 원했을 겁니다. 어쩌다 옥새를 얻어 기고만장하다가 순식간에 몰락한 원술을 생각하며 질문했을지도 모르죠.

하지만 윤석열 씨는 느닷없이 닥터 지바고와 쇼스타코비치에 관해 언급하곤 정작 질문에는 대답하지 않았습니다. 윤석열 씨가 아직 후보고 상대가 서울대생이었으니 망정이지 만약 그가 대통령이 되어 한중 정상회담 자리에서 이런 대화를 나눴다고 상상하면 모골이 절로 송연해집니다.

자기가 원하는 '답'을 얻기 위해 상대를 추궁하기만 하고 질문은 받지 않는 삶을 살다 보면 누구나 무식해집니다. 남의 질문을 이해하지 못하고 제멋대로 대답하는 사람은 남의 사정도 이해하지 못하고 제멋대로 다룹니다. 무식한 사람이 권세를 얻으면 '무지막지'해지는 이유입니다.

인간의 의무

하루 8시간 노동제를 국제적 원칙으로 확정한 것은 1919년의 베르사유 강화조약이었습니다. 전쟁 뒤처리를 위한 강화조약에서 '노동자의 권리' 문제를 다룬 것은 제1차 세계대전을 촉발한 '인간관'

을 전면적으로 반성하지 않고서는 또 다른 전쟁을 막을 수 없다는 것이 당대인들의 새로운 '상식'이 되었기 때문입니다.

19세기는 자연계의 진화와 인간 사회의 발전을 추동하는 유일한 동력이 '생존경쟁'이라는 생각이 지배하던 시대였습니다. 적자생존, 우승열패, 약육강식은 자연과 사회를 두루 지배하는 철칙이라는 것이 제1차 세계대전 이전의 '상식'이었습니다. 이런 '상식'을 가지면 강자가 약자의 권리를 빼앗는 것도, 강자가 약자를 '인간 이하'로 취급하는 것도 모두 당연하게 여겨집니다. 약자가 '인간 이하'로 취급받는 것은 경쟁에서 패배한 탓이니 남을 원망해서는 안 된다는 생각도 '진리'처럼 통용됩니다.

경쟁에서 뒤떨어지면 '인간 이하'의 취급을 받아야 한다는 '상식'은 인류를 무한경쟁으로 몰아갔습니다. 가장 전면적이고 노골적인 경쟁이 전쟁입니다. 제1차 세계대전은 첨단 과학기술을 동원한 전쟁이 인류 문명을 발전시키는 게 아니라 멸망으로 이끌 수 있다는 사실을 일깨워줬습니다. 인류를 '동물적 생존경쟁'의 틀 안에 묶어두어서는 공멸을 피할 수 없다는 사실이 명백해졌습니다. 인간은 동물과 달라야 한다는 '인도주의'가 새로운 시대사조로 떠올랐습니다.

'동물의 세계'에서는 약한 개체가 도태되는 게 당연합니다. 그러나 '인간의 세계'에서는 그런 일이 벌어져서는 안 된다는 게 '인도주의'의 핵심입니다. '인도주의'를 한 문장으로 요약하면, '약한 자들에게도 인간답게 살 권리가 있다' 정도가 될 겁니다. '약소 민족에게도 자신의 운명을 스스로 결정할 권리가 있다'는 민족자결주의나 '노동자에게도 인간답게 살 권리가 있다'는 노동 인권 사상이 모두 인도주의의 세부 내용을 구성합니다.

우리나라에서 하루 8시간 노동을 법제화한 '근로기준법'이 제정된 것은 베르사유 강화조약 35년쯤 뒤인 1953년의 일이었습니다. 이승만 정권이 진보적이거나 좌파라서 이런 법을 제정한 게 아닙니다. '노동자가 하루 8시간 이상 노동하면 인간다운 삶을 누릴 수 없다'는 것이 인류가 합의한 사항이었고, 이승만 정부 마음대로 이 합의를 무시할 수 없었기 때문입니다.

최저임금제 역시 사회주의와는 관계가 없습니다. 이게 사회주의적 제도라면 사회주의 국가들에서 일반적으로 시행되어야 하겠지만 실상은 전혀 그렇지 않습니다. 최저임금제는 '인간다운 삶의 최저선'에 대한 사회적 합의에 기초한 '인도주의적 제도'입니다. 이윤 추구가 자본의 절대적 목적이라 해도 노동자를 '인간 이하의 상태'로 몰아넣어선 안 된다는 게 이 제도의 근본 취지입니다.

'주 52시간 근무제'나 '최저임금제'나 모두 '인도주의'에 기초한 제도입니다. 물론 경제적 이유에서건 다른 이유에서건 스스로 '인간 이하의 삶'을 선택하는 개체는 언제나 있습니다. 그런 개체들이 나오지 않도록 막는 것도 '인간의 의무'입니다. 그런데 '주 52시간 이상 노동하려는 사람도 많다'거나 '최저임금 이하라도 일할 사람 많다'는 이유로 '주 52시간 근무제'와 '최저임금제'를 폐지하겠다는 대선 후보가 있습니다. 그런 주장을 지지하는 사람도 많습니다.

사람들을 '인간답게 사는 사람'과 '인간 이하 취급받는 사람'으로 나누는 것, 사람을 '인간과 개돼지'로 나누는 것은 현대인의 생각이 아닙니다. '가난한 사람은 부정식품 이하라도 사 먹을 수 있게 해야', '노동자가 1주일에 120시간도 일할 수 있게 해야', '최저임금 이하로도 일할 사람 많다' 같은 말은 사람들에게 '인간 이하의 삶'을 선택할 수 있게 해주자는 말과 같습니다.

　인간에게 '인간 이하의 삶을 허용해야 한다'는 이런 주장이야말로, '인간 이하의 주장'입니다. 세상에서 '인간 이하의 생각'을 몰아내는 것 역시 인간의 의무입니다. 아무리 무식해도 인간의 의무는 지켜야 합니다.

KI신서 10087

역사가 되는 오늘

1판 1쇄 인쇄 2022년 2월 11일
1판 1쇄 발행 2022년 2월 18일

지은이 전우용
펴낸이 김영곤
펴낸곳 (주)북이십일 21세기북스

TF팀 이사 신승철
TF팀 이종배
출판마케팅영업본부장 민안기
마케팅1팀 배상현 한경화 김신우 이보라
출판영업팀 김수현 이광호 최명열
제작팀 이영민 권경민
진행·디자인 다함미디어 | 함성주 홍영미 유혜진 유예지

출판등록 2000년 5월 6일 제406-2003-061호
주소 (10881) 경기도 파주시 회동길 201(문발동)
대표전화 031-955-2100 **팩스** 031-955-2151 **이메일** book21@book21.co.kr

(주)북이십일 경계를 허무는 콘텐츠 리더

21세기북스 채널에서 도서 정보와 다양한 영상자료, 이벤트를 만나세요!
페이스북 facebook.com/jiinpill21 포스트 post.naver.com/21c_editors
인스타그램 instagram.com/jiinpill21 홈페이지 www.book21.com
유튜브 youtube.com/book21pub